U0838092

新闻讲习录

新华日报的20堂进阶课

双传学 著

XINWEN JIANGXILU
XINHUA RIBAO DE
20 TANG JINJIEKE

中国教育出版传媒集团
人民教育出版社
·北京·

图书在版编目（CIP）数据

新闻讲习录：新华日报的20堂进阶课 / 双传学著.
北京：人民教育出版社，2025. 1. -- ISBN 978-7-107
-39212-2

Ⅰ. G21-53

中国国家版本馆CIP数据核字第20242WE797号

新闻讲习录　新华日报的20堂进阶课

责任编辑　常　超
责任设计　胡白珂
责任校对　张奕淳
责任印制　邢同锐

出版发行　人民教育出版社
（北京市海淀区中关村南大街17号院1号楼　邮编：100081）
网　　址　http://www.pep.com.cn
经　　销　全国新华书店
印　　刷　山东临沂新华印刷物流集团有限责任公司
版　　次　2025年1月第1版
印　　次　2025年2月第1次印刷
开　　本　890毫米×1 240毫米　1/16
印　　张　21
字　　数　420千字
定　　价　57.10元

XINWEN JIANGXILU

XINHUA RIBAO DE
20 TANG JINJIEKE

目录

CONTENTS

序

PREFACE

在路上，让学习点亮时光

习近平总书记曾引用清代袁枚《续诗品·尚识》里的一句“学如弓弩，才如箭镞”来劝学、促学，勉励青年人把学习作为首要任务，作为一种责任、一种精神追求、一种生活方式。从事宣传思想文化工作近二十年，我一直秉持“把工作当学问做”的理念，行走于新闻与新知的田野，探索着理路与进路的交融，且行且思且悟且进，孜孜不倦、乐此不疲。从2022年开始，缘于集团采编联动会、新闻宣传月度例会等机制，我与记者、编辑进行了三十多场新闻业务交流，话题涵盖新闻工作的“道”与“术”、融合传播的“势”与“策”、精品生产的“技”与“法”、人才培养的“思”与“行”等等，有效地带动了集团研讨业务、精进素养的良好氛围。在大家的鼓励和建议下，最终结集而成这本《新闻讲习录》。

这是一本以历史映照现实、远观未来的心得录。不忘来路，始知归处。86年前，《新华日报》诞生于烽火硝烟中，在争取民族生存独立的伟大斗争中吹响了鼓励前进的嘹亮号角，自此，一代代新华人寻路问路、求道悟道，给我们留下了“新华红”的底色、“新华拼”的基因，给我们积淀了“讲政治”与“精业务”并重的优良传统。对于《新华日报》报史，我一直有着浓厚的兴趣与情结，也不断研究如何活化报史资源，想方设法使之转化为集团发展的文化底蕴与精神动力。本书中的很多观点，即来自我对报史研究的感悟与运用。

我们常说，一代人有一代人的使命，一代人有一代人的担当。时代任务不同，但共同的使命感一以贯之、赓续相传。中国特色社会主义进入新时代，我国的舆论生态、媒体格局、传播方式等都发生了深刻变化，新闻舆论工作面临前所未有的挑战。新闻人必须胸怀“两个大局”，牢记“国之大者”，蹚出一条深化改革、融合转型的新路，做党的政策主张的传播者、时代风云的记录者、社会进步的推动者、公平正义的守望者。挑战越多、任务越重，越要发扬优良传统、赓续红色传承。我们始终坚守政治家办报的高度自觉，提高政治站位，强化责任担当，不断提升围绕中心、服务大局的能力和水平，以优质的新闻宣传和过硬的实际行动，切实服务好全省改革发展大局，持续擦亮《新华日报》的政治底色；我们始终坚守崇德敬业的职业操守，胸怀新闻理想，涵养职业精神，在服务党和人民的时代伟业中彰显价值，让“新华人”这一称谓更有荣光；我们始终坚守人才为本的发展理念，激发干部队伍活力，强化青年人才培养，提升企业文化建设，形成了一支特别能吃苦、特别能战斗、特别能奉献的“新华铁军”……历史是最好的教科书，重视历史、借鉴历史，才能更好地把握今天、开创未来。

这是一本以实践躬耕旷野、拓展边界的“思享汇”。“人生是旷野，不是轨道。”电影《普罗米修斯》里的这句话近来流传甚广。其实，我们新闻人所面临的，又何尝不是一片广袤的旷野？在当前人人都有麦克风、AI也能播新闻的时代，新闻的边界已然被颠覆与重构，曾经“理所当然”的或已成路径依赖，原来“不以为然”的或需要重新审视。每一天，新闻人都要面对“不变”与“新变”的考问、平衡“稳妥”和“出彩”的两难、探求“质量”与“流量”的双全。这些亟待回应的挑战，深刻考验着我们的能力素养，考问着媒体的发展潜能。

但正如恩格斯所说：“文明是实践的事情。”事要去做才能成就事业，路要去走才能开辟通途。七年来，新华人牢固树立“守正、创新、融合、跨界、共生”的发展理念，昂扬斗志、奋楫笃行，书写了一个又一个媒体融合转型发展的“新华故事”：集团共有49件作品荣获中国新闻奖，其中一等奖12件，获奖总数和高等级奖项均居全国省级党报前列；经营逆势上扬，首次获评“全国文化企业30强”提名单位、入选“全国成长性文化企业30强”；精神文明结出硕果，集团整体荣获全国文明单位。这些丰富的实践经验，又对深化理论研究、构建自主知识体系提供了丰厚滋养。书中的大量案例，都来自新华人平日的工作实践，许多思考的火花也都源于日常的实务交流。尤其是书中的“一线感言”，皆是我邀请集团一批中国新闻奖得主围绕相关话题所撰写的思考感悟，这也从一个侧面还原了我们业务研讨的现实场景。可以说，正是全体新华人一日日的精诚合作、一篇篇的辛勤耕耘、一次次的大胆尝试，凝聚成这本书的一字一句、一章一节。

这是一本以新闻记录时代、讲好故事的答题集。“新闻是一种时代的科学，时代的艺术”，记录时代、诠释时代、作答时代是其天然属性。当前，社会思想观念和价值取向日趋活跃，社会思潮纷纭激荡，如何发展壮大主流价值、主流舆论、主流文化，用社会主流思想价值和道德文化滋养人心、滋润社会，是党的新闻舆论工作者必须回答的时代命题。在全国宣传思想文化工作会议上，习近平总书记提出“七个着力”的新要求，其中一个重要内容就是“着力提升新闻舆论传播力引导力影响力公信力”。这无疑是我们叩问初心、应答时代的科学指南与必由路径。

“善学者尽其理，善行者究其难。”身处改革开放前沿阵地的江苏，生机蓬勃的中国式现代化江苏新实践蕴含着讲好中国故事、讲好江苏故事的丰富题材，这无疑是新华人需要倍加珍惜、充分挖掘的新闻“富矿”。无论是让“重大主题”产生“重磅效应”，还是以初心匠心成就力作精品；无论是做赶赴一线的“奔跑者”，还是争做创新赛道的“发光体”；无论是变“要我宣传”为“我要宣传”，还是从“大有可为”到“大有作为”……书中种种论点，万变不离其宗，核心都在于回答如何提升新型主流媒体“四力”，勇担新的文化使命，发展壮大主流思想舆论。因为我们坚信，无论技术如何迭代，无论平台如何更新，“内容为王”始终是颠扑不破的真理。自我们将 2017 年确立为集团的“精品生产年”以来，始终将内容生产作为所有工作的“牛鼻子”来抓，“让优秀成为习惯，让精品成为日常”成为所有新华人的共识与自觉。我们不会忘记，无数个奇思妙想在 16 楼全媒体指挥中心大屏前碰撞，无数次头脑风暴在天井式会场中上演，而后一一转化成《警惕“精致的形式主义”》《号角催征——解码〈新华日报〉老报纸里的百年初心》《6397 公里的守护》《Home Story in Jiangsu（“家”在江苏）》……

《续诗品・尚识》，从总书记所引用的袁枚作品名可知，品评一首诗的好坏，当以识见为高。所谓“识以领之，方能中鹄”。因此，在一个知识快速更新的时代，我们不仅要博学之，还要审问之、慎思之、明辨之、笃行之，在实践中更为深切地洞察世情、洞悉人心，引领方向、以情动人。

美国作家凯鲁亚克曾把自己形容为“一支永不停息的箭”。他说：“我们还有更长的路要走。不过没关系，道路就是生活。”是的，在路上，是一种习惯，但更是一种选择。真正的新闻人，都是一支“永不停息的箭”，他们始终在路上，追逐变化、探求未知，永不疲倦地奔走在自己的热爱里。这本书是思考的产物，更是热爱的产物，期望与大家共鸣共进，也敬请读者批评指正。“追风赶月莫停留，平芜尽处是春山。”让我们一起在新闻创新的大道上步履不停，展望下一道风景，期待下一次邂逅。

是为序。

Chapter 1

As a Journalist

第一辑

身为记者

“国之大者”就是责之重者

——肩负主流媒体使命

有一幕场景我至今难忘——

2016 年 11 月 7 日，北京人民大会堂金色大厅。习近平总书记亲切会见中国记协第九届理事会全体代表和中国新闻奖、长江韬奋奖获奖者代表。总书记充分肯定新闻工作者为党的新闻舆论工作作出的重大贡献，殷切寄语广大新闻工作者坚持“四向四做”：坚持正确政治方向，做政治坚定的新闻工作者；坚持正确舆论导向，做引领时代的新闻工作者；坚持正确新闻志向，做业务精湛的新闻工作者；坚持正确工作取向，做作风优良的新闻工作者。

当天我在现场，有幸见到总书记。总书记的一席话，饱含深情和期待，让人深感重任在肩。我想，新闻工作者坚持“四向四做”，首要职责和任务就是“围绕中心、服务大局”。对新闻人来说，大局就是大任，“国之大者”体现在新闻人身上，就是要“围绕中心、服务大局”。今天，我想谈一谈对“围绕中心、服务大局”的一些认识和感悟，与大家共勉。

报社没有自己的中心大局

“围绕中心、服务大局”是我们报纸与生俱来的使命。

《新华日报》诞生于抗日战争时期，已经走过了 85 年光辉历程。

从 1952 年 11 月 1 日开始,《新华日报》成为中共江苏省委机关报。这个明确的身份定位,决定了“围绕中心、服务大局”就是我们的主责主业。这个“中心”,就是“中央和省委的中心工作”;这个“大局”,就是“全省经济社会发展大局”。正因此,我经常讲:“我们报社没有自己的中心和大局,服务中央和省委的中心工作,服务全省的改革发展,就是我们的中心和大局。”

这些年,我们围绕中央和省委中心工作来谋划和开展新闻宣传,做了许多有益的探索,取得了一些可喜的成绩,也多次受到省领导的肯定和表扬。

——围绕重大主题和重大决策部署、重要会议活动,精心组织策划,推出众多有影响的重磅产品。每逢庆祝建党、新中国成立和庆祝改革开放逢五逢十重要年份,每次全国、全省两会以及省委全会等重要会议,编委会都提前组织策划,研究确定重点选题,这已成为报社的好传统。譬如 2018 年,围绕庆祝改革开放 40 周年,集团策划了“十大全媒体行动”。我带队专访《实践是检验真理的唯一标准》的主要作者、江

▲ 2018 年 5 月,庆祝改革开放 40 周年宣传中,双传学带队专访《实践是检验真理的唯一标准》的主要作者、江苏学者胡福明

苏学者胡福明，集团推出了全媒体报道，取得了良好的宣传效果。又如2019年庆祝新中国成立70周年，我们从集团报、网、端抽调骨干力量，策划推出了《国旗漫卷，初心永恒　我们的五星红旗》系列融媒作品。再如，2021年庆祝中国共产党成立100周年，我们策划了《号角催征——解码〈新华日报〉老报纸里的百年初心》系列报道，同时推出《百年恰是风华正茂》100版特别报道。去年，围绕迎接宣传贯彻党的二十大精神，我们推出了贯穿全年的多组系列报道，会中报道多次受到中宣部好评，《乡村振兴·江苏百村调研》获中宣部专题阅评肯定。近三年来，我们还投入重兵、不惜版面，围绕统筹疫情防控和经济社会发展推出了众多高质量报道。最近，围绕强信心、稳经济、促发展又推出了多组专题专栏报道。

——在内容生产上持续用力，敢于"破题"、勇于"破圈"，打造《新华日报》周刊集群，全方位服务省委中心工作。我们在2017年1月创办《思想周刊》，以"立时代潮流，发思想新声"为宗旨，有关版面两次入选国家级展览；当年6月推出《人文周刊》，根植历史底蕴，引领主流文化方向。后来又陆续推出了《科技周刊》《经济周刊》《文艺周刊》《智库周刊》《健康周刊》等。创办这些周刊，现在回过头来看，跨出这一步是走对了。正是立足这些周刊，对省委的各项重点工作进行了更加专业、更加细分、更加精准的研究，出了一批专题性报道、成果性报告。2017年，时任省委主要领导到报社考察调研时，就对我们的周刊给予了高度评价，并且说每一期周刊他都会单独保存下来，当作资料慢慢看。这就是对我们工作最大的肯定。

——积极把握媒体融合发展大势，构建了服务省委中心工作的系列平台载体。这些年，媒体融合深度发展，我们把握大势、迎难而上，继创办交汇点新闻客户端后，又先后创办了新江苏、紫牛新闻等不同定位的新闻客户端，运维"学习强国"江苏学习平台，还创办了"北京西路瞭望""江苏1号""理论之光""Jiangsu Now""民生温度计""江苏科

▲ 从2017年起，新华日报打造经济、思想、文艺、科技、人文、智库六大周刊矩阵，适应分众化、深阅读传播

教头条"等微信公众号，入驻了抖音、微信视频号、人民号、百家号等平台，构筑了移动优先、多渠道传播、多平台分发的融媒体矩阵。我们的三大客户端下载量都很大，日活量也不断增加，成为全省党员干部和广大群众了解省委重要信息的掌中宝。"北京西路瞭望"公众号围绕省委中心工作，刊发了一系列有影响的原创稿件，如抗疫期间的"临窗客"系列"江苏战疫观察"文章，产生了良好社会效果，受到省委主要领导同志的肯定。

——充分发挥"瞭望哨""探照灯""温度计"作用，在内参报送、舆情反馈上下功夫，形成服务省委中心工作的另一重要渠道。我们2016年开始强力抓内参，当年省委部署"大走访"，记者深入基层调查后报送内参《群众反感不解决问题的"大走访"》，得到省委主要领导批示："'大走访'不能变味。此件可印达各市、县主要负责同志阅酌。"截至2022年底，共发内参71期，省委书记和省长批示89次，其中14

个内参印发全省、吸收进省委与省政府报告和专报中办。最近，省审计厅领导还提到，有关高质量考核的内参发挥了积极作用。疫情期间，我们以工作信息的形式，将有关情况反馈到省委，为省委决策参考发挥了积极作用。2021 年 7 月以来，我们以“快发现、快调研、快成文、快报送”为原则，及时向省委、省政府主要领导提供涉及江苏经济社会发展的重要舆情专报，先后报送 150 余篇，其中近 40 篇 / 次获主要领导批示。这几年，我们以“内参＋舆情专报”等方式，将直面问题、勇于发声与发掘典型、预警引导很好地结合起来，为省委掌握实情、科学决策发挥了积极作用。

——重点打造思想理论方面的知名品牌，重要时刻积极建言发声，在思想理论上强化引领引导。学习借鉴浙江日报等媒体做法，新华日报与省委中心工作同频共振，先后推出了“辛苏”署名文章和“苏言”署名文章，在省内和省外都产生了重要影响。为了撰写好这些文章，报社调动各种力量，前后方配合，投入了很大精力，我也参与其中。在这背后，省委办公厅、研究室也给予了大力支持。这些文章，直接发出了省委想要表达的声音。省委选择在党报平台发出重要声音，这对我们既是高度信任，又是殷切期望。“马克思主义·青年说”“习语常听”“新华红思享会”等新媒体产品和品牌活动影响力、传播力进一步增强。

向最优秀的同行看齐

新闻人的每一天都在向“新”而行。

一段时间以来，我留心央媒和省报同行相关工作，研究了省内兄弟媒体和设区市媒体许多做法，越来越感到坐不住。目前，从央媒到地方党报、广播、电视等媒体，在服务中央和各地党委中心工作方面，可以说是极端重视，不仅动作频频、创新不断，而且亮点纷呈、高潮迭起。

譬如人民日报、新华社和央视，围绕习近平总书记领袖风范、围绕总书记重要论述、围绕中央工作重点，推出的系列报道可以说是佳作频出，而且是有组织、有规模、成阵势推出。人民日报记者杜尚泽能在一个会场写出三四篇现场观察，做到与新华社记者的稿子不一样。她抓住习近平总书记出访演讲结束时一个场景写的消息《我将无我　不负人民》，短短400余字，在微信公众号刊发，获得中国新闻奖消息一等奖。看了他们的重大主题报道，我就在想：我们的记者中能有多少人可以写出这样站位高、视野宽、文采佳的好作品？还有，央视虽然以视频见长，但围绕中央工作也常态化推出《央视快评》《玉渊谭天》《主播说联播》等创新产品，打造《平“语”近人——习近平喜欢的典故》等融媒新产品，让人耳目一新。

省级媒体同样也在发力。上观新闻客户端有个品牌栏目“上海一周”，就是围绕市委中心工作撰写述评，每周一篇已经坚持多年，最近除这个栏目外，客户端上其他围绕市委各项工作的述评文章也接连不断。最近比较火的“浙江宣传”公众号，也给我们很大震撼和启发。

与央媒和最近创新动作不断的省级同行相比，我们应该看到差距和不足。这种差距和不足，既体现在具体策划和内容生产上，更体现在思想认识和工作状态上。我觉得或多或少存在以下这几方面问题：

——认识有模糊。关注中央和省委中心工作，每位党报工作者都责无旁贷。但不少同志认识还不到位，总认为这是时政记者的职责范畴，跑其他条口的就没必要过多关心中央和省委决策部署，甚至一些部主任也或多或少有这样的看法。其实，中央和省委中心工作涉及方方面面，涵盖各个领域，一切宣传报道工作都必须围绕中央和省委决策部署来开展。如果不认真学习领会中央和省委精神，如果不学会从政治高度来看待各种问题，如果没有政治判断力、政治领悟力、政治执行力，如果没有大局观、整体观、辩证观，怎么能做好分工领域的报道工作？我想，各部门各条口都应当对照中央和省委中心工作，经常性地研究本战线上带有全局性的重大问题，然后集中力量在一段时间内打几场大仗。

最近我看到一个材料，陕西日报有位摄影记者，平时主要服务省委领导，一次到基层采访时发现一个贫困户的日记本，里面记录了与驻村扶贫干部交往的一些点滴事情。随后记者跟踪采访了多次，最终在2020年底写成通讯《杨叔的脱贫日记》，以鲜活的小人物故事折射波澜壮阔的“中国特色反贫困”成就。在全面建成小康社会的大背景下，稿子最终斩获中国新闻奖通讯一等奖。如果记者心中没有中央和省委中心工作，没有对脱贫攻坚与全面建成小康社会历史性任务的深刻认识和准确把握，记者怎能在这个关键时间节点写出这样的精品？这再次启示我们，胸中没有大局，就做不出大文章。

——站位不够高。认为我们是省报，与央媒不好比，做好省委、省政府日常工作的新闻报道，做好省领导参加会议、调研活动的报道，就已经是做好“围绕中心、服务大局”的工作了。存在这种认识的同志不在少数。我认为，省报上接天线、下接地气，站位一定要高，做任何报道都要知其然又知其所以然，努力从党和国家大局看待省域工作，从书记、省长思考的高度看待新闻报道，真正做到“站在天安门上思考，回到田埂上写作”。被动式、摘录式报道，最终是服务不好省委中心工作的。

实际上，过去新华日报是敢于与央媒一比高下的，我们评论部（当时叫理论处）曾经创办评论专栏《新华论坛》，在全国党报中知名度很高，连一些央媒都会高看一眼。新华日报老一辈评论员文章，甚至被新华社作为通稿转发全国。评论《抛弃一种僵化的思维方式》、通讯《大江隔断了什么》等名篇，引发了全省解放思想大讨论。现在像这样有巨大影响的作品很少。很多同志总觉得这是遥不可及的事情，而国内其他省市党报就有这样的志向和站位。譬如，2012年12月，长江日报记者从一个辅导报告上“听”到了一个产生重大影响的好新闻，写成了《中共中央党史研究室主任披露7常委参观〈复兴之路〉出行不封路》，这篇独家报道获得了中国新闻奖一等奖。如果没有高站位，一个市级媒体怎么能发现并写成这样的大新闻？

——思想不解放。用新闻报道服务中央和省委中心工作，需要守正创新，需要与时俱进。但有的同志稳健有余，创新不足，唯恐踩到禁区。报社曾经有老处长在评报时就直言不讳地讲，不少年轻同志写到一些反映全省重点工作的综述时，文字非常老套，语言非常僵化，比老员工还要老气。我想，语言文字老套僵化的背后，实质是对问题的研究和认识不够，是思想过于僵化。我们说，新闻记者要领风气之先，但现在一些记者自我划定各自禁忌圈子，束手束脚、循规蹈矩、故步自封，反倒是领导同志思想非常解放，我们跟不上领导同志的节拍和步伐。

有件事让我很受触动，曾有省委主要领导好几次想通过网络媒体对省委阶段性工作加强宣传，结果稿子好了，首先刊发在省外一个新闻客户端公众号上，这其中有淡化省内媒体概念的考虑，但另一方面也说明我们新媒体的影响力还不够，领导没有特别重视。再譬如，对于省委一些重要工作、重要举措，我们还习惯于用传统手法进行报道，习惯于过去怎么做现在就怎么做，不断重复循环。实际上，很多领导是鼓励媒体创新的，有时甚至通过直接布置任务来引导我们创新。譬如，2020年新冠疫情暴发后，省委领导就希望我们能在公众号上发些侧面宣传省委统筹疫情防控和经济社会发展方面的稿子，这些稿子不是传统报纸上的宏大叙事，也不是传统的系列评论，而是娓娓道来、入情入理，以“平视”来提出问题、分析问题、阐释问题。于是，我们新华日报就有了署名“临窗客”的系列公众号稿件，反响超乎寻常。

——路径有依赖。过去成功的新闻宣传做法，如果总是重复，总是走过去的老路，效果就会不断打折，产生所谓“边际效应”。我们在宣传报道中央和省委中心工作时，就存在这样自我重复的做法。当然，好的经验做法需要继承和弘扬，这个继承和弘扬应该是消化吸收再创新的发展过程，是一个不断上台阶的跃升过程，而不是原地踏步甚至倒退。譬如，过去我们会围绕某个主题组织记者进行全媒体环省行，现在碰到重大主题采访，各家媒体动不动就搞环省行活动，似乎离开环省行就想不出别的招了。其实，深入基层、深入群众，还有各种各样的方法。新华日报有一个好传统，就是“每逢重大活动报道必创新”。这也应该体现在服务中央和省委中心工作上。最近我注意到，央媒在这方面敢于颠覆自己，不断走出新路子。譬如央视在2022年全国两会报道中，除了创新运用新的技术手段，还推出了《两会你我他》《两会C+时刻》等移动化、智能化、年轻态的融媒体产品，吸引更多年轻受众主动转发关注。人民日报社新媒体中心在党的二十大报道中推出的融媒产品《新千里江山图》，也都是不断创新突破的成功案例。其实，最有资格路径依赖的应该是央媒，他们在服务中央中心工作方面承受的压力更大，过去好的做法、好的经验也更多，但从目前看来，他们路径依赖反而最少。扪心自问，我们作为地方媒体难道不应该更积极、更主动打破思维和路径依赖，不断创出自己的新思路、新实践吗？

——本领不够强。服务中央和省委中心工作，是一门学问也是一门艺术，只有从这个高度来认识，才能不断提升能力和水平。实事求是讲，我们现在存在本领弱化倾向，表现在对中央大政方针和省里的思路举措，有的是只知“其然”不知其“所以然”，更别说知其“所以必然”了；有的甚至是知之甚少，或者还停留在过去时。从结果来看，围绕省委中心工作，在报道策划上大路货多，人无我有、人有我优的少；稿子写作上口号响、概念多，善讲故事、小切口反映大主题的少；媒体融合上简单做加法的多，真正做到融合的爆款少，现象级产品更少。许多同志搞重点报道时，过多依赖相关部门提供材料，依赖领导给思路，依赖专家给观点。总体看，我们距离练就“十八般武艺”还有相当大距离，概括起来有八个缺乏，即缺乏观察与思考的本领，缺乏搜集线索和整理资料的本领，缺乏归纳总结的本领，缺乏分析预判的本领，缺乏透过现象看本质的本领，缺乏综合运用材料的本领，缺乏解剖麻雀的本领，缺乏讲好故事的本领。多年前我在扬州市委工作时曾负责审定媒体新闻稿，也有这方面感受：有时记者稿子写得还行，但也有很多稿子写得不知所云，最后变成我们来重写。试想一下，我们这样做，还不是因为有的同志本领不足、能力不够？

——差错时常有。新闻宣传的正面效应要靠长期积累，而负面效应的产生却可能在一夕之间，而且持续较长时间，对中心工作和发展大局造成干扰甚至阻碍。回顾我到报社工作的这些年头，尽管党委会、编委会高度重视，但差错总是过段时间就冒头，甚至一些常识性的低级错误屡禁不止，不仅给上级添了麻烦，也给我们自身工作带来被动，给事业发展造成影响。过去这样的例子不少，最近又在“四敢”精神的有关提法上栽了跟头。我们几次在不同场合反复强调相关要求，结果有的部门偏偏没有传达到位，值班过程中又出现层层失守。这类失误往往后果十分严重，又何谈围绕中心、服务大局呢？现在报社新媒体平台多，呈现样式也很多，一定要以“时时放心不下”的态度和扎实工作，确保每个平台账号都不出问题，尤其是政治性、导向性差错。我经常想，为什么容易出现文字和内容差错，理由有千万条，但最根本的还是责任心不到位、做事大而化之。有句话讲，“做文字工作，你不消灭差错，差错就消灭你”，是很有道理的。这也提醒我们，今后在对待差错上要汲取深刻的教训，开展深入的反思，落实完善的措施，采取严厉的手段，决不让此类失误再次发生。

上述这些问题，是我初步思考后梳理出的，可能还有其他方面问题，就不再一一罗列了。讲这些问题，目的还是为了改进我们的新闻报道，服务好中央和省委中心工作，交出一份省委满意、受众欢迎的合格答卷。

都要多些“本领恐慌”

最后我想谈谈如何提高队伍的能力和水平。

1939 年 5 月 20 日，毛主席在延安在职干部教育动员大会上指出：“我们队伍里边有一种恐慌，不是经济恐慌，也不是政治恐慌，而是本领恐慌。”什么是本领恐慌？他形象地比喻说：“好像一个铺子，本来东西不多，一卖就完，空空如也，再开下去就不成了，再开就一定要进货。”这里说的“进货”，就是学习本领。

作为新闻舆论工作者，我们大家都应当多些“本领恐慌”，抓紧学习，增强本领，切实提升自己“围绕中心、服务大局”的能力和水平。

——归零出发，沉下心来大兴学习之风。这个学习，不是泛泛而谈的学习，而是有针对性的、系统的、坚持不懈的学习。要学习新思想，学习习近平总书记系列重要讲话精神，学习党中央一系列重大决策，特别是要结合我省实际，认真学习省委一系列重要决策部署，学习省委、省政府一系列政策文件，真正做到学深、悟透、弄明白。

记得刚来报社时，我就强调记者、编辑要多学习政策、学习省委和省政府的决策部署，并要求新华日报每个部门、每个条口的记者都养成每天学习省委会议和省委领导同志讲话的习惯，从中梳理各领域的重点选题，找到报道的方向和着力点。我就有个切身感受：每次参加省委常委会或者省里重要会议的时候，都能从领导讲话里找到好多题目，这些都是大选题，每次听都感到有很多大文章可以做。

譬如，省委主要领导在省政协十三届一次会议开幕会上的讲话，讲到“全面推进中国式现代化江苏新实践，更好地扛起新使命、谱写新篇章，必须坚持以推动高质量发展为主题，努力开辟江苏发展的新境界”，具体讲到的五个方面都可以单独做系列报道。如果再往下讲其中一个，“要把坚持实体经济、构建现代化产业体系作为立省之基、强省之要”，又可以围绕“着力巩固传统产业优势”“加快打造具有国际竞争力的战略性新兴产业集群”“全力抢占数字经济‘关键赛道’”等三个方向，形成更加细分的系列报道。我举这个例子，是想说明，学习领会省委精神的极端必要性和重要性。

认真学、用心学，与走马观花简单了解，其效果是不一样的。比如我们2022年的新闻宣传工作受到省委和省委宣传部的肯定，除了党的二十大报道效果显著外，在经济报道上也紧扣省委、省政府的工作部署要求，在全省上下营造了统筹疫情防控和经济社会发展的良好氛围。最近，围绕发展“专精特新”企业，围绕“强信心”，我们又作了大量报道，特别是围绕最新的42条政策所作的报道，被多家媒体平台转载，形成全网刷屏之势，这些报道也得到了省领导充分肯定。当然，如果我们学习不到位，特别是关键问题学不到位，后果也是严重的。正反两方面的经验教训提醒我们，学习中央和省委政策精神，学习中央和省委决策部署，不能有丝毫含糊，只能继续加强，这是党报本质特征所决定了的。

怎么学习省委精神？有的同志可能会说，我们也没参加省委会议，也没有领导同志的讲话稿，怎么去原原本本学？这就有个学习方法和手段问题了。最简单也最有效的途径就是：学习每天见报的省委相关会议新闻稿、领导同志的调研新闻稿以及公开见报的领导同志讲话稿，学习已经出台的政策文件，字斟句酌地去琢磨、思考、领会、把握，逐步提高我们把握全局的能力。我想，这样的学习以后要规范起来，每个部门都要建立学习机制，确保学习效果，确保学以致用。

——正视不足，开阔视野大兴业务研究之风。只有不断进行业务研究和探讨，才能不断创新和突破。媒体融合大背景下，我们要提高站位、开阔视野，研究人家是怎么做的，想想我们能做什么。

业务研究，一要研究其他党媒是怎么做好精品生产的。譬如人民日报、新华社，要研究他们的拳头产品、“重磅炸弹”。他们重磅评论是如何高点立意、如何占有材料、如何层层递进论述、如何灵动表达的；他们系列综述是如何小切口开题、如何选择最具代表性实例、如何起承转合、如何用最精练语言讲好生动故事，等等。

二要研究广电同行是怎么做优视频产品的。短视频是媒体融合发展的重要赛道，通过短视频产品来宣传宏大主题，来宣传中央和省委中心工作，可以显著提高宣传效果。目前，广电在这个领域还占据较大优势，他们无论是创意策划还是现场拍摄，无论是镜头语言还是剪辑制作，无论是新技术应用还是后期渲染、产品包装等，都明显高出一筹，我们要借助媒体融合深入发展的机遇，力争尽快缩小差距，继而能同台竞技。

三要研究新媒体领域的新生力量。媒体融合领域总是异军突起，像微信公众号领域的“学习小组”“牛弹琴”“长安街知事”“浙江宣传”等等，总能把党委中心工作报道变成舆论场上的爆款产品。特别是“浙江宣传”去年4月才注册，每天发两篇原创稿件，许多文章是10万+的阅读量，难道我们不应该好好研究？新华日报每个部门都办了微信公众号，现在各个公众号粉丝有多少？稿子实际点击量是多少？有没有爆款产品？没有流量就没有影响力，还谈什么抢占主流舆论高地。

业务研究还包括其他方方面面，我今天只点出这三个，就是希望能在这些方面率先突破。需要强调的是，记者、编辑要有专注的精神和品质。现在社会思想多元、多样、多变，不可避免地影响到我们的记者、编辑队伍，导致潜心学习的人少了，苦心钻研的人少了，甘于寂寞的人少了，精磨好稿的人少了，系统谋划的人少了。记者的社会形象应该是守正的形象、专业的形象、勤勉的形象、谦和的形象，一些违和的现象不仅难以很好服务中心和大局，也对不起新闻工作者的称号。

——靶向发力，优化提升多层次服务平台。服务中央和省委中心工作，离不开平台载体。《新华日报》发行量稳定在50万份以上，这就是一个重要平台和阵地。但仅仅做强报纸还远远不够，还需要更多平台来立体传播党的主张，充分发挥传媒集团的整体力量。

打造多层次服务平台，我们要仔细分析报、网、端、微，更加精准地进行内容生产，分众化发展，精准抵达目标群体，而不是搞大呼隆。目前我们报纸的综合影响力位居全国前列，但要与江苏在全国的发展地位相匹配，还有不小的提升空间。我们的网站，与人民网、新华网的江苏频道相比，与荔枝网、我苏网等相比，优势并不明显，与省外的一些有影响的门户网站和综合新闻网站相比也还存在差距。譬如华龙网，去年的新闻专题报道《人间正道是沧桑——百年百篇　留声复兴之路》、典型报道《体育老师王红旭生命中最后一次百米冲刺》双双获得中国新闻奖一等奖，这家网站已连续 10 年 14 次获中国新闻奖，其中 6 个一等奖。

客户端具有跨地域性，我们的交汇点、新江苏、紫牛等客户端的注册用户绝大多数还只限于在省域范围，与一些在全国都有较大注册用户的客户端相比，还存在明显差距。我们的微信公众号，乍一看琳琅满目，可是真正有传播力、影响力的并不多，很多还停留在搬运见报稿的层次，不仅缺乏爆款，就连优质原创稿件都很少。希望我们的报、网、端、微，都能实实在在地对标国内某个标杆，建立并完善内容生产机制，更有针对性地“比学赶超”，让服务大局的平台更加系统、更加全面、更加均衡。

另外，内参和智库特刊工作也要在已有基础上强化服务功能，拓宽视野、加大频次，围绕中央和省委中心工作调查研究，关注基层在落实上级决策部署中出现的新情况，关注基层一些苗头性倾向性的问题，关注一些地方探索性创新性做法，提出问题的同时更要从媒体角度给出意见建议，成为领导同志离不开的“千里眼”“顺风耳”“智囊团”。

——善借外力，建立健全多向互动合作机制。无论是办好传统的纸媒，还是做好新媒体，都需要善借外部力量，与用户实现“双向奔赴”。服务好中央和省委中心工作，需要加强对政策的宣传阐释，需要鼓舞士气增强全社会的信心，也需要通过更加科学、更加专业的报道来给出攻坚克难的意见建议。我们办周刊形成的经验，其中一条就是打通了与部门、与专家的紧密联系，通过深度合作，强化了高质量的内容生产。现在，也要通过建立和完善多向互动合作机制，借助更多的外部最强大脑来共同生产，来更高质量服务中央和省委中心工作。

去年，我们有些好创意好策划就是共同深度合作的结果。如《乡村振兴·江苏百村调研》系列，与省委研究室等部门合作，整组稿件跳出

▲ 2022年，新华日报联合江苏省委政策研究室、省农业农村厅，用7个月左右时间，开展“乡村振兴·江苏百村调研”大型全媒体行动，系列报道获第33届中国新闻奖系列报道类二等奖

了过去“一厂一村一店”的碎片化，思想性、指导性、针对性都大大增强。

再如，党的二十大期间人民日报社新媒体中心推出的原创动画视频《新千里江山图》，只有短短的4分多钟，就迅速成为爆款产品。这个产品，就联合了业内知名的中国风画师进行艺术创作和视觉指导，联合了专业的数字影视公司进行制作，还邀请了两位艺术家参与内容拍摄。

可以说，组团作战已经成为媒体融合深度发展大背景下的一种大趋势。所以，要加快建立健全这方面的机制，特别是在我们要开拓的新领域，在发挥已有优势的基础上，加强与专业团队合作，以我为主、为我所用，互相借力借势，加快打造一批以优质内容生产为目标的工作团队。

——重用青年，在“勇挑大梁”中锻造新华青年铁军。国家和民族的未来在于青年，我们报社的未来也在于青年。服务中央和省委中心工作，青年人要勇挑大梁。记得四年前看过一篇对人民日报“任仲平”撰写团队的专访，介绍任仲平“七八条枪”中，年龄最小参与者已是“90后”了。青年人思想活跃、精力旺盛、激情澎湃，有着奇思妙想，青年人也最了解青年、最懂青年，应该能策划出打动广大青年群体的新颖产品，应该能写出人生最耀眼的华章。报社近几年吸收了一大批新鲜血液，希望这批年轻人能尽快脱颖而出，在服务中央和省委中心工作的主战场中挑起大梁。

让青年挑大梁，首先要传帮带，希望集团各单位各部门发扬“老新华”的传帮带作风，通过诸如名师带徒、成立工作小组、建立项目组等方式，让青年记者、编辑直接参与重点策划，通过实战来锻炼培养；其次是压担子，对青年记者、编辑要放手使用，加强指导、严格要求，让他们牵头承担一些重要任务，在把握机会中展示能力和才华。

今年及今后几年我们的报道任务极重、要求极高。关于全国两会，编委会已拿出一个初步方案，总体上内容比较丰富，但亮点和特色还不太突出，大家要进一步深入研究，向央媒看齐，推出更多站位高、落点实，既叫好又叫座的精品力作。在今后的工作中，希望大家进一步增强“围绕中心、服务大局”的政治自觉，进一步提升“围绕中心、服务大局”能力水平，真正以优质的新闻宣传和过硬的实际行动，切实服务好省委中心工作和全省改革发展大局，也为集团的事业发展营造更好的外部环境。

（2023 年 2 月 14 日）

一线感言

翟慎良，乡村干部报总编辑，高级记者。江苏省“四名人才”（名评论员）、省“五个一批”人才、省“333高层次人才培养工程”培养对象、省有突出贡献的中青年专家。6次获得中国新闻奖，其中个人独立写作的评论《民生实事莫沉迷于“数字突破”》获第28届中国新闻奖一等奖。

大局贴着大地

刚做记者时，常听前辈们念叨一句话：站在天安门上思考，回到田埂上写作。工作20多年来，从记者到评论员，从报纸到网络再到智库，不同的岗位经历，让我深切认识到，大局贴着大地，记者的“国之大者”，既是“接天线”的中心大局，也是“接地气”的鲜活民生。

回顾自己的获奖作品，它们都有一个共同点，就是处理好“高度”与“温度”的关系，以小切口反映大主题。我曾写过一篇现场特写《节电研讨会上的尴尬一幕（主题）拉上窗帘开会白天亮着一百二十多盏灯（副题）》。这篇稿子写的虽然只是会场上容易被人忽略的一幕，但反映的却是节能降耗的国家政策。正因此，这篇只有六七百字、发表在不起眼位置的短文，仍获得了江苏新闻奖。而这，给了还是“小记者”的我以极大激励。

我获得中国新闻奖一等奖的评论《民生实事莫沉迷于“数字突破”》也是如此。这篇评论从南京家庭医生签约率的数据，看到了“数字突破”在社会上的种种表现，并聚焦在“数字政绩”问题上。南方传媒书院的专家点评说，这篇文章具有“聚焦小话题，延展大现象，透析其本质，立意起点高”的特点。

最近几年，我到乡村干部报工作。怎样办好这张目前全国唯一以乡村干部为主要读者的报纸？中央组织部组织二局领导强调，这是一份从泥土里“长”出来的报纸，要少些办公室里的盆景，多些乡野中的花朵。集团领导对报纸的编辑记者也提出了“胸怀国之大者，跋涉祖国大地”的要求。

为此，我们提倡着眼大局做策划、走进现场找问题、带着情感写故事。2023年，乡村干部报与中国江苏网共同策划完成了“总书记与村书记们”融媒系列报道。多路记者沿着习近平总书记的乡村足迹，走进全国20多个省份的24个乡村。这组报道，对话的是最基层的村书记，反映的却是总书记的谆谆嘱托与“田野上的国之大者”；展示的是总书记视察过的乡村近年来的精彩蝶变，探寻的却是乡村全面振兴的创新路径。这组报道反响良好，获得了2023年江苏省好新闻媒体融合类一等奖。

“笨记者”与“好记者”

——涵育新闻职业精神

今年记者节，许多媒体都刊发了庆祝节日的评论。不少同行都在追问一个问题：融媒体时代，记者如何保持自己的职业荣光？

过去记者是一份让人敬重的职业。但在人人都有麦克风的今天，AI主播都开始播报新闻了，社会还需要记者吗？在新技术浪潮下，我们能否不断克服“本领恐慌”，如饥似渴地拥抱每一份未知？在新的传播变局中，我们是否还记得当初为什么要选择当一名记者？面对扑朔迷离的真相，我们是否还葆有追问的冲动与无畏？

如何才能回答好这些问题？我觉得，职业精神就是其中一个重要答案。今年是集团的“崇德敬业”年。在年度主题即将收官之时，我想同大家谈谈新闻人的职业精神问题。

何为新闻职业精神

每一个行业，都需要有自己的专业素养、行为规范、职业精神。新闻职业精神，既是爱岗敬业精神在新闻战线的具体体现，也是对记者、编辑职业本身提出的特别要求。我觉得，新闻职业精神，是一种追求、一种规范，也是一把标尺、一面镜子，大家都应该时时对照、日日修为。

——新闻职业精神是时代的呼唤。新闻记者是个神圣职业，被称为

“船头上的瞭望者”“无冕之王”。记者节同护士节、教师节、医师节、人民警察节、农民丰收节一样，是我国仅有的六个行业性节日之一。在2022年的记者节，网友们这样点赞记者：你们，传播今天的新闻，记录明天的历史；有你们就能看到世界不一样的精彩；记者，是一场不辞不惧的逆行，是一份守望社会的责任，是一枚记录时代的符号，是一团揭示真相的火种，是一个永不过时的理想；记者的视角就是战场的雷达，记者的语言就是战场的集结号，记者的笔就是战场的冲锋枪。向勇敢的战士们致敬！

社会如此赞誉记者，因为时代需要记者，特别是有职业精神的记者。在中国新闻史上，这样的记者代有传人：范长江历时10个月、行程6 000余里，用双脚丈量了中国的西北角，让世界看到了“红色风景”；魏巍在战火纷飞的战场上书写“最可爱的人”，激扬了人们保家卫国的豪情壮志；穆青“把根扎在最厚的土层里”，通过夜以继日的采写树立起县委书记的好榜样……

今天，开启全面建设社会主义现代化国家的新征程，更加需要记者发扬职业精神，担负起“举旗帜、聚民心、育新人、兴文化、展形象”的职责使命，让脚下的泥土变成笔尖的力量，把心中的感动化成鼓舞人心的光亮；今天，身处众声喧哗的网络时代，更加需要记者发扬职业精神，弘扬主旋律、传播正能量，用主流价值驾驭信息流量。

——新闻职业精神是兴业的基石。事业成败，关键在人。在研究《新华日报》报史的过程中，我越来越感觉到当年新华日报之所以被誉为“党的一个方面军”，与包括周恩来同志在内的一群新华报人的精神风骨和职业素养息息相关。最典型的当然是周总理。1943年3月18日，是他的45岁生日。他谢绝了大家为他准备的茶点和庆贺活动，回到办公室写下7条、182字的《我的修养要则》，对自己提出“加紧学习”“习作合一”“注意检讨和整理”“永远不与群众脱离”“注意调研，遵守纪律”等严格要求。他用自己的一生践行了这些准则，这些准则今天仍然值得我们学习借鉴。此外，“大布是其衣，一生只服务”的潘梓年，待人诚恳、生活简朴的华岗，为人谦虚、热情的石西民，等等，都为我们树立了崇德敬业的榜样。

一个人有职业精神，可以成就自己并带动一片人。一个单位有职业精神，可以成就事业并育成一群人。我一直说，这几年我们最大的收获、最大的成功，就是通过创新、转型、实战，锻造了一支响当当、硬邦邦的“新华铁军”。依靠这支“新华铁军”，我们取得了社会效益和经济效益的双丰收。在新华报业建设有全国影响的“百年党报”新征程上，需要所有新华人进一步传承“新华红”、发扬“新华拼”，把崇德敬业化为主动追求、内在动力，练就高强的能力本领，修成良好的道德品质，拿出昂扬豪迈的工作劲头，真正做到勇斗争、敢负责、肯担当、乐奉献、善团结，把工作当作学问做，把职业当作事业干。

◀ 传承红色基因，勇立时代潮头。新华报业传媒集团正在努力建设“干在实处、走在前列”百年党报。图为集团全媒体传播矩阵

——新闻职业精神是成才的前提。德才兼备，德在前。记者因其职业的特殊性，更需要德行为先，具备新闻职业精神。范长江就曾说过：“因为新闻记者是一种特殊的职业，它的影响太大，不能作为普通人看待。所以陈博先生说：新闻记者责己要格外严，律己要格外密。丝毫不苟，丝毫不乱，才配做新闻记者。”

对记者来说，如果有德无才或少才，他可能办不了大事，创造不出显著业绩，但是他也不会干坏事。而如果没有德，只有才，那就很容易走上邪路。所以，记者，特别是年轻记者，只有确立新闻职业理想，重视新闻职业道德修养，把新闻当作毕生追求的事业，才会找到正确的职业方向，才有强劲的内驱力，才能有更持久的获得感。近几年，报社招聘了许多年轻人，无论是全媒体部门还是各地分社，青年员工数量都有较大幅度提升。帮助年轻人扣好职业生涯“第一粒扣子”，其中最重要的就是培养职业精神。

——新闻职业精神是立身的铭牌。新闻职业精神是一个记者最优质的名片、最闪亮的品牌。穆青是中国新闻界的泰斗和楷模，他的作品震撼着几代人的心灵。穆青同志钟爱郑板桥的一首画竹诗：“衙斋卧听萧萧竹，疑是民间疾苦声。些小吾曹州县吏，一枝一叶总关情。”他说：“我喜欢这首诗，因为和我的心思相通。你想想，封建时代一个县太爷，还能关心民间疾苦，我们共产党员、人民的记者，更应该时刻不脱离群众，一字一句总关情啊！”他是这样说的，更是这样做的。穆青作品所体现的豪迈、激情和力量，都源于他矢志不渝坚守的座右铭——“勿忘人民”。

崇德敬业精神，也体现在我们新华日报一些前辈身上。老社长刘向东在报社干了 34 年，他说：“新闻工作者第一个品格就是要无限忠诚于自己的事业，终生不悔地追求。”他坚持“深入、深入、再深入，深入到农村、矿山、院校等，老老实实地当人民群众的学生”。当年，为了写《建坛瑰宝——杨廷宝教授的故事》这篇报道，他采访了 3 个多月，走访山东、湖北、上海等7个省市，写下7万多字。原评论部主任王柏森，1970年进入新华日报社，一生都奉献给了新闻评论工作，他的评论作品不仅在当年传播很广、影响很大，直到现在还被人频频提起、为之点赞。王柏森说："作为《新华日报》这样一张有悠久历史的党报的记者，我们的眼光不能狭窄，要敢于承担重大主题，在历史潮流中发挥党报的引领作用。""作为党报记者，我们要有一份理论自信，有理论自信才有理论勇气。"

前辈新闻人身上体现出的职业追求、敬业品格和担当精神，都值得我们认真学习。

十个关键词看职业精神

新闻职业精神，有行业的特点，也有时代的特征；有坚守的原则，也有变革的要求。身处全媒体时代，我们既要弘扬优良传统，又要与时俱进，把握新闻职业精神的新内涵新要求。

党的十八大以来，习近平总书记多次看望慰问新闻工作者，通过座谈、发贺信等方式，勉励新闻工作者与党和人民同呼吸、与时代共进步。认真学习习近平总书记相关重要论述，我梳理出了十个与新闻职业精神相关、值得我们深入学习践行的关键词：

"四向四做"。这是2016年11月7日习近平总书记会见中国记协第九届理事会全体代表和中国新闻奖、长江韬奋奖获奖者代表时提出的要求——坚持正确政治方向，做政治坚定的新闻工作者；坚持正确舆论导向，做引领时代的新闻工作者；坚持正确新闻志向，做业务精湛的新闻工作者；坚持正确工作取向，做作风优良的新闻工作者。

"四者"。这是2016年2月19日习近平总书记在党的新闻舆论工作座谈会上对新闻人提出的期望。他说，要深入开展马克思主义新闻观教育，引导广大新闻舆论工作者做党的政策主张的传播者、时代风云的记录者、社会进步的推动者、公平正义的守望者。

“四力”。2018 年 8 月 21 日至 22 日，全国宣传思想工作会议在北京召开，习近平总书记强调，要不断掌握新知识、熟悉新领域、开拓新视野，增强本领能力，加强调查研究，不断增强脚力、眼力、脑力、笔力，努力打造一支政治过硬、本领高强、求实创新、能打胜仗的宣传思想工作队伍。

人民情怀。2017 年 11 月 8 日，习近平总书记向中国记协成立 80 周年致贺信，希望广大新闻工作者坚定“四个自信”，保持人民情怀，记录伟大时代，讲好中国故事，传播中国声音，唱响奋进凯歌，凝聚民族力量，为实现“两个一百年”奋斗目标、实现中华民族伟大复兴的中国梦不断作出新的更大的贡献。

创新。在视察解放军报社等活动和在党的新闻舆论工作座谈会、全国宣传思想工作会等会议中，习近平总书记多次谈到重视创新的问题。他强调：要顺应互联网发展大势，勇于创新、勇于变革，利用互联网特点和优势，推进理念、内容、手段、体制机制等全方位创新，努力实现军事媒体创新发展；随着形势发展，党的新闻舆论工作必须创新理念、内容、体裁、形式、方法、手段、业态、体制、机制，增强针对性和实效性；要把握正确舆论导向，提高新闻舆论传播力、引导力、影响力、公信力，巩固壮大主流思想舆论。要加强传播手段和话语方式创新，让党的创新理论“飞入寻常百姓家”。

转作风改文风。2016 年 2 月 19 日，习近平总书记在党的新闻舆论工作座谈会上强调，新闻舆论工作者要增强政治家办报意识，在围绕中心、服务大局中找准坐标定位，牢记社会责任，不断解决好“为了谁、依靠谁、我是谁”这个根本问题。要提高业务能力，勤学习、多锻炼，努力成为全媒型、专家型人才。要转作风改文风，俯下身、沉下心，察实情、说实话、动真情，努力推出有思想、有温度、有品质的作品。要严格要求自己，加强道德修养，保持一身正气。

道德修养。早在1989年，时任宁德地委书记的习近平同志就在《把握好新闻工作的基点》一文中指出，新闻工作者担负着宣传群众、教育群众的神圣职责，教育者应先受教育，应严格自律，正派、公正、廉洁，要有更高尚、更严格的政治操守和职业道德；新闻工作是一种崇高的职业。每个新闻工作者都应该自重、自爱、自强。希望新闻工作者加强职业道德修养，形成一种良好的作风。

读者意识。2015年12月25日，习近平总书记在视察解放军报社时指出：现在，媒体格局、舆论生态、受众对象、传播技术都在发生深刻变化，特别是互联网正在媒体领域催发一场前所未有的变革。读者在哪里，受众在哪里，宣传报道的触角就要伸向哪里，宣传思想工作的着力点和落脚点就要放在哪里。

深入实际。在《把握好新闻工作的基点》一文中，习近平同志指出，要发扬艰苦奋斗精神，深入调查研究。深入实际，调查研究，这是党的优良传统，也是新闻工作者必须具有的工作作风。报道写得好不好，与新闻工作者能不能深入实际，深入采访有很大关系。

讲好中国故事。在2013年8月19日的全国宣传思想工作会议上，习近平总书记强调，要精心做好对外宣传工作，创新对外宣传方式，着力打造融通中外的新概念新范畴新表述，讲好中国故事，传播好中国声音。在2021年5月31日十九届中央政治局第三十次集体学习时，习近平总书记又强调：讲好中国故事，传播好中国声音，展示真实、立体、全面的中国，是加强我国国际传播能力建设的重要任务。要深刻认识新形势下加强和改进国际传播工作的重要性和必要性，下大气力加强国际传播能力建设，形成同我国综合国力和国际地位相匹配的国际话语权，为我国改革发展稳定营造有利外部舆论环境，为推动构建人类命运共同体作出积极贡献。必须加强顶层设计和研究布局，构建具有鲜明中国特色的战略传播体系，着力提高国际传播影响力、中华文化感召力、中国形象亲和力、中国话语说服力、国际舆论引导力。

上述重要论述清晰、透彻、全面，站得高、看得远、想得深，具有很强的政治性、思想性、指导性、针对性，让我们对肩负的职责使命有了更深刻的认识，对涵育新闻职业精神的必要性有了更深刻的认识，也可以更好地理解新时代新闻工作者应该具备怎样的职业精神。学习贯彻习近平总书记重要讲话精神，关键是要把握好贯穿其中的马克思主义立场、观点和方法，把握好贯穿其中的宏大视野、历史眼光、问题意识和科学思维。

——坚定的政治立场。总书记的重要论述始终高举马克思主义旗帜，始终贯穿马克思主义新闻观这根红线。总书记对党的新闻工作者的政治立场、政治站位、政治方向要求十分明确，而且是摆在第一位的要求，是新闻工作者的从业之基、立身之本，守牢这个根本就是要树牢马克思主义新闻观，坚定不移跟党走，坚持以人民为中心，坚持中国特色社会主义，做头脑清醒、立场坚定的新闻工作者。

——深厚的人民情怀。人民至上是总书记讨论一切工作的出发点和落脚点。总书记关于新闻工作者职业精神的重要论述也始终围绕着“人民”这个根本去阐发。概括起来就是希望新闻人解决好“为了谁、依靠谁、我是谁”这个根本问题，既要从人民的根本利益、长远利益出发做好新闻舆论工作，也要紧紧围绕服务读者、服务用户需求不断改进新闻宣传。

——强烈的使命担当。推动社会进步是马克思主义的宝贵品质。总书记关于新闻人的指示要求，紧扣中国共产党“为人民谋幸福、为民族谋复兴”的初心使命，要求新闻舆论工作者做党的政策主张的传播者、时代风云的记录者、社会进步的推动者、公平正义的守望者，为实现“两个一百年”奋斗目标、实现中华民族伟大复兴的中国梦不断作出新的更大的贡献。

——清醒的问题意识。总书记关于新闻工作者职业精神的一系列重要论述，直击新闻舆论工作队伍中存在的问题，比如理想信念不够坚定的问题、责任担当不够自觉的问题、道德情操不够高尚的问题、作风文风不够严实的问题、创新精神不够强烈的问题，等等。尽管表述都是正面要求，但作为新闻工作者，应当认真审视自身存在的问题，本着有则改之无则加勉的态度，不断改进提升。

——创新的工作思维。运动和变化是马克思主义基本观点，而守正创新是马克思主义的重要品质。针对新时代党的新闻工作者要具备什么样的职业精神和职业特点，总书记从“怎样增强脚力、眼力、脑力、笔力”“怎样讲好中国故事，传播好中国声音”“怎样推进理念、内容、手段、体制机制等全方位创新”等方面提出明确要求，这种与时俱进的理论品质也是新闻工作者应当认真学习的。

学习贯彻习近平总书记关于新闻职业精神的一系列重要论述，既要知其言更要知其义，既要知其然更要知其所以然。只有这样才能更加深入地理解，更加自觉地落实，真正做到入脑入心、见行见效。

这些现象要引起警惕

在外出开会、调研或宣讲中，我听很多干部群众讲，我们新华人在江苏新闻界不仅是能力最强的，也是作风最正的、赞誉最多的。但也要清醒地看到，集团员工新闻职业精神仍需提升。我认为，有这样几种现象需要引起我们的警惕和反思：

一是政治不硬，难担使命。政治上的主动是最有利的主动，政治上的被动是最危险的被动。少数记者党性原则不强，政治觉悟不高，不能正确认识新闻媒体政治属性与传播属性的关系，不能正确看待政治能力与业务能力的关系，在“乱花渐欲迷人眼”的诱惑干扰面前，缺乏“乱云飞渡仍从容”的政治定力。在社会效益和经济利益的选择面前，丧失了原则，损害了公益。比如，有的做夸大其词的虚假广告，影响了集团形象、新闻战线形象。又如，长期以来存在的老“四大公害”：有偿新闻、虚假新闻、低俗报道和不良报道仍未完全根绝，新传播格局下的新“四大公害”时有发生：渲染过度的暴力新闻；以讹传讹的不实新闻；来自网上的剽窃新闻；损害被采访者权益的侵权新闻。

二是格局不大，难担重任。我在《新闻战线》上发表过一篇论文，题目叫《新闻舆论工作者要时刻心怀“国之大者”》。我觉得，记者要能够“站在天安门上思考，回到田埂上写作”。这才是记者应有的大格局。但我们的一些记者，接不上“天线”，没有应有的格局和站位，自我嘲讽、自我矮化，沦为一惊一乍的“标题党”、抄来抄去的“搬运工”、移花接木的“小裁缝”。有些编辑记者，不去研究怎么出精品，而是计较拿了多少稿费，计较自己条口“一亩三分地”上有多少“收益”。个别单位和部门“一把手”也缺少宽广的胸襟和带队伍的自觉，一定程度存在私心过重的问题，过分考虑自我利益、部门利益，乃至出现抢功诿过、与民争利现象。

三是创新不够，僵化呆板。表现在少数记者满足于写“新华体”、做好规定动作。在媒体融合上学习不够、创新不够，写的稿子“谁写谁看，写谁谁看”，甚至自己写的自己都不看。推不出爆款，报道出不了圈，在热点面前失语失声，丧失了话语权，损害了公信力，也削弱了舆论引导能力。

四是作风不实，难出精品。苏联剧本《前线》里有一位“客里空”。他是弄虚作假的代名词。他有句“名言”：“我的天呀，假如我只写我所看见的，那我就不能每天写文章了。我就一辈子也休想这样出名了。”有少数编辑记者就像“客里空”那样，坐在办公室里“创造”新闻，满足于打打电话，从网上复制粘贴材料，结果导致新闻不生动不可读，乃至出现新闻失实，酿成新闻事故。新闻失实或失当有这样几种表现：凭空捏造，无中生有；篡改事实，颠倒黑白；道听途说，捕风捉影；以点带面，以偏概全；强扭角度，似是而非；发挥想象，夸大渲染；照抄照搬，以讹传讹；添油加醋，任意拔高；移花接木，张冠李戴；事后导演，以假乱真。上述表现，有的在我们的报道中也有不同程度的存在。

五是奋斗不足，甘于“躺平”。有些记者小富即安、小成即满，满足于做“饭碗型记者”，以“躺平”“佛系”心态对待工作，做事能拖就拖、能糊弄就糊弄、能躲就躲。少数部门和单位的“一把手”，也存在对自我定位不准、工作标准不高、缺乏工作主动性等问题。要特别注意，有的年轻人抗压能力差、吃苦精神弱，看不到单位的好，不珍惜岗位与平台，缺乏成长的动力。

六是团结不强，各自为战。一些员工无论是内容生产还是经营开拓，都喜欢强调个人作用，团队作战的意识不强。有的部门之间、个人之间在一定程度上存在着不好的心态，过分计较蝇头小利、眼前利益，一讲合作就担心别人抢条口、分收益，结果导致内卷内耗，损人不利己。

七是纪律不严，险象环生。近段时间，集团出现几次不讲规矩、违反纪律的现象。比如，上级的工作要求不能及时传达、落实到位；有的员工私自开设自媒体账号，擅自评论容易引发舆情的热点话题；有的员工在聊天群发表不当言论被相关部门处理，等等。作为党报记者，代表的不仅仅是你自己，也是集团的品牌形象。如果对这种不讲规矩的现象不闻不问，类似问题就会像传染病一样扩散开来，造成恶劣影响，最终损害集团形象，贻误我们的事业发展。

八是修养不够，惹是生非。我们有的记者，宽以律己，严以待人，爱耍小性子，爱发小脾气；当面不讲背后乱讲，传播小道消息；牢骚怪话满天飞，传播负能量；做事能力不足，挑毛病水平一流。有的单位和部门“一把手”，不讲工作方法，不善于沟通交流，存在对下属过于严苛，作风简单粗暴的问题。

以上种种，大家不妨揽镜自照，看看自身是否存在类似问题，有则改之无则加勉。

涵育新闻人的职业精神

当前，集团工作的重中之重，就是学习宣传贯彻党的二十大精神。与此同时，我们在集团“崇德敬业年”收官之际，还面临冲刺打磨精品、稳住报纸发行等重要工作。我觉得，这些重要工作与涵育职业精神是相辅相成的。涵育新闻职业精神，是我们做好各项工作的一个重要抓手、一项具体行动。具体要在几个方面认识到位：

党性原则是“定海神针”。党的新闻媒体本质上是党的政治机关，党的新闻舆论工作本质上是党的政治工作，党性原则是新闻舆论工作的根本原则。在全媒体时代，人人都有麦克风，一个自媒体就相当于一个媒体平台。在这样的背景下，新闻工作的党性原则只能加强不能削弱。特别要看到，新闻舆论工作处在意识形态斗争最前沿，我们一定要坚定政治立场、提升政治素养、提高政治能力，以党的旗帜为旗帜、以党的意志为意志、以党的使命为使命、以党的主张为主张。在日常工作中，要经常与党中央“对表”，看看有没有“慢半拍”的问题，有没有“不看齐”“看不齐”的问题。

人民立场是“最稳站位”。新闻传播权利是人民赋予媒体的职业权利。同时，党的立场是人民立场，党的宗旨是为人民服务，党的作风是密切联系群众。立场、宗旨、作风三位一体，这是党的新闻舆论工作的出发点和落脚点。历史上，新华日报率先提出了“党性与人民性相统一”的观点，特别注重报纸和读者的联系。“我们有一个理想，就是做到读者们都替本报写文章，凡是看本报的人，都是给本报写文章的人。”正是秉持这样的观点，重庆时期的《新华日报》开设“读者信箱”，开辟工人园地、青年生活、妇女之路、友声等专栏，在南京恢复出版后又成立了“新华之友会”，为读者成为作者提供空间，反映群众的心声。今天，不管媒介形态怎么变化，新闻工作者仍然要“为时代立传，为人民放歌”。必须坚持以人民为中心的发展思想，无论是宣传还是做事，要与人民同心，坚持为人民做新闻。要涵养为民情怀，增强服务意识，重视用户生产，真正把镜头、话筒和笔触对准广大群众，聚焦基层实际，关心百姓冷暖，忧人民之忧，乐人民之乐，感动人民的感动。

奔赴现场是“最美姿态”。脚力、眼力、脑力、笔力，对新闻工作者来说，这“四力”不仅是能力要求，更是作风与品德要求。编辑记者践行“四力”，就要迈开双脚到基层去、到群众中去、到实践中去，多宣传报道人民群众的伟大奋斗和火热生活，多宣传报道人民群众中涌现出来的先进典型和感人事迹。只有行千山万水、走千村万寨，入千家万户、吃千辛万苦，才能写出有影响力的精品力作，新闻宣传工作才有鲜明的时代特色、浓郁的生活气息，才会产生鼓舞人、感召人、塑造人的蓬勃力量。增强脚力，就要深入现实生活、加强采访调研。增强眼力，就要强化新闻敏感、善于观察发现。增强脑力，就要勤于分析思考、善于研究策划。增强笔力，就是要改进话语表达、创新传播手段。今年记者节，《人民日报》评论指出，对新闻工作者而言，矢志增强脚力、眼力、脑力、笔力，坚持用双脚丈量大地、用慧眼洞察问题、用思想研析现实、用妙笔书写时代，更加贴近实际、贴近生活、贴近群众，才能更好地展现中国道路的光明前景、中国制度的显著优势、中国发展的世界贡献，彰显一个百年大党为中国人民谋幸福、为中华民族谋复兴的初心使命。《南方日报》评论也提出，无论何时“在场”都是珍贵的。它是记者的一种姿态，只有在场才能更好地记录时代的声音；它是一种方式，只有在场才能更好地捕捉现实的瞬间；它是一种希望，只有在场才能更好地透视事件的真相。

探寻真相是“不变使命”。当每个人都成为信息海洋里的一朵浪花，当每个声音都淹没于众声喧哗，真相离公众更加遥远，公众对真相的期待更加强烈。记者要以探寻真相为使命，纠偏标题党、键盘侠，避免被新闻反转打脸，不给谣言传播空间。通过有力的舆论引导，让重点成为热点、让质量带来流量、让深度焕发热度。正如澎湃新闻的记者节评论所期待的，今天，我们仍要用专业的能力和主流的价值观，去继续守护并开拓阵地，让真新闻上真头条。纵然新闻的“皮相”越来越炫目，专业生产所形塑的新闻“骨相”依然是记者不可回避的使命。这一点，我们内参部的记者做了很好的示范，有时为了核实一个真相，要花上几个月时间明察暗访。

遵纪守法是“牢固底线”。遵纪守法是每个公民应尽的社会责任和道德义务，也是党的新闻舆论工作的底线。记者笔下有财产万千，有人命关天，有是非曲直，有毁誉忠奸，更要在守法律、守纪律、守规矩方面作表率。记者、编辑必须自觉遵守宪法和法律，坚定地宣传贯彻党的理论、路线、方针、政策，维护宪法规定的公民权利，维护司法尊严。严格遵守和宣传国家的民族政策和宗教政策。严格保守党和国家的秘密，自觉维护国家的利益和安全。要在法律和新闻职业道德范围内工作，采访不能威逼利诱或误导受采访者，不能行贿受贿，导致报道偏颇，不炒作也不夸大、不隐瞒，也不能以偏概全、主观片面地进行不实报道。在宣传内容上，要严格遵纪守法。无论是在报纸、网站上，还是在个人新媒体账号上，都不得发布妄议中央大政方针、违背人伦道德与公序良俗等内容，也不可以发布虚假及血腥、暴力、色情等内容。

团结奋斗是“不竭动力”。新华是一个大家庭，是一个事业共同体。在工作和生活中，我们既要当好自己的主角，也要相互补台、相互撑台，当好别人的配角，在别人需要的时候伸一把手。我们要团结成“一块坚硬的钢铁”，由此凝聚起集团上下同舟共济、荣辱与共的向上能量。每位记者、编辑都要爱岗敬业、乐于奉献、勇于奋斗，珍惜平台赋予个人的发展机会和成长环境，有一分光就发一分热，把“奋斗”二字写在岗位上、写在日常中、写进内心深处。

自我修养是“永恒功课”。“征服世界并不伟大，一个人能征服自己，才是世界上最伟大的人。”涵育职业精神，需要个人自觉，在严私德上下功夫。对新闻记者来说，严私德就要从小事、小节上加强修养，一点一滴自我完善，做到慎独、慎初、慎微、慎欲。“没有小角色，只有小演员。”我多次讲过，要努力使每个员工都能做到自知、自爱，引导他们认识自己、爱护自己，爱护名誉、爱护形象、爱护岗位；使每个员工都能做到自警、自律，引导他们拒绝诱惑，保持头脑清醒，坚定信念、坚守防线，恪尽职守、廉洁自律；使每个员工都能做到自信、自强，“自知自爱、自警自律是基础，自信自强才是目的”，每个新华人都要对未来发展充满自信，自强不息、奋发有为。

加强他律是“必要生态”。涵育新闻职业精神，是集团与每位员工共同的功课，特别强调认识和行动的统一、他律和自律的结合、个人与集团的共振。新华的精神大厦，要靠新华员工每一块“有志之砖”来构筑；新华的金字招牌，要靠新华员工“日进一卒”来打磨。同时，集团也要通过他律营造环境、打造生态，珍视、培育、呵护职业精神，让精神点亮精神。对此，新闻职业道德委员会、集团纪委，包括人事、机关党委、团委，都要切实发挥作用，在教育培训上、完善机制上、选人用人上持续发力，既树起典型、立起标杆，又刹住不良之风、管住害群之马，让每位员工不仅在业务上强起来，更要在精神上立起来。真正让想干事、干成事的人有舞台，让得过且过、做一天和尚撞一天钟的人感到羞愧，让牢骚怪话满天飞、负能量的人没市场。通过涵育新闻职业精神，加强人才培养，推动事业发展，更好地履行党的新闻舆论工作的职责使命。

做名副其实的“好记者”

前几天看到一个材料：周恩来同志当年在重庆工作时，有一次记者招待会后对新华日报的工作人员说，某家采访他的中间报纸记者“太笨了”，原因是该记者向他提的几个问题都不是关键问题，而当他一一回答完这些问题后又专门讲了一段，所涉及的内容才是关键问题。遗憾的是，当他讲后面那段话时，该记者认为与自己所提问题无关，就合上笔记本不记了，结果造成了一个重大遗漏。

大家不妨都思考一下，该记者究竟“笨”在哪里？从“术”的层面看，记者在采访时自我限定范围，只关注自己想问的问题，缺乏必要的临场应变和调整能力；从“道”的层面看，是缺乏政治上的敏锐性和判断力，对于更具新闻价值的信息无知、无感。退一步讲，作为一名记者，遇到类似情况，如果先把相关内容记下来，回头再向上级报告或跟同事讨论，其实都有可能避免漏报重大信息。

由此我想到，无论过去、现在还是将来，记者的职业荣誉往往是由自己的职业精神和水准定义的。从“笨记者”到“普通记者”再到“好记者”，这是一个不断努力、持续进阶的过程。我们的职业精神，也在这一过程中得以一点点地塑造和养成。为了我们的职业理想和荣誉，我们理应朝着这个方向努力，切实锤炼自己过人的脚力、眼力、脑力和笔力，做一个名副其实的“好记者”。

我们即将迎来《新华日报》创刊85周年。期望全体新华人赓续红色血脉、发扬优良传统，在新时代胸怀新闻理想、涵养职业精神，在服务党和人民的时代伟业中创新创造、奉献价值，让记者职业更有荣光。

（2022年12月13日）

一线感言

耿联，新华报业传媒集团新江苏传媒副总编辑，高级记者。全国五一劳动奖章获得者，江苏省“四名”人才（名评论员）。新闻作品《1.1% 看奇迹》获第 33 届中国新闻奖系列报道类三等奖。

“笨办法”是一条踏实路

做一个“好记者”，写出有影响的“好作品”，是新闻人一辈子的追求。如何才能做到？秉持职业精神是最基本的，也是最重要的。

我大学毕业后进入新华日报工作，其中近 30 年都在从事一线采访报道工作。其间，遇到过不少“好记者”，也碰到一些“笨记者”。让我感触最深的是，一些“笨记者”往往看上去“很精明”，或者“自以为聪明”，结果却屡屡“掉链子”。

记得有一次采访一个重要会议，按照发稿计划，其中一天的小组讨论并不需要单独发稿，但我还是早早到了会场。一家兄弟媒体以为当天不需要发稿，只派了一名临时客串的摄像记者过来。小组讨论气氛非常热烈，本没打算发言的领导同志也临时发言，欣然与大家热烈讨论。我一看这阵势，感觉发稿的可能性大增，于是闷头记录。但摄像记者只象征性拍了几个画面，认为任务完成了，就坐到一边喝茶去了。会议结束，果不其然接到了发稿任务。由于我记录周全，写稿非常顺利。而摄像记者则挨了批评。我想，摄像记者之所以犯错，就在于其“自以为聪明”。倘若我也这么“聪明”，以为“没有发稿任务”就不认真听会，那一定会犯下很难弥补的失误。

每每想起这件事，我在感到庆幸的同时，都会提醒自己：不要怕麻烦，不要怕费事，“笨办法”最放心，有时也最管用。不要做“耍小聪明”的笨记者，要做用“笨办法”的聪明记者。如果我们都能秉持新闻人的职业精神，就一定能有很多“水到渠成”甚至“意想不到”的收获。

譬如，多年前当驻站记者时，地方媒体报道了当地开通了全国首条环保热线，我不怕费事，跟踪拨打这条“热线”，结果发现“热线”存在一堆问题，慢一拍发的报道反而获得了江苏省报纸好新闻。跟随领导同志调研采访，我也“笨鸟先飞”事无巨细作记录，往往在完成“规定动作”的同时，还能积累写评论的好素材。为了防止重要时政稿件出现差错，我每次都把审定的新闻稿打印出来，强迫自己从第一个字“逐字逐句”校对到最后一个标点符号……这些都是“笨办法”，但却真管用。而贯穿其中的，应该就是我们新闻人必备的职业精神吧。

做新闻要有“几把刷子”

——练好从业基本功

习近平总书记指出，宣传干部除在政治上可靠外，总是需要在理论上、笔头上、口才上或其他专长上有“几把刷子”，真正成为让人信服的行家里手。

我最近在琢磨一个问题：从事新闻宣传工作，我们应当怎样掌握必备的“几把刷子”？引发我思考的直接由头，是我们的一些重点报道从总体上说还不错，但还存在两点不足：一是对照中央媒体一些既有正能量又有大流量的爆款产品，我们在创意、表达、技术手段等方面存在一定差距，缺少让人过目不忘的亮眼精品；二是呈现在报纸上的文字报道精品不够多，对照央媒的综述、通讯、评论，我们的记者在文字表达、体裁驾驭等方面还有较大提升空间。

究其因，我感到关键还在于基本功的支撑不够。借此机会，我想同大家谈一谈基本功的问题，以便在今后各项重点报道中更好地发挥省级主流媒体作用。

练拳不练功，到老一场空

社会职业万万千，干什么事都需要基本功。属于记者的基本功应当是什么，不知道大家有没有认真深入思考过。

“基本功”三个字拆开来看，“基”就是基础，“本”就是根本，

"功"就是功力，也就是从事新闻工作必需的最基础和最根本的功力。可能很多同志开口就会讲，记者、编辑最重要的基本功应该是文字要过关，做到文通句顺，不出各种各样的差错。这样说没错，但有点片面，没有抓住新闻工作的本质特点。

谈到"基本功"，习近平总书记有不少论述。比如学习党章是全体党员的基本功，调查研究是做好各项工作的基本功，掌握马克思主义理论是领导干部的基本功，始终同广大人民群众保持密切联系是一项十分重要的基本功，善于运用网络了解民意、开展工作，是新形势下领导干部做好工作的基本功，善于获取数据、分析数据、运用数据，是领导干部做好工作的基本功，等等。

从这些论述不难看出，总书记强调的这些基本功无一不是事关大局和全局的工作前提，尽管针对的对象是党员干部甚至是各级领导，但对新闻工作同样有很多启示，我们新闻工作者是在人的头脑中搞建设的，基本功的专业要求应不比一般的党员干部甚至领导干部低。因此，理解记者、编辑的基本功，就必须从新闻舆论工作的职责使命和工作特点出发。

我们知道，新闻舆论工作是治国理政、定国安邦的大事。从这个意义上讲，新闻工作者的基本功首先是理解"国之大者"、胸怀"国之大者"，从而阐释"国之大者"、服务"国之大者"。有的同志可能又要讲了，这应当是新闻工作者的高段位要求，而不是什么"基本功"。但是试问，如果我们干工作不清楚目的是什么，主要工作是干什么，从一开始就做偏了、做错了、做反了，那么其他技能再强也解决不了根本问题，不是我们需要的基本功。比如，我们有的同志业务能力很好，而且喜欢研究历史，但由于历史观出现了偏差，业务再强也不顶用，甚至还会误事。

具体来说，记者、编辑至少有以下几方面必修的基本功：

学习把握大局大势和大政方针。这就是前面我们提到的"国之大者"。大局大势包括世情、国情、省情，大政方针就是党和国家以及省委、省政府一系列重大决策部署。学习把握大局大势才能知道我们所处的历史方位，知道为什么会出台一系列方针政策，学习把握大局大势和大政方针才能知道新闻工作为什么干、干什么、怎么干，以及怎样才能干好。

学习掌握观察和分析问题的思维方法。前面提到，总书记强调掌握马克思主义理论是领导干部的基本功。记者、编辑也需要具备马克思主义的世界观和方法论，熟练掌握马克思主义新闻观，这是我们做好新闻工作的基本思维工具，有了这项基本功，我们的工作才能具备科学的世界观和方法论，在实践中才能如鱼得水、如虎添翼。

学习掌握调查研究、获取信息的工作方法。记者、编辑最重要的职责是生产内容产品，内容生产的第一步就是要有原材料。与写论文、写小说等不同，获取具有价值的第一手原材料，是对新闻工作的基本要求。这既包括采访，也包括调查，以及梳理、分析和进一步研究。

学习掌握把工作要求化为新闻叙事的方法路径。如何用新闻手段推动党的工作目标、工作要求落实到位，这是新闻工作者需要具备的基本功。比如当前我们学习宣传贯彻党的二十大精神，大家就要思考如何用新闻的方式抓好推动和落实。我们常常说用事实说话、用典型说话、用数据说话等，或者是从小切口反映大时代、用小故事讲述大道理等，就是新闻叙事的方法路径。记者、编辑都要不断学习和掌握这些方法路径。

学习掌握全媒体生态下的呈现方式和手段。全媒体传播格局的形成，对记者、编辑的基本功带来更大挑战，其中一条就是掌握“十八般武艺”，光会编写文字稿肯定是不能适应新时代的需要。当然，也不一定要求所有记者在写作和新媒体制作方面都很内行，但起码要求在新媒体表达和呈现方式上有一定理解，能够就同样一个题材、同样一篇报道提出一些制作新媒体产品的创意设想。从每周二的采编联动会报题上，就可以明显看出哪些同志是具有新媒体思维和素养的，哪些同志还停留在传统的“报人”阶段。

当然，基本功的内涵还不止这些。之所以说上述这些是基本功，就在于它们是对所有记者、编辑的普遍要求，无论是部主任、还是业务骨干，抑或是才上路的新手，都必须具备这些素养。记者、编辑段位高低，其区别就在对上述基本功掌握的深厚与否。不掌握好这些，无论是谁都干不好新闻工作。这里特别要强调的是，“练拳不练功，到老一场空”。光是练文字或新媒体制作技能，还远远不够，事关大局全局的意识、思维、方法等才是更为内核的基本功。

“九个力”上看弱项

当前，记者、编辑中普遍存在基本功不足的问题，对这一点我们毋庸讳言。概括起来有九个方面：

弱在“领悟力”。这表现在不善于紧跟形势和工作需要抓宣传报道，甚至有的同志根本不关心形势和政策，因而容易漫无目的、毫无章法、随心所欲地去抓新闻报道，自然不可能抓到点子上、抓到关键处，甚至会发生偏差和错误。比如最近党的二十大宣传中，“二十大时光”专栏就要去体现我们当下在做和要做的内容，但不少同志就领悟不到精神所在，把稿子写成了成就性报道，这与过去我们迎接党的二十大报道有什么区别呢？

弱在“发现力”。这表现在新闻敏感不强，经常找不到线索或者挖不到好题材。比如有的同志每天报题大而化之、缺少亮眼事实，不是基于基本事实的价值判断，而是报概念、报不成熟的初步想法。前几次采前会上我批评少数部门报题总是鸡毛蒜皮，或者是社会新闻。这不是党报、党媒记者应有的水平。我也多次提醒大家，要善于从省委文件和省领导讲话中找线索，里边有做不完的题目，是我们需要大力挖掘的新闻富矿。但是从大家目前的报题和选题中，还看不出明显的提升。

弱在“采集力”。这表现在采访不扎实不深入，不能够、也不知道如何得到有价值的第一手信息。一些记者习惯于通过电话、微信联系和采访，或者是从材料到材料，而不是面对面的采访。新闻采访在大多数情况下应该是面对面的，不到现场就难以准确掌握即时情况，也无法从被采访人的肢体语言、面部表情中发现细节。另外，还有一个采访对话的本领和能力问题。有的记者采访能做到侃侃而谈、频频发问，做到提问精准、抓住有价值的信息，制作的访谈类节目和文章让人看得过瘾。但有些记者不善沟通交流，即便是到了现场，也问不出有价值的问题，发现不了有意义的细节，激发不了被采访者的参与感、表达欲。我们从不少稿件干巴巴的表述中不难发现这个问题。前一段时间，我们关于“喜迎二十大”的不少报道既看不到“喜”，又看不到“迎”，很大程度上就在于大家没有采集到相关内容。

弱在“转化力”。表现在把题材和素材转换为新闻报道的能力不强，定下一个报道主题不知道如何组织采访，或者拿到一堆基本素材不知道如何下手，如何安排结构，如何取舍材料，如何开头结尾，等等，好题材、好原料也做不出好的新闻大餐。有的报道拎不出要点，主题主线不突出；有的主题主线明确了，但不会使用和加工素材；有的报道零零碎碎，没有逻辑性、层次感，说不清楚问题；有的出手就写三五千字稿子，让他写三五百字反而不会了；等等。

弱在“研究力”。记者、编辑是杂家，也应是专家。党报新闻工作者要立志术有专攻，向专家型努力。但有的同志不擅长研究问题，新闻报道讲不出门道，也难以用群众语言讲清楚问题，结果内行不愿看、外行看不懂；有的同志不认真研究问题，偏听偏信、胡乱写稿。这方面我们还有很长的路要走，以前也犯过这样那样的错误。个别同志的新闻报道引发舆情，往往和片面地了解国家政策，或者与不了解国家政策有关，结果给工作带来被动，这都与“研究力”不强有关。

弱在“策划力”。在讲到记者、编辑基本功的时候，不少业内专家说策划也是一门基本功，对此我深表认同，这是工作要求转化为新闻叙事的重要环节。报社反复提出，希望人人会策划、个个能策划，但有的同志认为这是部主任和总编辑、副总编辑们的事，没有策划意识，不主动训练策划能力。即便是部主任，策划基本功也不尽如人意。日常工作中，没有形成有组织有计划的策划机制，很多策划以临时应急为主，看到什么想到什么，马上拍脑袋搞策划，以“点子”灵光一闪为主，策划质量和效果无法保证。有的策划不是融合传播一体化，报纸和新媒体策划存在割裂现象。

弱在“表现力”。这主要表现在写稿过于程式化、中规中矩，甚至有些老套呆板，语言也是一堆毫无新意的“正确的废话”，导致新闻报道平淡无奇、枯燥乏味，让读者难以阅读下去，很难谈得上表现力、震撼力。前一段，在关于反映“十年成就”的众多报道中，我就很少看到能让人眼前一亮的稿子。最近我在看新安晚报总编辑写的一本书，提倡新闻写作借鉴文学的手法，是有一定道理的。人民日报原总编辑范敬宜说过，记者应“以飘逸潇洒之笔，论经文纬武之事”，强调文章要有一两处传神之笔，倡导在坚持正确导向前提下形成自己的个性风格。报社过去开设的“本报观察家”“李扬说事”“晓映名人坊”“峥嵘记录”“梦语秋评”等一些个人专栏也是种探索，今后要继续进行这方面尝试，让能写好稿的记者得到更好的展现。

弱在“融合力”。这表现在遇到一个好题材，只会单一的文字写作，甚至文字写作的方式也比较单一，不擅长通过融合的方式表现出来，或者找不到新媒体发稿的感觉。有的同志是一稿多投、一鱼双吃，只会用“新华体”写稿子，先发交汇点，再发《新华日报》。新媒体稿件往往生硬死板，传播效果不佳。

弱在“把关力”。这表现在经常出各类差错，有的是文字性的，有的是事实性的，还有的是政治性的。不出或者少出差错，这是对编辑记者再基本不过的要求。

新闻人怎样练好基本功

如何练好基本功，这是各行各业都面临的问题。人们总结认为，练习基本功贵在每天坚持，可以说一日练一日功，一日不练百日空。比如舞蹈，比如歌唱，比如打球，比如写作，等等，即便是行家里手，仍然需要坚持日复一日练习基本功。我们做新闻工作也是这样，基本功越扎实、底蕴越深厚，就越能走得远、走得稳，必须把一些最基础、最根本的要求当作日常练功的内容，不停地反复地进行训练、加固，化为行动自觉。

——把“国之大者”当作一种准绳。每个记者、编辑如果时刻以“国之大者”来衡量新闻工作的成败得失，自然而然就能养成关心大局大势和大政方针的好习惯，从而不断提高政治判断力、政治领悟力、政治执行力，日常的采写工作才能够紧扣中心、有序有力，才能进一步增强工作的目的性、针对性、有效性，有效杜绝“无头苍蝇到处乱飞”“吃了上顿没下顿”等情况。也只有时刻牢记“国之大者”，面对具体报道才能做到观察问题有高度、分析问题有深度、表述问题有力度，生产出真正的精品力作。

范敬宜称赞经济日报原总编辑艾丰有大思路、大眼光、大手笔，因为他经常“想总理想的事情”。在《总编辑手记》一书中，范敬宜提到两个关于“大局观”的案例：有一次，他在值班中看到一篇题为《“黄河宁，天下平”》的稿子，十分高兴，认为稿子总揽大局，把黄河的安危、利害放在整个国家、民族高度来认识。还有篇稿子叫《丰收的喜悦》，内容涉及适度规模经营政策，如果单放在一时、一地看稿件没有明显问题，但放在全局、大局中来审视就存在导向问题。范敬宜让人连夜修改，将其放在全国大政方针背景下来报道。他说，搞经济报道不熟悉国家政策，就有可能出现偏差，引起读者思想上的疑虑，甚至造成难以想象的后果。

最近，我多次讲新华日报的报道要在“重”字上下功夫。稿子为什么不重，就是没有从“国之大者”出发去衡量。希望大家的眼睛不要总盯着报社这块地，而要看到广袤的江苏大地、中国大地，练好在大局下思考和行动的基本功。

——把“全时在线”当作一种状态。在“四全媒体”背景下，新闻工作者必须保持 24 小时全天候在线。能不能做到这一点，其实就是基本功扎实不扎实的体现。如果是每天大脑离线、不在状态，何来新闻敏感，何谈新闻的发现力、判断力等方面的基本功呢？所以，新闻大家邵飘萍评说新闻记者应当是“其脑筋无时休息，其耳目随处警备，网罗世间一切事物而待其变”。

上月 9 日，极目新闻客户端发了一则《教师节前，86 岁院士爬楼看望 98 岁老师》的新闻，这是极目新闻记者从中国工程院院士、武汉大学张祖勋教授去看望他的老师黄世德先生时发的一条朋友圈而写的一篇消息。张院士平时很少发朋友圈，当天他发的三张照片，第一张是他拿着一个猕猴桃在剥皮，第二张是他用牙签给黄老师喂猕猴桃，第三张图是送给老师的一部无绳电话。记者敏锐地意识到，这是一则很有新闻价值的“暖闻”，随即就此展开了采访，进而了解到张院士和他的学生都有尊师重教的一贯传承，从而让这则“暖闻”具有了更宽阔的时空背景、更具导向性的社会价值。“留心处处皆学问”，我们做新闻舆论工作的同志也应时时留心、处处在意，保持“雷达”全开状态。

——把深入一线当作一种常态。记者总是奔跑在路上，可以说不是在采访，就是在去采访的路上，这是大家共同的感受。既要学会同各色人等打交道，更要善于深入基层一线，同群众打成一片。正所谓“脚下有泥，心中有光”，身在基层的“活水”之中，捕捉到“活鱼”的概率最高。深入一线，才能感知时代的脉搏，发现最动人的身影，听见最真实的声音，写成最有现场感的报道。

光明日报记者郑晋鸣，我们曾邀请他来给记者讲课，很多人听后深受感动。老郑为什么能讲出这么多感人故事、写出这么多优秀作品？就在于深入采访。他曾六进汶川，走遍汶川所有的重灾区；在江苏，他走遍 13 个设区市的众多乡镇。采访黄海前哨开山岛，他在远离陆地的小岛上观察和采访了 5 天，挖掘报道了王继才守岛卫国的感人事迹。

我们讲记者要具备收集有价值信息的能力，不跑不练哪来脚力，热衷于用电话、微信、电子邮件采访，哪能练就调查研究的基本功？在这里，我建议大家都来重温一下著名记者、新华社原社长郭超人的名言："选择做记者，就是选择了奔走和忙碌，选择了勇敢和责任，选择了为别人做嫁衣，为历史做记录。"

——把思考研究当作一种习惯。记者、编辑靠手中的笔吃饭，但真正优秀的新闻作品无不是有思想的。无论是选题策划、资料采集，还是写作成稿，其实都是非常"烧脑"的，只有养成勤于思考、善于思考的习惯，我们的稿子才能越写越好，报道才能越做越精。"刀越磨越利，脑越用越灵"，如果我们不愿思考、懒于动脑，又如何掌握有效的思维方式，如何提升研究力和转化力呢？

比如最近去世的徐光春，大半辈子都在跟新闻工作打交道，不少人在网上怀念和追忆他的生平。人民日报副总编辑方江山评价他是一位"学者型编辑记者"。"学者型编辑记者"最大特点就是经常思考研究。

我再举一个例子，1982 年 12 月 4 日，新华社记者李尚志在人民大会堂采访全国人大五届五次会议。表决通过新宪法时，现场的电子屏幕上打出了"弃权票 3 张"的字样。李尚志经过认真思考，意识到"弃权票 3 张"就是"好新闻"。但大会有关负责人认为这可能不合适，李尚志却说出了五点理由，提出报道出去表明我们打破了长期"一致通过"的惯例，政治民主有了进步，社会效果、国家形象会是好的。最后，这个想法得到多位中央领导支持，全国各报均在头版头条位置刊登了相关消息。

希望我们的记者、编辑也能做到常思、常想，对所报道内容知其然又知其所以然，多出既深入浅出又蕴藏思想精华的好报道。

——把学习借鉴当作一种爱好。记者、编辑的基本功不是天生就有的，一定是学习和积累的。既要善于学习知识、学习政策，也要善于学习方法、学习技艺。对记者、编辑而言，更要善于借鉴，这是一条提高基本功的捷径，可以让我们站得更高、看得更远、想得更深、做得更好。“他山之石，可以攻玉”。大家既可以借鉴外报，也可以研究本报，精读优秀报道、解构精品稿件，品味其中的文章构思、写作技巧，将他人的好想法、好办法拿来为我所用。

实际上，近年来报社编委会经常提醒大家学习央媒和兄弟媒体的好做法。不仅省级媒体如此，央媒也是这样。20 多年前，人民日报有关领导就提出要认真研究新华社的稿件。电视节目也是这样，比如江苏广电前几年非常火爆的节目“非诚勿扰”“最强大脑”等，在节目开发中也作了很好的借鉴。这次党的二十大的报道，央媒和兄弟媒体每天都有不少亮点策划，我们要抓住每一次业务学习机会，加强对照学习，取人之长创己之新，不断精进业务。比如，人民日报原创的《新千里江山图》《党的二十大报告思维导图》《你问我答·二十大》短视频栏目，新华社微电影《小事大时代》等，都值得我们好好学习研究。

当然，学习借鉴不能不顾实际、生搬硬套，而要反复琢磨别人做法、经验的精髓，然后结合自己的实际情况加以消化吸收，学活用活，这样才能取得好效果，真正把功夫学到手、练到家。

——把创新创造当作一种追求。新闻最大的特点在于“新”，不仅内容新，也要表达新、形式新。我们常说守正创新，就是在坚持正确的政治方向、舆论导向和价值取向的前提下，不断创新新闻报道的内容和形式。这是吸引读者用户屡试不爽的不二法宝。需要看到的是，新闻是易碎品，创新对于新闻而言也是易碎品，没有多少天的保质期。过去创新的，现在不一定是创新，只有时时刻刻创新才能常干常新、始终出新。

比如 2017 年，人民日报社新媒体中心借助人脸识别、融合成像等技术，制作互动 H5《快看呐！这是我的军装照》，在亿万中国网友的手机上成功“刷屏”，总浏览量超过 10 亿人次。它的成功经验可以总结为：在主题宣传和创新形式的结合点上寻找到好创意，在精准内容和先进技术的结合点上打造出好产品，在传播目标和用户意识的结合点上实现了好效果。2021 年，人民日报社新媒体中心又制作发布建党百年主题 MV《少年》，立即引爆互联网。这一产品把握年轻人接受心理和习惯，将建党百年主题和“十四五”规划报道相结合、“百年风华正茂”与“开启新征程”相贯通，获得广大网民特别是年轻网民的一致好评。可以说，创意创造已经成为融媒体时代内容产品的“流量密码”。

——把优良作风当作一种修炼。优良的作风是练好基本功的保障。“练功”往往是枯燥的，也是需要持续的，如果没有勤勉肯干、踏实务实、严谨细致等一系列好作风，就难以沉下心来、持之以恒地练习基本功。比如：习惯于投机取巧，从通讯员或者网上拿二手材料，就不会认真练习调查研究这项基本功；满足于一知半解写稿子，也就很难练习思考思维上的基本功。实际工作中，好作风和基本功本身也难以截然分开，从某种意义上讲好作风就是基本功。比如我们说文字准确不出错是基本功，但没有严谨细致的作风就无法保证不出错。

前些年，我们集团给记者、编辑发放了一本书，是人民日报汇集的案例解读《编辑戒律》。书中提出的十五条戒律，很多都是与编辑记者的作风相关。比如戒迟缓、戒跟风、戒失实、戒随意、戒推托、戒抱怨等等，同样值得我们引以为“戒”。其中有不少金句，比如“不要把排雷的任务留给下道工序，我就是工兵”；比如“上帝要让谁崩溃，必先让谁松懈。程序是我们的安全带，最后五分钟流程关键时刻能救命”。从书中实实在在的案例中可以看出，好作风是练就编辑基本功的重要保障。尽管讲的主要是编辑工作，但对所有同志都有借鉴价值，希望大家好好看看。

当然，我们新华报人一以贯之的优良作风总体还是值得肯定的。前段时间，省里有位领导打电话过来表扬我们的一位跟着他出差采访的记者，说记者一到酒店就拿出电脑努力工作，采访也很细致，这就是对记者工作作风的一种肯定和赞赏。这次赴京进行党的二十大报道的六位记者，也受到了省里多位领导和党代表表扬。在现场，除了完成采访任务，他们还积极帮助工作组拍照片、发简报，工作很敬业很投入。希望我们所有记者都能不断改进作风，做到每日“三省吾身”：我认真尽力了吗？我写的每一篇稿子能否代表新华日报水平？能否为新华品牌增光添彩？

——把崇德敬业当作一种动力。古人说，“知之者不如好之者，好之者不如乐之者”。想要练就一身过硬的基本功，当好一名优秀的新闻工作者，根本上还是要对岗位、对职业充满敬畏、充满热爱。很难想象一个不爱歌唱的人天天练嗓子，一个不爱绘画的人天天练写生。进入新闻这一行，就要有“衣带渐宽终不悔，为伊消得人憔悴”的觉悟。今年集团组织“崇德敬业年”系列活动，就是提倡大家爱一行干一行、干一行爱一行、干一行精一行，把兴趣当作最好的老师，把热爱当作最强的动力。

邹韬奋提出，新闻工作者要有“视事业如生命”的精神。新华社著名记者郭超人为追求新闻的客观真实直面生命极限，克服了常人难以想象的困难，写下了《珠穆朗玛峰山中的日日夜夜》《红旗插上了珠穆朗玛峰》等一系列报道。他走上新华社领导岗位后仍笔耕不辍，写下了脍炙人口的新闻作品。

在我们集团，也有一批具有奉献精神的同志。前几天，我们收到泰州兴化八位村民寄来的锦旗和感谢信，感谢《新华日报》的一篇舆论监督稿件帮他们讨回500多万元失地补偿款。在这个过程中，全媒体内参部记者冒着高温，克服疫情期间采访不便等困难，多次暗访、寻找证据，前后历时50多天完成相关报道，起到较好的实际效果。如果我们以这种精神去练习基本功，何愁写不出优秀的新闻报道来。

——把精益求精当作一种标杆。练习基本功的过程就是一个持续追求进步的过程，本事能力今天增一些、明天增一些，日拱一卒必有所成。这里，最关键的是要有工匠精神，把精益求精当作一种修炼。以日常报道为例，就要树立精品意识，从谋篇布局，从标题立意，从遣词造句等方面反复推敲、反复斟酌，成稿后还要认真细致进行修改完善，做到“文章不厌千回改”。

有材料说，钱锺书先生的小说《围城》作过多次修改，涉及内容变动达上千处，包括典故、比喻的运用、结构的调整、外语原文及音译等，最终成就了一部经典之作。在我们新闻界也不乏这样的例子，比如前面提到的通讯报道典范《县委书记的榜样——焦裕禄》，前后经过七轮修改，充分说明“新闻是跑出来的、稿件是改出来的”。我们现在重大主题报道精品还不够多，这和我们现在大量启用年轻记者写稿有关，今后一些重大报道可让部门主任带头写，为年轻人放出样子，提升团队整体战斗力。

当然，除了写稿，在采访编辑、调查研究、思维训练、策划创意等其他各方面基本功的训练中，在新闻报道的各个环节中，都要本着“执着专注、精益求精、一丝不苟、追求卓越”的工匠精神，在精益求精的修炼中不断成长进步。

毛主席为何最佩服张季鸾

范敬宜曾提到一个颇有意味的细节：“记得吴冷西（新华社原社长——编者注）同志生前有一次告诉我，毛主席对他说，在报人中间，我其实最佩服的是张季鸾，因为他既有政治头脑，又有倚马可待的大手笔，又会串门子，他了解的情况最多。”

这段话，值得大家深入思考一个问题：职业新闻人靠什么安身立命，又靠什么赢得口碑、获得尊重？人必自尊而人尊之，人必自重而人重之。别人尊重和重视你，须得你有过人之处，有独特价值，有不凡风范。具备良好的职业素养，是赢得别人认可和尊重的起码条件。

最后，我想引用新闻大家梁衡的一段话结尾。针对一度存在的新闻无学的论调，梁衡曾讲了一段富有哲理的话："有人说新闻无学，我说'学在有无中'。好像有，好像无，越是这样，它反而是越深的，越要炉火纯青才能掌握。当一个记者很容易，但是要当一个好记者，一个对时代有点贡献的记者就难了。"

新闻的学问根本在于练好基本功。而练习基本功贵在持之以恒，必须抓在经常、融入日常、严在平常；基本功也是常练常新的，务必在练习中增强底劲、积累后劲、突破自我。希望大家在干中学、学中干，不断以基本功的进阶推动新闻报道的进步，在接下来的重大报道中多出精品、多出爆款，持续擦亮新华报业的金字招牌。

（2022 年 10 月 27 日）

一线感言

薛兵，扬子晚报副总编辑，高级记者。江苏省“五个一批”人才，省“333高层次人才培养工程”培养对象，戈公振新闻奖获得者。新闻作品《走进新时代，共植希望树》《少年志·青少年强国学习空间站》分获第29届、第32届中国新闻奖二等奖。

做“拿得出手”的好记者

1991年8月，刚入职满一年的我从扬子晚报总编办调到了新闻部，圆了“记者梦”。一位部主任却给我“泼冷水”：在晚报当记者，每年要写几百上千篇稿件，90%都是不到500字的“豆腐块”，当记者想要有“拿得出手”的东西可不容易！

转眼30多年过去了，干了大半辈子新闻工作，越发觉得当年的“师傅”传授了一道“真经”：记者要“拿得出手”委实不易，但既然做了这一行，好记者就一定要“拿得出手”！

记者“拿得出手”的，首先要有“好笔头”。20世纪90年代初，江苏遭受百年一遇的洪涝灾害，时任新华日报总编辑刘向东亲率报道组赴洪泽湖地区采访。白天，大家分头出去采访抗洪；晚上回到招待所，各人把采访内容整理成文，然后到刘总房间集中，轮流把自己的“小作文”大声读一遍，大家提意见修改。有了这样的“高标准，严要求”，《洪泽湖不会忘记》获得了中国新闻奖一等奖。

记者“拿得出手”的，还需要有“好眼光”。我在晚报新闻二部时，每位记者都有一本剪贴本，上面有自己也有他人的作品，供记者学习借鉴。跑商业和农贸市场的曹介森老师是晚报有名的“曹头条”，几乎每个月，他发表的头条稿件都“遥遥领先”。诀窍何在？同事们其实都清楚：除了跑得勤，他也是到阅览室看报纸最勤的记者。

记者“拿得出手”的，更要有“好形象”。记者的“好形象”，不是说要有多美多帅。由于从事的是一种同人打交道的社会工作，记者要取得采访对象的信任，自己的为人处世、言谈举止也非常重要。有一阵子，社会上流传“防火防盗防记者”，嘲讽少数记者“吃相”难看。在我看来，新闻工作者只有对自己的笔和作品心怀敬畏，拿自己的职业和社会形象当回事儿，别人才会对你“高看一眼”。

“好笔头”“好眼光”“好形象”，都是一个好记者必须具备的综合素质。刘向东老前辈对做好新闻工作总结了三个字：“痴”“勤”“攀”，我想这和现在大力提倡的践行“四力”殊途同归，都是勉励记者、编辑要淬炼出过硬的好素质，在新闻之路上行稳走远。

淬炼“指尖上的功夫”
——提升全员新媒体素养

有学者提出，媒体正在成为现代社会运行的基础设施，成为现代人生活的必需品。我认为“基础设施”的说法恰如其分。在新媒体环境中，我们作为媒体人，可以说每个人既是网民，又服务网民；我们每个人都在和新媒体打交道，人人都在从事和新媒体相关的工作。

在平时交流过程中，许多同行言必称新媒体，新媒体是我们再熟悉不过的词。作为媒体人，我们每天大量的时间在网上，日常工作和生活都在深度接触、使用互联网，但是大家是否就真正了解新媒体，真正用好新媒体了呢？我看未必。

譬如，我们不少老记者、老编辑，都是从铅与火、光与电的传统媒体时代过来的，应该说具备了较好的媒体素养，但是面对数与网、智与云为特征的全媒体时代，很多同志感到本领恐慌，缺乏互联网思维，想用好新媒体却心有余力不足。有的同志则说，我只写报纸稿件，新媒体那一套很浅薄，我没兴趣也不想学，吃老本就够了。集团 90 后、00 后的新闻人现在是很大的一个群体，照理他们被视作互联网原住民，触网早、用网多、网感好，玩转新媒体的技能熟练，可是在工作中同样常常踩坑。

这些都说明，在今天这样一个网络时代，如何看待和使用互联网，是我们每一个人要面对的时代命题。特别是作为新闻工作者，传播主流价值、把握舆论导向已经完全离不开新媒体，而我们在使用互联网的过程中，又无时无刻不受到网络的巨大影响。如何趋利避害、掌握主动，适应全媒体时代的发展，都涉及一个新媒体素养的问题，这也是我之所以要专门讲一讲新媒体素养的原因。

何为新媒体素养

说到新媒体素养，我们先要搞清楚什么是媒体素养。

媒体素养也称作媒介素养，反映的是人们从媒介认知、媒介使用到媒介参与过程中出现的批判性思维、理解以及由此产生行为能力的过程。进入以互联网的发展为特征的新媒体时代以来，特别是web2.0时代具备了“参与”传播和“自我表达”功能之后，真正具备了新媒体功能，传统媒介素养也升级为新媒体素养。新媒体素养涵盖了平面媒介、视听媒介等传统媒介素养的内容，同时要求更高的系统整合和分析能力。应当说，媒体素养这个概念内涵丰富、外延广泛。

我们不少老记者、老编辑，在传统媒体时代得心应手，到了新媒体时代很不顺手，因为他们具备的传统媒介素养面对新媒体和新形势不完全管用了；我们的年轻同志虽然很熟悉新媒体，但他们没有经历过传统媒介素养的严格训练和实践锻造，面对新媒体时常常应对失策。因此，我们只有搞清楚新媒体素养的基本内涵，才能有的放矢地来提升自己。

一是高效地筛选信息。和传统媒体时代很大的不同是，现在信息不再稀缺，而是以海量的规模呈现出一种过载和泛滥的状态。这样的环境中，媒体人需要学会接触有效信息，比如关注哪些信息源，不关注哪些，使用或不使用哪些新闻客户端，看与不看哪些微信好友的朋友圈，这些都决定了你能否为自己建立一个有效的信息接触机制。因为我们的注意力是有限的。同时，大量无效的信息会降低我们珍贵的新闻敏感，使我们感到疲惫、迟钝和厌倦，势必会影响我们接收有效信息。

二是批判地解读信息。新媒体时代网络舆论生态非常复杂，每个人都有麦克风，众声喧哗中包含着各种偏向和立场。这些信息和观点里面包裹着某种情绪，其指向的事实也存在着不确定性，会对人们形成一种误导。如果我们被网络的表层信息和局部信息所迷惑，或者过度依赖网络信息，缺乏其他维度和渠道的交叉验证，看到什么就相信什么、传播什么，那就失去了主流媒体的价值。接触网络信息应当始终保持独立性与自主性，保持批判和反思的意识，不轻信，不盲从，得到新闻线索和素材要冷静，激情而草率的报道带来的很可能是新闻反转，既有损媒体品牌也影响个人声誉。

三是积极地利用网络。网络和新型媒介有多元丰富的功能，也蕴藏着巨大的能量。善用网络的人，既注重从技术工具的角度运用网络和新媒体来助推我们做好新闻宣传、运营经营以及集团各项事业发展，同时更要把握网络的特性和网络传播的规律，在公共生活中理性、建设性地表达，积极参与社会治理。比如说我们编辑、记者开设个人微博、微信公众号，在朋友圈发言或转发信息，虽然是个人行为，很多内容也和本职工作无关，但作为新闻工作者，我们在网络上的一言一行，和普通网民是不一样的。我们的背后是省委机关报，是主流媒体，我们使用网络是积极还是消极，是传播正能量还是宣泄负能量，是负责任、有依据还是不负责任、道听途说，都关乎新闻工作者形象，关乎媒体公信力，关乎网络生态健康。我还想强调的是，即便是在网络上你是匿名、别人不知道你身份的情况下，也就是说你也是普通网民中的一员时，作为一个具备新媒体素养的公民，你依然应该积极、正面地利用网络。大家知道，虽然网上虚假信息满天飞，但互联网同时具有“自净”功能，也就是说当一些人在有意或无意传播假信息时，也有一些网民在或多或少地提供真正的事实，还有很多网民虽然没有提供事实，但是他们不信谣、不传谣，理性克制，同样也表现了比较成熟的新媒体素养。

从新媒体素养的外延来看，它主要包含人们对各种形式新型媒介信息的解读能力，除了听、说、读、看、写能力外，还有批判性地观看、收听和阅读新型媒介所传播内容的能力，以及利用信息技术来制作各种信息的能力。具体来说，新媒体素养能力的构成包括新媒体的接触和使用能力、分析能力、评判能力、创作能力、参与能力。

为何要有新媒体素养

了解了新媒体素养的基本概念、内涵以及构成，我们会发现，在新媒体时代从事新闻舆论工作，我们无时无刻不需要依靠、运用这些素养。可以说，今天要做一个合格的新闻人，就必须具备基本的新媒体素养，而要成长为一个优秀的新闻人，就必须不断提升自己的新媒体素养。

——培养全媒型人才是中央要求。媒体竞争关键是人才竞争，媒体优势核心是人才优势。当前，信息技术形塑了新闻传播的新业态，也催生了人才建设的新需求。在党的新闻舆论工作座谈会上，习近平总书记一句“勤学习、多锻炼，努力成为全媒型、专家型人才”，点明了他对全媒体时代新闻工作者的殷切期望。面对融合发展，“全媒体人才”成为新闻业破局媒介生态变革的共识，“全媒体”也成为衡量人才结构的重要标尺。对新闻媒体来说，置身这样的时代背景，谁能加快培养、引进具备新媒体素养、适合信息时代需求的全媒体人才，谁就能不断提升竞争力、影响力，成为数字时代的主流舆论引导者、优质内容提供者、媒体变革领军者。中共中央办公厅、国务院办公厅印发的《关于加快推进媒体深度融合发展的意见》强调，要大力培养全媒体人才，实行更加积极、开放、有效的人才引进政策，提高主流媒体人才吸引力和竞争力。《“十四五”文化发展规划》中也指出，加强创新型、应用型、技能型人才培养，培养“一专多能”的全媒体人才，壮大高技能人才队伍。从这些表述中可以看出，国家已正式将全媒体人才队伍建设纳入媒体深度融合的目标和任务中，并且明确提出了相应的标准。全媒体人才要够得上这些标准，没有新媒体素养是不可想象的，新媒体素养包含的诸多素质能力，是成长为全媒型、专家型人才的基础。

——建设新型主流媒体是发展诉求。推进媒体深度融合，建设新型主流媒体，是集团的战略目标任务。集团要在全新的媒体格局和舆论生态中发展壮大，要在互联网主阵地上发挥好主力军作用，都要应对一系列的新问题新情况，没有新媒体素养就没有战斗力。大家知道，新媒体和传统媒体相比，很大的一个不同就是这个行业不再仅仅是由职业新闻人运作，而是一个人人可参与的传播活动。一方面人们的知情权、表达权、监督权比起以往大大扩展，另一方面也带来了一系列负面效应。

我们在进行新闻宣传和舆论引导时，会发现追求流量的互联网平台，通过算法不断诱导网民关心愉悦感官的内容，“煽、色、腥”大行其道。传统媒体时代我们拿手的议程设置，常常让商业化平台抢占先机，大家看看微博热搜榜，有几条是主流媒体先声夺人的？很多新闻人于是也纷纷跟随热搜，随波逐流蹭热点，皆大欢喜赚流量，“商业平台吃肉，主流媒体喝汤”俨然成为正常现象。这一现象值得深思。

对于网络舆论，人们常说，新闻太多，真相不够用了；观点太多，事实不够用了。很多帖子或评论以观点和情绪取代说理，意见极化甚至网络暴力的现象十分多见，并借机蹭热度、推广引流、故意带偏节奏、恶意营销炒作。自媒体和商业平台在很多新闻事件上无法有效履行把关责任，屡屡传播虚假信息。这一点已经波及到主流媒体，为了抢发新闻，有的媒体疏于事实验证和把关，屡屡造成不良影响。某央媒抢发袁隆平院士“去世”新闻酿出乌龙，大批媒体跟进报道时都以讹传讹，没有独立进行事实验证，放大了假新闻的传播效应。究其因，还是一些新闻人的媒体素养出了问题。作为主流媒体的新闻人，应该有自己的批判性思考和专业性判断，认识到不能任由互联网平台和自媒体粗制滥造和大肆传播不专业和无意义的信息，认识到新型主流媒体必须坚决扛起使命，在信息处理中去芜存菁、严格把关，积极提供原创、优质、专业的新闻。严肃有深度的内容之所以重要，是因为公众需要其提供认识和把握复杂社会的能力，这也正是主流媒体存在的价值和发展的空间。我们新闻人应该以超越商业平台和自媒体的优良媒体素养，来助力新型主流媒体重新夺回议程设置主动权，彰显主流媒体的主流地位。

——助力和推动社会治理是社会需求。当今社会，新媒体和社会生活联系非常紧密，新媒体就是现实生活的一部分，网上网下正融为一体。新媒体中有非常丰富的资源，具有强大的链接能力。新媒体最重要的功能就是它具有强大的社会动员能力，可以给使用者赋权。对于新闻人来说，认识并掌握新媒体的这一功能极其重要，它可以帮助主流媒体以自己的内容创新、技术创新来助力社会治理，发挥传统媒体时代无法实现的优势。

武汉发生疫情之初，全城危急，信息不畅通，人民日报及时开展全媒体行动，为新冠肺炎患者提供线上求助通道，征集遇到就医困难的患者，通过网上“大排查”，努力实现应收尽收、不漏一人。这是一个新媒体应用创新的典型案例，体现了新闻人以互联网思维助力社会治理的积极效果。我们新华传媒智库的江苏政风热线，是沟通民情民意、监督政府施政的问政平台，是互联网时代的读者热线。老百姓之所以愿意到这个平台上提出诉求，是因为他们在利用新媒体的赋权，可以方便快捷地求助，并相信主流媒体能推动解决相关问题。媒体人要从网络参与互动的素养能力出发，畅通沟通渠道、适时回应进展、促进问题解决，同时通过大数据分析收集民意热点，供决策部门掌握研判。

再比如，我们记者、编辑常常要和人打交道，了解别人的各种信息。而新媒体时代一个突出的特点是个人信息泄露和隐私保护的风险。网上泄露的个人数据比比皆是，更有甚者，一些自媒体把“人肉搜索”当成个人能耐。我们新闻人从维护和谐安宁的社会局面和清朗的网络空间出发，就要以自身的素养坚守工作准则，保护采访对象和公民隐私。

正视“能力不足的危险”

新媒体素养对我们来说这么重要，但在实际工作中我们不少媒体人还存在着这样那样的问题。和传统媒介素养强调文化基础不同的是，新媒体有一定技术壁垒，新媒体素养首先要看你有没有基本的技术能力和网络应用能力，否则不用说新媒体素养水平，即便新媒体使用都无法实现。

对于我们来说，新媒体素养不足的问题就是“能力不足的危险”。我梳理了一下，新媒体素养不足主要有以下表现：

缺乏批判力。长期、过度使用互联网，会对我们的思维习惯产生特定影响。办报的不看报，也不看书，做新媒体的更是全天候接触网上碎片化的短文本、短视频，深度思考、分析批判的能力势必会下降。网上的信息源鱼龙混杂，良莠不齐，如果我们缺乏必要的警惕性，就容易轻信跟风或盲目自信，不去做规范的事实验证工作，导致出现假新闻或新闻反转。还有，采访报道的内容事实本身没问题，可是在网上传播时因为一些环节失控，可能带来意外后果。2021 年闹出风波的《江苏省长，再赴南京“督战”》，就属于这种情况。新华日报原创的稿件没有问题，外地一家主流新媒体转载时没有深思熟虑就改了标题，再经很多平台扩散，引起网民质疑，给江苏、集团都带来了负面影响。还有就是“低级红”“高级黑”的问题，一些编辑记者表面看上去是犯了“无心之失”，根子还在于只求宣传目的、不讲方法艺术、不问传播效果，对传播活动全过程没有进行批判性反思。浙江宣传公众号前不久列出了六种“低级红、高级黑”的形式，看得出来很多都具有一定的欺骗性、迷惑性。比如夸大其词、无脑吹捧“28 天连续加班不脱衣不洗头”的，比如自我美化、弄巧成拙的“一家三代烟草人的传承与守望”。新闻人如果想深一层，严把一关，何至于在新媒体普遍要求三审三校的情况下，层层放松、关关失守，使这些内容得以在网上传播。深度思考和批判反思，要求我们去发现网络信息的错误，对相互矛盾的信息认真加以辨别，对新媒体提供的观点进行理性分析。同时，保持批判力还要注意不要过度依赖大数据、人工智能等技术，技术的“智能”可以辅助我们提升工作效能，新闻把关的专业“人工”依然不可替代或削弱。

缺乏认知力。在媒体转型过程中，新闻人实际上意识到了要转变话语方式，特别是面向年轻用户，希望用他们喜闻乐见的语态来表达，争取用户黏性。比如在语态变革中，“卖萌”成为一种普遍现象，新媒体编辑多以“小编”自称。卖萌有时是奏效的，但也造成媒体机构语态和个人语态的混淆，用户有时难以区分是媒体在发声，还是运营者个人在发声，一些不合时宜的卖萌甚至会导致媒体形象的“翻车”。现在运营新媒体的主要是年轻人，卖萌是他们的运营技巧，也是他们的文化基调，这种文化基调有时会遮蔽媒体自身定位。现在不少主流媒体的新媒体账号苦心塑造“年轻态”语态力图“破圈”，靠大量使用网言网语以求得“网感”，“你造吗”“人艰不拆”满天飞。还有就是标题党盛行，动辄“突然”“突发”“就在刚刚”“竟然”“震惊”“真相”再加上惊叹号、省略号的滥用，一些标题以悬念博点击，但文题反差过大，故弄玄虚，让读者有上当受骗的感觉。诸如此类的话语变化，由于缺乏对新媒体文化、特质、运营、规律的深层认知，没有准确把握主流媒体定位和分寸，反而容易引发用户的厌烦，也得不到受众尊重，最终是话语权的丧失，真正想权威发声的时候反而没人愿意听、愿意信了。

缺乏参与力。不知大家发现没有，现在不少主流媒体“两微一端”的评论区，呈现这么一些情况：有的评论区全部关闭；有的推出几条精选留言，但观点要么高度雷同，要么毫无营养；还有的评论区展示了评论，但不回答用户的提问。媒体人心里可能觉得报道本身比较重要，或者转发点赞也挺重要，会带来流量，至于网友评论什么并不重要；有的知道评论互动的重要性，可是担心评论内容出问题，审核力量跟不上，就一关了之；有的网站编辑回答评论比较刻板，无法实现有效互动。这些问题集团的新媒体矩阵也存在。新媒体无互动不传播，新媒体也是人人可参与的媒体，这体现了新媒体素养中的参与力。没有互动的新媒体就没有灵魂，是“穿新鞋走老路”，依然是传统媒体式的单向传播，我说你听。关闭评论、弱化评论区功能，放弃了互动，看起来“不犯错”，同时也放弃了评论区这一舆论引导的阵地和渠道。

缺乏解读力。记者报道一条新闻，会接触很多信息，如果不解读分析清楚这些信息背后的含义，就难以客观公正地报道新闻。李普曼在其经典著作《舆论》中，论述了在舆论形成过程中起决定作用的“固定的成见”，也即人们常说的“刻板印象”。在网络时代，人们常说到“女司机”“农民工”“官二代”“富二代”“城管”“老人摔倒”等，常常打上刻板印象的烙印。2018 年的“重庆万州公交车坠江”事件中，事发后即有网络媒体报道称事件是由逆行的小轿车引发，随后有媒体称小车司机系女性，一时间网上对“女司机”群起而攻之。有媒体报道的标题是《重庆公交车坠江，疑似女司机导致》，虽是“疑似”二字，可能是，也可能不是，但实际上就是把事故原因作了不负责任的猜测，而事实是公交车上乘客和司机激烈争执、互殴，导致公交车与对向正常行驶的小轿车相撞。可以看出，在新闻事实尚不清楚的情况下，很多新媒体没有认真分析手头的信息并对相关信息自觉整合，先入为主，就凭感觉、存偏见、带节奏，模糊事实真相，污名化特定群体。现在一些记者凭借互联网便利，即时推送、即搜即得、复制粘贴、整合包装，流程操作得很利索，但很多时候都不掌握第一手材料。缺乏第一手材料，轻信网络二手、三手信息，实际上从报道伊始就丢掉了基本的解读信息能力，只能以讹传讹，滑向新闻失实的深渊。

缺乏管理力。集团现在经常提醒大家，无论遇上重要活动还是在平时，都要管好自己的个人信息平台，包括微博微信账号、朋友圈、微信群、QQ 群等，就是要求大家提升新媒体的自我管理能力，保护集团的整体利益也是保护自己的个人利益。有的同志在 QQ 群里发表有害言论，有的同志把涉密的内容在微信群发布或通过QQ传送，有人在朋友圈里评论转发点赞一些虚假信息，以及“低级红、高级黑”的内容，后果可想而知。不明就里的人会受这些内容影响，明白人会觉得你职业素养不高，对新闻工作者形象产生负面影响。究其原因，可能是这些同志觉得这些平台都属于私人领域，不代表集团，只代表个人，甚至觉得也不是个人观点，纯属转发，供他人参考。实际上，转发就是态度，点赞就是认同。从深层次上讲，还是新媒体素养不足，没有认识到互联网是一个开放空间，是一个公共平台，上了网就要遵守网络的法律、道德、伦理规范。每个人在网上都有自己的“用户画像”，有很多标签，我们是党报新闻工作者，代表着权威性和公信力，在网上的一言一行就不仅仅是代表个人，绝不能掉以轻心。

怎样提升新媒体素养

怎样提升新媒体素养，既是全媒体时代全体公民的时代命题，更是我们新闻工作者面临的紧迫课题。“素养”在汉语词典里有两个解释，一个是经过训练和实践而获得的技巧和能力，一个是平素的修养。大家知道，素养的提升不是一天两天可以速成的，而是需要长期的训练和社会实践才能内化于心、外化于行，成为“平素的修养”。

作为新闻人，我们需要通过有意识的训练和积极主动的实践，加快提升自己的新媒体素养。

——明方向。新闻人提升新媒体素养的根本目的，不是单纯为了掌握一些数字化能力和技巧，方便我们的工作和生活，根本上还是坚持正确政治方向，在互联网平台敢于斗争、善于斗争，是为了提高新闻宣传和舆论引导的水平。在新媒体时代，要做到“四向四做”，新闻人在提升新媒体素养、强化新闻宣传业务能力和作风建设的同时，必须与树立理想信念、加强政治素养紧密结合。因为当前媒体生态、舆论格局和受众对象都发生了深刻的变化，网上舆论工作成为意识形态斗争的最前沿，必须懂政治、讲政治。有一位中央媒体的负责人曾讲道，新闻队伍现在有两个短板，一个是年长的同志新媒体思维和能力的短板，一个是年轻的同志马克思主义新闻观训练不足的短板。这就说明了强化新媒体素养和强化政治素养紧密相连且都至关重要。政治素养决定了新闻人提升新媒体素养的目标和发力方向，要围绕习近平总书记提出的新闻舆论工作的“48 字”方针，将马克思主义新闻观运用到具体的策、采、写、编、发、馈等新闻传播实务中。可以说，树立理想信念，就是为我们在提升新媒体素养的过程中筑牢思想之根、补足精神之“钙”。

——强基础。很多同志从互联网是随着信息技术的进步发展起来的层面来看，认为互联网就是“技术的互联网”，提升新媒体素养主要是掌握使用新媒体的技能，这样就能在网络时代通行无阻了。也有很多人看到了互联网给这个时代带来了欲望亢奋、思想萎缩。我们常说，互联网时代缺少的不是信息而是知识，不是知道而是思考，不是零碎的常识而是贯通的学识。有一位美国华裔学者提出，相比起技术的互联网，我们更应该关心“人文的互联网”，应该用启蒙人文教育来提升人们在互联网的读写和知识能力，提升人们的人文素养。这也揭示了新媒体素养的基础实质上就是人文素养。

加强人文素养，一个重要的方法就是阅读经典。我们现在接触的媒介太多，读书的人少了，读经典的人更少。为什么要读经典？因为经典能训练我们的深度阅读能力，确立有用的审美和认知标准。《红楼梦》《三国演义》《西游记》《水浒传》，《战争与和平》《红与黑》《浮士德》《老人与海》……这些中外文学经典之所以能传世，是因为这里面有人类永恒的真善美的主题、鲜明生动的人物、跌宕起伏的情节、博大深邃的思想，在大浪淘沙中依然能穿越时空，流芳百世，也因而能陶冶人们的情操，提升说和写的能力。中国新闻史上也有很多经典篇目，例如范长江的《中国的西北角》、郭超人的《英雄登上地球之巅》、穆青的《县委书记的榜样——焦裕禄》、陈锡添的《东方风来满眼春》，等等。虽然新闻已成为历史，但作品并没有过时，而是呈现出新闻佳作采写的典范特征和新闻记者记录时代、不负使命的职业追求，体现了一种恒久的引导和示范意义，提升新媒体素养，要善于从这些经过时间检验的作品中吸收养分。

其实，在互联网时代提升人文素养，更重要的不是读不读经典或读哪一本经典，而是阅读者必须具备自主意识和价值判断，而自主意识和价值判断只能在深入思考中才能培养。我们应该提倡慢读、深读、细读、精读，减少纯娱乐消遣式悦读、信息采集式的忙读、浅尝辄止式懒读、囫囵吞枣式快读。通过思考将阅读的体会形成一个融会贯通的认知和理解的体系，实现人的自我完善和提升，互联网应该成为我们达到这一境界的工具。

——常思考。从事新媒体工作尤其需要有理性的头脑，去分辨纷繁芜杂的信息，在众声喧哗中保持清醒。要保持理性思维，就要注意破除“信息茧房”。我们作为媒体人，同样处在一个媒体信息环境中，现在我们接收的信息很多都是经过算法“算计”的。要懂得反算法，就要学会信息供给渠道搭配的合理性。要多看主流媒体的优质内容，知道这些优质内容主要在哪些媒体平台上。这方面，中央媒体、地方媒体、专业媒体在全媒体传播体系建设中都有自己的定位、亮点和特色。自媒体里也不乏严肃、专业、垂直的优质内容，需要认真挖掘梳理。在商业平台和社交媒体的使用上，要控制使用时间，避免长时间地刷短视频，刷朋友圈。优秀的新媒体人，一定是一个信息管理大师和时间管理大师，面对海量信息和时间成本，懂得自己想要什么信息，去哪里找到所需的信息，需要多少时间获得信息。接收信息的环节理顺了，我们就从信息接收的被动者转为主动者。

我们训练自己具备新媒体头脑，在信息接收时破除“信息茧房”，在信息输出时则要体现主流价值，使理性思维贯穿传播的全过程。主流媒体为什么要爱护自己的权威性和公信力？为什么面对商业算法要有党媒算法？就是要以主流价值营造清朗正气的网络空间，体现一种引导能力，即对公众理性的引导。纸媒时代，职业经验告诉我们哪些稿子能上哪些稿子不能上，上头条还是“豆腐块”，配不配图，这些都体现着引导。新媒体时代，我们在组织稿件时依然要保持理性、冷静、客观，审慎考量是否推送，是否置顶，向哪些群体推送，确保公众全面、准确地理解社会现实，引导社会形成共识而不是加剧撕裂、引发争议。这种理性体现在面对稿件不先入为主，不超越常识，核查事实要严守规范，检查论点是否逻辑连贯、论据来源是否可靠。

——懂规矩。社会需要各种各样的规则，网络和新媒体也不例外。尊重规则是一个公民的基本素养，从事新媒体工作，更要了解和遵守网络的规则，维护网络的秩序。先说明文规定吧，网络不是法外之地，国家一直高度重视网络空间的治理，出台了一系列法律法规。近年来，随着互联网的大发展大繁荣，暴露出一系列问题。斯诺登事件提醒我们注意互联网与国家安全的问题；发生在阿拉伯世界的社交媒体革命，使我们意识到了新媒体对社会稳定的关系；大量通过互联网而发酵的群体性事件，使我们意识到了网络与议程设置的关系。一些有针对性的法规与时俱进陆续出台，比如《网络安全法》《数据安全法》《个人信息保护法》。这些都和我们从事新媒体工作密切相关，如果我们对此一无所知，就搞不清权利的边界在哪里，不知道什么时候就逾矩了。拿个人信息保护来说，现在许多国家机关、新闻媒体、商业机构和网络平台都掌握着大量的公民个人信息，一旦发生信息泄露事件，就会造成巨大的社会影响和危害后果。2020 年 12 月，成都公布了 3 例新冠肺炎确诊病例，其中某女士的活动轨迹很快引起了网民的注意。近 14 天内，她前往过多个酒吧，也去过公园、美甲店、麻辣烫店。有关该女士活动轨迹的微博评论区，充满“转场皇后”“一人之力，干翻整个成都”等嘲讽性回复，该女士的身份证号、居住地、工作单位等个人信息很快也被扒了出来，网民对她的私生活展开了猛烈的攻击，这种网络暴力触目惊心！新媒体新闻工作者对此类现象要格外警惕。

除了成文的网络法规，还有很多不成文的网络伦理和网络文明要求。习近平总书记强调，要加强网络伦理、网络文明建设，发挥道德教化引导作用，用人类文明优秀成果滋养网络空间、修复网络生态。2021年中央办公厅和国务院办公厅印发《关于加强网络文明建设的意见》，有很多具体的规范要求，比如要“加强网络空间行为规范，培育符合社会主义核心价值观的网络伦理和行为规则”，要“规范网上用语”等。从新媒体新闻宣传工作的特点来说，我们还要遵守宣传纪律和网络传播规律，不触红线，不越底线，时时刻刻懂规矩，讲规矩。

——会应用。注重技能更新，要求媒体人知道最新的和媒体业务有关的应用技术有哪些，哪些可以有效推动我们的业务，值得我们去学习掌握运用这些新技术应用的能力，用得好才是真本事。一些比较资深的同志说，都一把年纪了，学习能力也下降了，新媒体还是让年轻人去搞吧。人们常说活到老学到老，如果我们真的对新闻工作抱有热情，就应该以这种热情去拥抱新技术。

2022年长江韬奋奖（长江系列）得主、广西日报的谌贻照，他也是2018年中国新闻奖首次评选媒体融合奖项后拿到短视频新闻一等奖的记者，获奖当年已52岁。他在讲述自己的从业经历时，着重围绕“一位全媒体记者如何养成”进行了分享。写大稿、编微博、剪视频、能出镜……二十多年记者生涯，谌贻照一直奔跑在一线，在基层练出了一副好脚板。2018年，以他为主创人员的获奖作品《柳州融水突围记丨广西日报记者“失联”数十小时，在穿越40处塌方后发回灾区最新画面！》里面两段核心视频，都仅由他一个人、一部手机拍摄和现场制作，用实战证明了融媒体报道的低成本、小制作同样可以获得大效果。谌贻照说：“融媒体时代，每一名媒体人，都应该掌握全媒体时代的基本技能，淬炼好指尖上的功夫。”听他讲课分享，最大的感触就是他对技术应用一直很有热情，而这份热情来自他对新闻采访真正的热爱。

对于年轻的编辑记者来说，他们熟悉新媒体，但是不是能把新媒体做好，做出爆款产品、刷屏之作呢？现在大家经常说到“网感”，不是单纯地会使用一些网言网语，一些表情包，就是有网感，就是网感好，那是非常表面的东西。深层次的网感，还是在于你对技术驱动下这个时代的文化内涵和网民心理的把握，以及与之相伴的能否应用好技术技能，提升创新创意能力，具象化、共情化地讲好故事。

——善创意。前一阵集团参与主办“融媒有技”活动，邀请到新华社融媒体爆款作品《望北斗》的主创者与大家分享创作心得。在他们看来，转变思维方式能够激发无穷的创意，“创新的核心，是高人一筹的创意。素材是死的，但能用创意激活和点亮”。现在新媒体内容生产的同质化现象已非常严重，这和信息的海量生产规模交织在一起，让受众产生疲倦，大量缺乏创意的新媒体内容很难脱颖而出。建党百年报道这个主题，可用的素材可以说是海量的，回顾百年党史的视角也很容易雷同。《望北斗》的核心创意，是主创者们偶然“解锁”了一个让人感到“太巧了”的“知识”——摇光星，它是北斗七星之一，距地球约100光年。今天我们看见的北斗星光，正是来自中国共产党成立的年代。主创团队于是选择用“北斗”这一意象串联起一个个经典人物、经典故事，总览中国共产党百年求索与奋斗历程。正是对创意的这种执着，让《望北斗》从众多同题材作品中脱颖而出，成为新媒体精品。如何打破固有的思维方式实现创新、创意，我们通常会说到联想思维、形象思维、抽象思维、发散思维、逆向思维，以及在这些思维方式基础上形成的创造性思维。创造性思维就是要打破常规地看待问题、事物的方法，激发创造性，开辟新领域。

——强策划。说到策划，我们都了解这是新媒体策、采、编、发、传、控、馈诸多环节中的第一环，有人说，策划就是要有好点子，就是创意。其实，策划包含创意，但不仅仅是创意，它需要对新媒体产品生产传播全过程进行谋划，拿出主题鲜明、创意新颖、采制到位、运营有力、操作性强的执行方案。我们有的同志，不注重策划，常常依托老经验依样画葫芦，唱“四季歌”；有的策划不周全，想到个不错的点子就开工，采访不充分，拍摄图省力，制作不精细，运营粗线条，生产传播全过程每一个环节都有不到位的地方。策划的实质就是为了实现传播效果进行全流程倒推，拿出作战图、路线图，每一个环节都力求尽善尽美，每一个细节都要一抠到底。如果不从全程着眼，就会出现环节疏漏；不从细节入手，就难以实现精益求精。以前我们讲“每逢重大主题必策划”，现在看来，只要是新媒体产品，它的过程长、环节多、分工细，可以说是“无策划，不传播”，每一位新媒体工作者，都应该熟悉整个生产传播流程，都应该具备策划能力。

——精呈现。从传播的角度讲，现在是一个“视觉时代”。这是一种概括性描述，实际上，全媒体作品在表达上涵盖了视觉、听觉、触觉等大众接受资讯的全部感官，其中视觉是受众最突出的注意力，所以“可视化”已成为新闻作品呈现的关键点。从事新媒体传播，必须了解一个作品最终的呈现方式，是否最有利于取得传播效果。现在很多新闻平台上，HTML5 成为信息可视化的重要形态，这一信息传递模式集图文、音频、视频等于一体，赋予页面更好的内容层次和结构，集团全媒体指挥中心里面也集成了 H5 的制作工具。但要做好呈现效果，关键还在于理解新闻作品的内涵，并为它找到直击人心的呈现形态。我们现在很多作品不是求精而是求快，简单套用一些工具模板，对作品理解不深，设计缺乏创意，缺少技术支撑，表达高度同质化，视觉有了但形不成传播。

在中国新闻奖的赛道上，扬子晚报扬眼客户端的作品《走进新时代　共植希望树》曾获得新媒体报道界面的二等奖，就是一件呈现方式精的佳作。这件作品突破专题列表的常规模式，采用原生代码设计，集成了74件可视化新闻产品，以高度的可视化和互动体验为内核，全面创新了两会报道界面，取得了很好的传播效果。这方面，融媒有技论坛上，央媒的多件作品如《非凡十年》《望北斗》《新千里江山图》在呈现方式上都成为现场讨论的热点，作品突出使用多种技术手段，包含丰富的场景和细节，实现虚拟与现实、创意和纪实交融，成为媒体同行学习的标杆。人民日报社新媒体中心编辑赵明琪在介绍创作经验时就说到，要在产品策划中不断挖掘时代主题与普罗大众的利益相关点、情感共鸣点，探索利用前沿的新媒体技术，创新主旋律的表达方式，实现共识、共鸣和共情。可以说，创新表达方式是新媒体作品与受众建立连接的最直接、最关键的环节。“精呈现”要靠技术、靠制作，但最本质的还是对作品理解的深度和尊重用户的态度，这都体现了我们的新媒体素养。

新媒体素养的养成非一日之功，需要我们认真思考、持续提升，需要每个人不断磨砺“笔尖”，淬炼“指尖”。希望大家一起来自觉学习、深入实践，共同提高这方面的素养和本领。

（2023年2月21日）

一线感言

冯海青，新华报业传媒集团技术装备部主任、江苏新华日报大数据公司董事长，高级编辑。中国记协新媒体专业委员会专家，江苏省“四名”人才（名编辑）。新闻作品《祭·忆——南京大屠杀死难者公祭日》获第25届中国新闻奖网络专题类一等奖。

新媒体素养的“术”与“道”

走进《新华日报》报史馆，可以看到一代代报人延续着一种宝贵的传统，办的是一纸风行的报纸，体现的是深厚的人文素养和专业的媒体素养。

经年不变的传统猛地撞上了互联网大潮，一切似乎都变了，光有传统的媒体素养已经很难在新媒体时代立足。其实在网络席卷传媒之前，新的素养要求已经在影响媒体人了。比如我刚工作那会还是在稿纸上写稿子，没多久报社就开始让大家学习用电脑，年轻记者自然第一批主动“触电”，老记者们学得迟些、慢些，后来也陆续用上了电脑，因为再不用电脑写稿就进不了发稿流程了。记得一位老同事那时一直是用一根手指来操作键盘，我们笑称这是“一指禅”。在媒体融合的进程中，传统媒体和媒体人唯有主动拥抱新媒体、培育新素养，而且越主动越好，因为无可回避，拖得越久越被动。

在当下的传播格局、舆论生态中，业内普遍有一种流量焦虑。在操作层面，不少主流媒体的新媒体编辑沿袭自媒体用惯的一些套路，对媒体传统的坚守却开始松动。于是，媒体人在新的力量方面不如社交媒体商业平台，在老的素养、传统上慢慢弱化，有两头不靠的危险。

前不久，复旦大学新闻学院张涛甫院长来南京，谈到现在的“反向融合”现象，即主流媒体在新媒体化的同时，商业互联网平台在主流化。很多主流媒体成熟资深的从业者，他们带着传统媒体的素养积累进入互联网企业，帮助了这些商业平台在内容生产上向主流化靠拢。比起主流媒体在融合中看重新技能，商业平台反而更看重老传统，因为这是他们缺乏并且也不是自身能孕育的。耐人寻味的反向融合，凸显了媒介素养的价值所在。

对主流媒体的专业生产者来说，新媒体素养并不全是新的要求。与时俱进，了解新媒体、新生态，掌握新技术、新技能，这是新媒体素养之术；面对众声喧哗，保持理性的思维判断，澄清谬误、明辨是非，是新媒体素养之道。术道兼修，以道驭术，这样的新媒体素养相信可以引领媒体人直面不断进行中的媒体之变。

重视扣好“第一粒扣子”

——助力年轻员工成长

最近，我与集团各单位、各部门“一把手”谈心谈话，大家谈得最多的话题之一就是加强年轻员工的培养，帮助采编一线的年轻人扣好职业生涯的“第一粒扣子”。

人和农作物一样，都有一段“有效生长期”。比如玉米大概要150天成熟，但关键的时候是在60天到80天，过了这个有效生长期，再给它浇多少水、施多少肥，用多少技术都已经无效了。人在年轻的时候，尤其需要珍惜自己的“有效生长期”。

年轻员工代表着新华的希望和未来。2018年以来，我们集团共招聘、引进了三四百名新员工，其中近半为“90后”。无论是全媒体部门还是各地分社，青年员工数量都有较大幅度增长，大家从经常见到的一张张年轻有活力的面孔中，对此就有直观感受。提升年轻人的业务能力，帮助青年编辑记者迈好新闻道路第一步，既关系到年轻同志的成长成才，也关系到各个部门的工作，关系到集团事业的发展。特别是我们强调和坚持内容为王、精品立报，精品内容从哪里来？就从编辑记者的“生花妙笔”中来，从一线同志的“长枪短炮”中来，从采编队伍的“看家本领”中来。只有每位编辑记者，特别是年轻同志的业务强了，事业发展的基础才能夯实，服务才会提升，精品才有源头。

加强年轻采编人员的“传帮带”，让年轻人在业务上少走弯路、尽快成长，是全媒体部门主任及子报子刊、网端主要负责人的重要职责。能不能带好队伍、培养好年轻人，可以说是衡量“一把手”工作的一个重要指标。2022 年 3 月，集团召开“一把手”谈心交流会，提出“一把手”要把培养年轻人作为盘活“棋局”的先手棋，切实当好年轻人政治品行、工作、生活的导师。今天，想借此机会再强调一下这个问题。同时，也请各位“一把手”一起思考：我们为培养年轻人做了什么，还要继续做什么？

“一把手”要善于带队伍

新华日报一直有培养年轻人的好传统，一些同志提到新华的老前辈，当年对年轻记者业务上的严格要求、倾力指导至今让人十分感佩。

应该说，当前集团绝大多数单位、部门“一把手”是重视培养年轻人的，也有一些创新做法、良好成效和感人故事。比如，新华日报编委会让新入职的编辑记者多岗位锻炼，中国江苏网组织年轻采编人员到特别报道部集中培训，江苏法治报给年轻记者“一对一”找导师等，都取得了很好的效果。但也要看到，仍有一些“一把手”对此重视不够、付出不多、举措不实，主要存在七个方面问题：

有的“一把手”做“甩手掌柜”，觉得年轻人的成长是他们自己的事情，“事不关己”高高挂起，年轻人成才不成才顺其自然“望天收”。

有的“一把手”是“强将不屑带弱兵”，自己业务能力很强，觉得哪个年轻人都不太满意，用哪个年轻人都觉得不放心，总想自己“包打天下”。

有的“一把手”存在带兵看亲疏的情况，喜欢的就多关心、多给机会，不喜欢的有时候就晾在一边，不理不睬。

有的“一把手”是有心无力，自己业务能力难以服众，说话不够硬气，指导没有底气。当然这种情况不多。

有的“一把手”只重结果不看过程，只注重安排工作、分配任务，不愿意多花时间、费心思为年轻人指点迷津、排忧解难。

有的“一把手”强调客观原因，以年纪大、事情多、身体不好、精力不够等理由推卸自己的责任。

有的“一把手”对团结年轻人不够重视，有时一些举措容易造成人际关系紧张、矛盾加深，不利于年轻人的健康成长。

上述这些想法和做法，可以说对年轻人成长成才有害无益，于集团事业发展有害无益，于“一把手”自身工作也是有害无益。

很多同志都知道，学书法和学打乒乓球有一个共同点，它们都特别强调入门阶段的规范性。如果一开始姿势就不对，时间一长就不大容易纠正过来，书艺、球技也就很难达到较高水平。我们做新闻工作、抓青年记者、编辑培养，也是这个道理。帮年轻人扣好“第一粒扣子”，应当引起各采编部门特别是“一把手”的高度重视。

帮助年轻人过“十关”

习近平总书记曾经在梁家河度过了七年知青岁月。他总结自己在这片黄土地上闯过了“五关”：跳蚤关、饮食关、生活关、劳动关，还有思想关。总书记的总结对我们很有启发。全媒体采编部门和各单位部门的“一把手”，也要帮助年轻人好好“过关”。

从工作实际和媒体发展看，主要是这几道“关”：

“融入关”。初入一个新单位，每个人内心都是忐忑的。从我个人来说，当初从扬州大学调到扬州市委办，从扬州市委办到省委宣传部，从省委宣传部到新华日报社，一开始我对自己能做什么、能否做好也有所焦虑。所以大家可以换位思考一下，年轻人到新单位怎么才能过好“融入关”。年轻人走出校门来到报社，面临的是新身份、新环境、新挑战。怎样完成角色转换，怎样消除陌生感，怎么熟悉新岗位，怎么迎接新挑战？作为过来人，“一把手”要换位思考，多听他们谈心中困惑，了解他们的所思所想、所急所盼，多关心年轻人的生活，帮他们尽快找到方向、树立自信，走出职业生涯的“懵懂期”。比如，工作上有什么问题、业务上有什么疑惑、住得怎么样、上下班通勤花多长时间、与同事相处有没有矛盾，甚至个人情感问题有啥苦恼，等等，这些看似琐碎的小事，往往影响着年轻人的融入，影响着年轻人的成长。“一把手”要重视在单位创造钻研业务、多出精品、和谐互助、温暖有爱的单位文化、集体氛围，让年轻人在这里能放下包袱干工作，心无旁骛钻业务。

“政治关”。要把政治能力建设放在首位，提升年轻编辑记者的政治素养，增强他们的政治判断力、政治领悟力、政治执行力。这既是正确导向的需要，也是提升业务的需要。坚持政治家办报的原则是具体的、系统的，不是抽象的、单一的。对年轻记者来说，只有懂政治才能精业务，不符合政治上的要求，稿件就不要写不能发。要指导年轻采编人员看清政治属性和传播属性的辩证关系，认识到政治与新闻业务不是“两张皮”，帮助他们按照政治、政策的要求去选题、写稿，稿件要正一点、实一点、深一点、细一点、活一点，不要让年轻记者光学会“喊口号”。

“学习关”。要引导年轻编辑记者尽快学习和熟悉与岗位工作相关的基本要求。比如，学习了解报社编委会的工作要求是什么。年轻同志怀揣新闻理想进入报社，有的按照书本知识写新闻，有的根据自身理解做工作，对所写所编的稿件是不是报社所需要的、读者需要的并不清楚，要帮助他们尽快掌握报社对相关工作、相关稿件的要求，按照编辑方针去开展工作。再比如，学习了解报社工作的基本流程，特别是将“三审三校”铭记于心、实践于行，从一开始就培养规范运作的好习惯；学习了解身边前辈的成功的工作方法、工作经验。大家要倾囊相授，帮助青年人少走弯路、岔路。

新闻名家梁衡在接受媒体采访时说过：“我最初当记者的时候，口袋里老装一本《历代文选》，走到哪背到哪。以前，我们去县里采访，早晨 8 点以前采访活动还没开始，我就利用这段时间背背书，晚上睡觉前，再看个两三千字也很容易。大家总是问，好的语言是怎么来的？就是背书，背经典古文。”这是业界前辈关于如何自学的经验之谈，从中我们也能得到不少启发。

“思维关”。新闻宣传工作是在人的头脑中搞建设，以什么样的视角观察、发现、思考和表述新闻，是一件至关重要的事情。几种思维习惯对新手是比较重要的：一是大局观。要养成自觉站在党和国家、省委和省政府的工作全局中观察和分析问题的习惯，防止只见树木不见森林，防止就事论事，尽可能把问题考虑得全面、深入些，不被一些现象和问题带偏方向。二是缜密的逻辑思维。把新闻事实、主要问题写清楚，这是对记者的基本要求，也是今后业务进阶的重要基础。要培养条理清晰地对材料进行分析、归纳、提炼的好习惯。三是辩证思维。社会是一个复杂多变的体系，年轻人阅历比较浅，看问题往往不够全面、不够立体，容易失之偏颇、畸轻畸重。要学会“两点论”，辩证分析思考新闻现象。四是问题意识，要帮助年轻人培养在采写过程中发现问题、分析问题、推动解决问题的能力。

“采访关”。一篇好稿件，七分采访、三分写作。这方面，在组织“市委书记与总编辑面对面”的采访中，我们就很有感触。由于事先了解情况、收集资料，包括市委书记的个人经历和主要特点，总体准备得比较充分，采访过程比较顺利，采访效果也比较好，最后呈现的稿件质量高、反响也好。帮助新记者过采访关，一是注重养成扎实深入的好作风。新闻是跑出来的，稿子是写出来的，互联网不如铁脚板，好记性不如烂笔头，要鼓励和带领年轻记者深入一线采访、直击现场采访，不要养成打打电话、上上网络、编编通讯员稿子就完事的坏毛病。二是注重培养良好的采访习惯。叮嘱青年记者采访前做好充足准备，比如广泛收集相关背景资料、熟悉被采访对象的基本情况，有针对性地拟好采访提纲，检查录音笔、笔记本等有关物品准备情况。三是注意培养社交和采访能力。记者就是社会活动家，现在的青年人有的是“社恐”，有的虽不“社恐”但社交能力不强。要让年轻记者在采访过程中尽可能调动起来，包括怎样让自己从容不迫、思路清晰，怎样让采访对象打开“话匣子”，怎样把握采访的节奏，怎样捕捉到有价值的信息，等等。这几年，我们参评中国新闻奖，在重大主题报道策划上下了很大功夫、花了很多时间，相比之下，一篇鲜活的短消息虽然投入的力量和规模不大，但如果主题重大、采访到位、写作精到，就可能拔得头筹。因此重视采访、练就采访基本功，往往具有事半功倍的作用。

“写作关”。原材料采了一箩筐，怎么样才能端上一道风味绝佳、香味扑鼻的菜肴？概括起来有以下几点：一是要帮助掌握新闻写作的一般技巧。让青年记者尽快熟练掌握消息、通讯、评论、新媒体报道等各种新闻体裁的写法，包括怎样写导语、写主体、做标题、安排结构等等，练好文字基本功。二是培养善于用事实说话的能力。初学新闻的大学生记者往往容易用主观感受代替新闻事实，写出的新闻或客观性不强，或空洞无物，或言不及义，要及早校正。三是培养对采访素材的驾驭能力。要帮助青年记者学会分析、归纳、提炼，弄明白主次、轻重、缓急，不要捡到筐里都是菜，被一堆材料牵着鼻子走。最近有的同志收集了我们报纸很多的“编者按”，有的写得很好，但也有的写得一般，这说明我们部分骨干编辑记者的业务还不够全面，还做不到“十八般武艺样样精通”，说明我们还要加大对年轻人写作基本功的培养力度。

“技能关”。过去记者写稿，主要是消息、通讯、评论“老三件”，这是入门基本功，必须练扎实、练到家。在融媒体时代，仅靠“老把式”，我们的报道必定传不开、传不远。“一把手”既要帮助年轻人练好基本功，掌握看家本领，有一两手“独门绝技”，也要重视全媒体技能的培养。年轻采编人员必须与时俱进，从纸媒思维转向互联网思维、新媒体思维，做到能写能拍、能制作能主持，当复合型人才。

▲ 2023 年度新华报业“业务大练兵 岗位大比武”（主持人·出镜记者）决赛

“精品关”。报社是一个业务性很强的单位，也是一个很公平的单位，很大程度上是业务立身、作品说话，评判采编人员的标准，主要看业务强不强、作品好不好。对年轻人来说，好稿就是自己的名片。“一把手”要重视培养他们的精品意识，引导年轻人多出精品。要多给年轻采编人员机会，重要采访、重大选题、重磅策划要带着年轻人一起干；鼓励年轻记者发挥聪明才智，让他们能大胆闯大胆试，从固有模式和套路中跳出来，采写出一些别开生面、让人眼前一亮的作品；引导年轻记者舍得下慢功夫乃至笨功夫，成长为专家型研究型记者，为受众提供有思想、有观点、有深度的报道。范长江提出，记者要有“穷毕生精力研究一两个问题”的抱负；艾丰希望记者做一支“思考的笔”，他认为记者有三个任务，第一是报道，第二是解释，第三是预测，哪个任务都离不开思考。这些话对我们都很有启迪。

“动力关”。记者是个特殊职业，有人说是船头上的“瞭望者”，有人说是“无冕之王”，有人说记者笔下有人命关天、财产万千、是非曲直、毁誉忠奸。年轻编辑记者怎么看待自己的职业，怎么看待自己手中的这支笔？是当赚工分的“新闻民工”，打酱油的“小编小记”，还是把新闻当作毕生追求的事业？只有自己认识到位了，才有提升新闻业务的“内驱力”。而这份“内驱力”并不是天生的，需要“一把手”去传承，去激发，去点燃，去烧旺。最近在与“一把手”谈话中，有同志反映有些年轻同志看家本领差、抗压能力差、吃苦精神不够，有些身在福中不知福，不懂得珍惜平台和岗位，大家务必帮助他们尽快找准角色定位，树立新闻理想。

“协作关”。互联网时代的突出特征就是协作共享，这在媒体工作中得到充分体现。集团这几年大力提倡协同发展、美美与共，各个方面都取得积极成效。在融合传播方面，在稿件采写方面，相互合作、团队作战已经蔚然成风。这种好的势态，更要延续到刚进来的年轻人身上。“一把手”要做好正确引导，现在我们服务条口的意识增强了，但同时也要淡化“条口意识”，不能再有固守“一亩三分地”的传统观念，或者为眼前小利所驱使。编委会要有计划地对条口进行轮岗，部主任要加强对工作的统筹，让年轻同志获得更多新闻资源和展示机会。要带领年轻人一起研究业务，共同策划选题，通过“老带新”形成有效的工作机制，在“相互帮”中形成良好的工作氛围，让年轻人自觉融入大集体，自觉开展团队合作。当然，也要建立科学的利益分配机制，让那些愿意并努力钻研业务的年轻同志有更多收获、更多褒奖。

避免年轻人走弯路走错路

作家路遥在中篇小说《人生》的开头，引用了柳青《创业史》中的一段话作为题记——

“人生的道路虽然漫长，但紧要处常常只有几步，特别是当人年轻的时候。没有一个人的生活道路是笔直的，没有岔道的。有些岔道口，譬如政治上的岔道口，事业上的岔道口，个人生活上的岔道口，你走错一步，可以影响人生的一个时期，也可以影响一生。”

可以说，这段话对年轻记者、编辑尤其适用。扣好新闻业务“第一粒扣子”，有利于今后的成长成才，也能够避免走弯路、走错路。

我还要强调一句，新华日报的发展史就是一部青年奋斗史。《新华日报》创刊时，周恩来不到 40 周岁，潘梓年社长只有 40 出头，总编辑华岗只有三十出头，员工队伍就更年轻了。1949 年 4 月 30 日，《新华日报》在南京恢复出版，首任社长石西民当时只有 37 岁，而 12 年前他已是武汉时期新华日报的“老”员工了。当代青年要时刻牢记赓续新华风骨、新华精气神，在传承红色基因、勇立时代潮流中建功立业。

帮助年轻记者、编辑扣好新闻业务“第一粒扣子”，这是集团对年轻记者的关爱，也是交给各单位“一把手”的硬任务。能不能成为“四名”人才，年轻记者要比一比赛一赛，一个单位培养了多少“四名”人才，“一把手”们也要比一比赛一赛！我们希望，通过引导帮助年轻记者扣好新闻业务“第一粒扣子”，通过在赛马中选马、育马，最终让我们集团万马奔腾、人才辈出！

（2022 年 9 月 6 日）

一线感言

陈月飞，新华日报全媒体时政新闻部副主任，主任记者。江苏省“333高层次人才培养工程”培养对象，省“紫金文化人才培育工程”文化优青。新闻作品《国旗漫卷，初心永恒　我们的五星红旗》获第30届中国新闻奖二等奖。

走好“紧要处”那几步

“人生的道路虽然漫长，但紧要处常常只有几步，特别是当人年轻的时候。”回顾成长关键期迈过的几道坎，以及由此获得的极大进益，我对作家柳青这句话很有感触。

2015年底，报社安排才工作5年的我接手省政府主要领导的报道工作。没有过渡、经验不足、未从事过经济报道……全是短板的我，立即进入没日没夜、随叫随到的节奏。压力绵绵不绝，挑战时时刻刻，挫折接连不断，不存在“忙过这段就好了”。但也是在此期间，我的看问题广度、写稿速度、文字高度，以及抗压能力、情绪控制能力和社交能力，不知不觉中都有了跃升。

年轻人成长路上，上级往往会特意给一些明显超过能力的任务，“墩墩苗”“压压担子”。迈过这一步，再从事其他报道基本都能游刃有余，且对拿下任务充满信心。记得2020年2月14日晚，报社征集志愿者赴湖北抗疫一线参加报道，我立即报名。当领导电话询问是否愿带一个报道组去黄石，我稍一考虑就给出了肯定的回答。从来都是别人给我兜底，这次要独当一面；从来都是一线落实，这次还要定计划、拿策划、抓统筹；除了自身加强防护，还要把组员安全带回去……对我来说，这是从未接过的“烫手山芋”。

“我的判断对吗？”“我的安排合适吗？”“我是不是做错了？”一遍遍的自我怀疑和否定中，我在湖北47天里收获几条受益至今的经验：“干”字当头就能消除焦虑，“以我为主”相信自己，“身先士卒”不能身陷一线，“瞻前顾后”才能想深想实。最终任务圆满完成，全员零感染，我们写下获得中央网信办4次全网推送在内的不少好稿，我也收获了终生难忘的经历和不可多得的经验。

参加重大战役报道、牵头重头时政报道、担任单位团委书记……回顾一次次挑战，有时觉得上级给予的急难险重任务“实在高看我了”。完成后每每感到，这确是我奋力一跃能摸到的高限，衷心感谢上级一次次给予的适当压力，让我在愁得睡不着觉中收获快速成长。我感到，如果在成长的“紧要处”愿意跳出舒适区接受挑战，年轻人就能迎来新成长、迈上新台阶。

Chapter 2

The Methodology of News

第二辑

新闻有法

重大主题当有重磅效应

——如何开展主题宣传

最近跟几位年轻记者、编辑交流，他们反映，刚到报社不久就能参加重大主题报道，很受锻炼。他们也谈到，对于重大主题报道的理解和实操还有不少困惑。也有同志反映，有些重大主题报道传播效果未达预期，却又不知问题究竟出在哪里。

今天，我想结合集团近几年开展重大主题报道的实践，跟大家一起探讨一下如何更好地开展重大主题报道，以期对我们做好各项主题宣传有所启发，对年轻同志更好地理解和参与相关报道有点帮助。

何为“重大主题报道”

重大主题报道有什么特征？或者说重大主题报道的内涵是什么？我想我们可以从以下几个方面来加以理解：

题材十分重大。一般而言，都是围绕党和国家的工作大局，就一些重大活动、重大事件、重要决策、重大安排、重要理论问题等进行宣传阐释，可以说事关全局、事关大局，价值和意义特别突出。

高度注重策划。重大主题报道往往不是单一事实的新闻报道，通常是有计划、有目的、有秩序地推进的一组或多组报道，策划性、系统性都很强。

内容厚重丰富。重大主题报道因所承载的主题重、题材大，内容通常是综合性的，涉及许多方面的重要内容、重大事件，其信息含量远远超过一般报道。

规模比较宏大。这类报道通常是以集中、连续、密集的方式开展的大规模宣传报道，延续时间比较长、刊载篇目比较多、投入力量比较大，是媒体集中精力打造的大型系列化连续性报道。

强调协同作战。重大报道涉及的内容方方面面，跨部门跨地区跨行业跨年度，单个部门、少数记者往往很难完成好，特别是现在开展全媒体报道，涉及各种形态的内容产品，这种战役性报道更需要多人、多部门协同作战。

要求相对更高。由于涉及的题材重大，通常是为了营造一种浓郁的氛围，凝聚一种强大的力量，助推一项重要的工作，达成一种共同的目标，报道更讲求实际效果，工作要求也就更高。

“重大主题”≠“重磅效应”

这几年，每年我们都会按要求完成或自主组织一批重大主题报道。在实际操作中，我深深地感到，由于重大主题报道属于大规模、系统化报道，有时时效性的要求也很高，一旦策划不到位、组织不严密、落实不认真，重大主题报道就难以产生“重磅”效应，也极容易出现以下一些问题：

一是套路化、刻板化。重大主题报道通常都是规定动作，容易使媒体人产生应付心理、应景态度，满足于完成任务，把做过了当作做好了，不认真出主意、想办法，就会导致严肃有余、生动不足。我们也会看到一些报道，由于缺乏创新意识、创新思维，按照老套路出牌，机械死板地开展报道，只能给人留下平淡、平庸的印象，传播效果可想而知。

二是静态化、材料化。重大主题报道很多时候是对过去工作情况的回顾，在报道的组织工作中容易主题先行、先定基调，一般化地从政治、经济、文化、民生等方面回顾成绩、梳理经验，写成总结式报道；同时，由于大多以过去素材为主，记者拿到的都是各部门、各地区静态化的材料，缺少真正的新闻内容，容易反复炒冷饭。

三是空泛化、表面化。由于题材和主题都很大，容易陷入宏大叙事，如果缺乏问题意识，没有紧密联系实际，从标题到内容都会让人感觉大而空；即便有的报道提出问题了，联系实际了，但如果没有深入采访研究，也容易流于表面，缺少典型性、说服力。

四是轻量化、碎片化。套路化、刻板化开展报道的另一个极端，就是把严肃、厚重的主题轻量化处理，弄些花花草草、边边角角的东西，比如简单搞几个互动式活动，或者为了体现所谓的“接地气”，把报道话题设计得过碎、过小，缺乏深度梳理和思考，鸡毛蒜皮般记记流水账。

五是堆砌化、散装化。这容易产生“重大主题报道是个筐，什么都往里面装”的现象，求多而不求精，求量而不求质，缺少内在的逻辑，形散神也散。

在重大主题报道中出现这些问题，往往是由于媒体人没有把重大主题报道的初衷放在心中，没有把读者用户放在“C 位”，没有把传播效果放在重要位置。我们必须严加防范、自觉杜绝，自觉树立从大局出发、以读者和用户为中心的理念，让重大主题报道产生重磅效应。

重磅出击，出新出彩

从集团来看，我们高度重视重大主题报道，特别是我们在工作中形成了“凡重大主题报道必创新”的好传统，取得了很好的效果。

比如，庆祝改革开放40周年推出“十大全媒体行动”，包括“记者学者环省行”“吴韵汉风江苏赋”“问道江苏模样、再领时代风骚”全媒体采访以及“改革再出发、我添一分贝”音视频征集等等，沿着大厅的层层台阶来展现改革开放40年，令人记忆犹新，至今回味无穷。在党的十九大报道中，每天推出8—12个版《十九大特刊》，交汇点新闻在全国省级媒体客户端中率先开设“十九大”频道，推出52个专题栏目。在庆祝中国共产党成立100周年宣传中，集团先后策划报道项目60余个，开设各类专栏专题100余个，一大批策划取得很好报道效果。

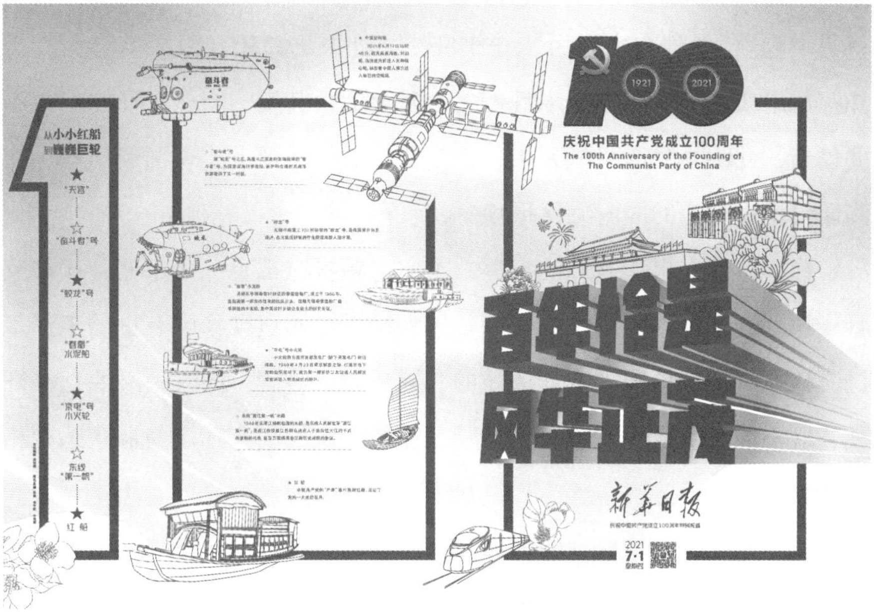

▲ 2021年7月1日是中国共产党百年华诞，新华日报隆重推出《百年恰是风华正茂》100版特别报道

在每年全国两会报道中，我们也产生了很多优秀作品，给人留下了深刻印象。例如，今年两会报道中，中宣部新闻阅评全国两会特刊点赞新华日报发起的省级党报联动报道。交汇点《党媒联动　习声回响》系列融媒体报道、扬子晚报融媒体产品《你有一封全国两会首日封》在中宣部新闻通气会上受到表扬。

我们讲“凡重大主题报道必创新”，但“创新”只是一个总的要求，也只是一个单方面的要求。如何全面、深入把握重大主题报道的要求，如何更具操作性地搞好重大主题报道？如何在重大主题报道中重磅出击，产生重磅效应？我想，还是要从重大主题报道的地位作用、特点特征和容易出现的问题来探讨。归结起来说，总的是要做到重中求“稳”、重中求“实”、重中求“新”、重中求“深”、重中求“融”、重中求“精”六个方面：

——重中求“稳”，就是要有序有力、守牢底线。重大主题报道往往是规定动作，要更加突出服务好中心，服务好大局，摆在首位的要求就是“稳”，做到有序有力、守牢底线。如果出差错，效果就会大打折扣；如果政治上、导向上出现偏差，就会适得其反。当然，稳并不是不要创新，并不是只能机械死板，而是要在稳的前提下实现出新出彩，在高质量推进报道的同时确保平稳平实。

稳，体现在报道基调的把握。重大主题报道都有一个基调，比如节日庆典营造喜庆热烈的浓厚氛围，比如经济工作贯彻稳中有进的工作基调，比如抗击疫情展现众志成城的共同意志，等等。同时，又要把握好度，既不能不及也不能过头，特别是注意不说脱离实际、与群众感受相距甚远的过头话。

稳，体现在舆论导向的把握。每一个创意、每一项策划、每一篇报道、每一帧视频画面、每一个版面，甚至每一件内容产品中的每一个细节都要用心把握，确保经得起推敲，经得起检验。

稳，体现在工作要求的把握。是规定动作就会有规定要求，上级的每项工作要求都蕴含着一定的工作指向、工作目标，只有不折不扣完整执行，才能更好地达成预期目标。

稳，体现在宣传纪律的把握。新闻报道讲纪律，重大主题报道更要执行好纪律，在重大主题报道推进期间的其他报道也要注意防止出现相互矛盾、相互背离的情况发生。

开展重大报道，一般都有一个较长时间的策划，一定要反复斟酌、反复衡量，特别是对各类报道的基调、导向、效果进行事先的评估。

——重中求“实”，就是说实在的事、实在地说事。作为规定动作，重大主题报道是中央和省委交给主流媒体的一项重要任务，期待通过一场场宣传战役，在阐释党的主张、推进中心工作、鼓舞人民斗志、凝聚精神力量等方面发挥积极作用，取得实打实的宣传效果。如果没有效果，各方面的投入那么大，就是浪费时间、精力、资源。而要取得实效，重大主题报道就必须在“实”字上下功夫，做到务实、平实、朴实、扎实、切实。

议题要实。就是要善于设置议题，做到实实在在，从实际中来，到实际中去，不要空谈阔论，不要标语口号。要做到议题实，一是要善于紧扣中心“观大局”。要把握党委、政府当前最关心的话题，有力推动当前重点工作。二是要善于紧贴群众“察下情”。关心并围绕百姓最关心的话题组织报道内容，真正回应和解决一些焦点问题、难点问题。三是要善于紧跟时代“把脉动”，时刻留意社会最新发展变化，始终与时代同频共振，努力把老话题做出新内容。

报社为庆祝新中国成立 70 周年推出的“我们的五星红旗”大型融媒体行动，就很有代表性。这组报道主题重、落点实，通过国旗下成长的典型人物故事，展示 70 年来翻天覆地的变化，以真实、详实的内容扎实地托起主题，读后令人信服、让人震撼，起到了鼓舞人心、坚定信念的效果。

内容要实。就是报道中不要通篇大话、空话，貌似高大上，实则没内容。报道中要包含实实在在的新闻内容，从中看得出是新闻而不是旧闻，是事实报道而不是观点集纳。特别是注意综述类报道要尽量避免以议为主，党代会、两会等会议类报道尽可能避免“你说我说大家说”。

比如每年全国两会，我们的报道在观点阐释中都运用大量新闻事实。今年策划的省级党报联动，围绕长三角一体化、共建“一带一路”、巩固脱贫攻坚成果等话题，推出了多组报道，由于主题统领、内容实在、说服力强，取得了很好的传播效果。

表达要实。就是指报道的文风要做到平实、朴实，做到明白如话、通俗易懂，如同炕头唠嗑、促膝谈心、娓娓道来、亲切自然；做到寓意深远但不晦涩难懂，让工人农民看了不觉得深，专家教授读了不觉得浅。

比如，2019年全国两会期间，新华日报记者采写的《村支书上两会，捎来什么话》，通过六位来自农村基层代表的所言所思，表达了农民群众所思所想。“‘新小华’两会茶座”每期邀请一位基层代表委员，讲述奋斗故事，展现奋斗者风采，表达亲切自然、很接地气，赢得读者好评。再比如最近推出的《百名战将忆党史》专栏，采用简单的追忆回溯手法，如同与长者交心畅谈，真实感人、易读耐读。

——重中求“深”，就是要高看一眼、深挖一层。增强重大主题报道的“深度”，无论对于提升报道效果，还是应对媒体竞争，都是很有必要的。在开展重大主题报道时，要对报道内容组织深入的研究和采访，而不是仅把精力放在形式上，满足于浅尝辄止、点到即可。

善用历史眼光和全球视野，在时空纵横对比中体现思想深度。站得高才能看得远，看得远方能想得深。重大主题由于题材和主题重，更需要有一定的历史纵深和一定的战略高度。注重从更高层面、用更远眼光思考观察问题，报道自然就会有深度。

最近，新华社推出的几篇上海合作组织峰会的侧记和特写，就是从全球和历史的角度看待问题，读来就感觉非常深刻、非常解渴。这一手法，我们要善于借用。

善用问题意识和求证手法，在抽丝剥茧中体现思想深度。讲问题最容易引发人的思考，也最容易讲出深意。提出问题要思考，找寻问题原因要思考，提出解决之道要思考，把问题的各种背景、关系和逻辑理清也要思考。这类报道策划和设计，能够让读者在追寻记者的思考中感受到思想魅力。

比如，新华日报推出《深入推进“‘强富美高’五年答卷”全媒体系列访谈》，记者带着问题追踪溯源、条分缕析，围绕“经济强”“百姓富”“环境美”“社会文明程度高”等主题，约请众多专家总结江苏发展成绩、梳理问题短板，为高质量发展建言献策，很好地体现其中的思想深度，既可以满足群众的求知欲，也可以为省委、省政府提供决策参考。

善于新闻宣传和理论阐释，在舆论理论同频共振中体现思想深度。新闻主要讲事实，理论主要讲道理，只有统筹好理论与舆论，推动二者相辅相成、融合共进，才能让重大主题报道更具思想魅力，更能彰显党报的舆论引导力。在具体做法上既要推出重点报道，也要推出有深刻见解的理论评论。有的时候，要有两方面结合的重磅报道。

这方面，我们的几大周刊就做得很好。再比如2019年10月1日，《新华日报》的“辛仲平”评论——《今看东方盛世还》，回眸奋进七十年的辉煌成就和发展路径，融汇江苏儿女对祖国母亲的深挚感情，夹叙夹议，兼具恢宏气势和思辨色彩，得到中宣部《新闻阅评》的表扬。

善用智库资源和知识储备，在具体运用中体现思想深度。我们的知识储备一定要多，我们的智库资源一定要学会用。特别是要善于借用他人的智慧，把专家学者一些有价值的思考引入新闻报道中来。当然，在我们使用专家资源的同时，也要辩证对待、理性思考，不能不切实际照搬照抄。

——重中求“新”，就是要力争处处求新、样样成新。重大主题报道往往有许多都是老主题，比如建党、建军、建国，比如人民代表大会、党代会，年年报或者几年报一次，报道要想脱颖而出，给人留下深刻印象，就必须始终坚持“逢重大主题报道必创新”的传统，做到创新不停步，无新不成文。

“新”在创意策划上。在吃透重大主题背景、意义的基础上，有针对性地找准新闻资源与报道主题的结合点，突出江苏视角，用好地方元素，挖掘更多资源，融入集团特色，力争做到“人无我有”“人有我精”。比如大家印象比较深刻的中国江苏网策划的“百件馆藏百年芳华——江苏省百件红色基地馆藏珍品征集展示”，就胜在创意上，成为全省最早贯彻落实总书记重要讲话精神，将馆藏文物与党史学习教育紧密结合的大型融媒体策划，被省党史学习教育领导小组列为重点宣传项目。

“新”在表达呈现上。以前，我们创新重大主题报道主要落点在怎么“写”上面，比如我们常说的硬新闻软着陆、以小切口呈现大主题、以小故事折射大时代等等。现在，我们在重大主题报道生产呈现上，创新的面更大了。比如近年来我们大量运用“手绘”这种形式，像手绘的《致敬江苏援鄂战“疫”英雄》版面获得中国新闻奖，大型互动手绘新闻产品《星火传奇》精选100个党史故事，进行线上线下融合传播，取得良好效果。可以说，这方面的创新永远处于发展变化中，需要我们认真去探索实践。

“新”在互动分享上。互联网时代，不仅要把创新用在供给方自身，也要把创新用在需求方身上，切实在新闻的选题、生产、制作、互动等全过程中换位思考，让用户有更多参与感、分享欲。比如经常讲的UGC生产，让读者参与内容的提供；再比如仪式化的传播，请读者一起参与生产传播活动，以增强认同、产生共情。

在中国共产党成立100周年的宣传报道中，《E起学习·微课堂》，“江苏学习党史大型网络知识竞赛活动”，“行进中国　我心向党”打卡红色地标活动，“共产党员请回答”全媒体互动系列党课，“寻找红色印记，晒晒你的传家宝”，还有“马青说”活动，等等，都引发互动热潮，吸引了众多网友积极参与，起到了“润物细无声”的传播效果。

◀ 2019 年底，中国江苏网重磅打造的“E 起学习”大型互动式融媒课堂，获第 30 届中国新闻奖网络专题类二等奖

——重中求“融”，就是全媒体报道、全渠道分发。全媒体时代，传播方式发生深刻变化。每一次重大主题报道，如何把内容优势转变成传播优势？关键在构建立体化的融合生产、传播格局。

强化全媒体方式呈现。媒体融合环境下，重大主题报道可以说是“十八般武艺”能用都用，除了我们擅长的文字报道，可以同时端出音视频、H5、漫画、海报、VR、AR 等“色香味”俱全的新媒体“大餐”，使重大主题报道内容得以立体化呈现，满足用户的阅读习惯和偏好。

比如，在省第十四次党代会报道中，我们在新媒体平台上推出大量 H5、短视频、海报、视频海报、九宫格海报、Vlog、动图等形态多样的融媒体产品，成为生动反映党代会盛况和党代会精神的轻骑兵。

强化全媒体矩阵传播。目前，报、网、端、微已经成为媒体融合转型的标配，每逢大事要事，全媒体矩阵同时发力，优势互补。既要重视集团内部的各类平台，也要用好央媒、两微、抖音、快手等各类外部平台，建立立体化的传播渠道，使报道覆盖各种渠道用户群体。这几年，我们有许多好作品被全网推送，或被微博置顶，有力提升了重大主题报道的传播力、影响力。

强化全媒体协调运作。重大主题报道是“大工程”，在融合生产传播中协同作战十分重要。近年来，我们的重大主题报道都是举全集团之力，精心策划、协同联动，这种好做法要持续下去。要充分发挥集团全媒体指挥中心作用，统筹策划、内容、发布和传播各个环节，形成生产和传播合力。

——重中求“精”，就是要精准精确、精巧精致。重大主题报道可以说是大规模，但不能大呼隆；是大策划，但不能大撒把。重大主题报道不能粗枝大叶，更不能粗制滥造。越是主题重大、规模宏大，越要追求精品生产、精细运作。

报道内容要精准精确。精准精确的报道是新闻报道高质量的体现。一方面的含义是要准确把握中央和省委精神，把新闻宣传做到点子上，准在时机上，细到分寸上，在需要宣传的方面浓墨重彩，不需要的地方忽略不提或一笔带过，也就是我们常说的把握好时、度、效。另一方面的含义是报道必须准确、精确，经得起事实的检验，经得起读者的检验，包括事实真实、观点准确、用词贴切，新闻报道中不能出现大而化之、模棱两可、含混不清的内容和表述。

这方面，编委会把握住省委工作重心和形势发展，推出“稳字当头 稳中求进”专题，陆续策划开设《重大项目建设进行时》《企业战“疫”纾困记》《“保主体、稳就业”系列观察》《在稳经济中当好“压舱石”》等10来个子栏目，充分反映江苏统筹疫情防控与经济社会发展的积极作为，很好地起到了凝聚力量、提振信心的作用。

产品呈现要精致精巧。主要是表现形式上的要求，在报道的体例上，在版面的布局上，在页面的编排上，在音视频、动漫、H5、MV、长图等等各类产品的制作中，都要做到形式服从内容，形式突出内容，形式内容相得益彰、相辅相成，既要体现编辑意图，又要具有很好的审美感受，给人以精品佳作的享受。

比如我们最近推出的“非凡十年”系列报道，整体上处理得很好，每篇文章配一张压题大图，烘托主题、很有气势，版式也更靓丽。再比如《乡村振兴·江苏百村调研》这组报道，每篇文章分几个段落从不同方面表述，最后再配一段专家分析点评，既是一种内容创新，也是一种形式创新，报道效果很好。

当然，光知道方法还不行。重大主题报道要做到重磅出击，产生重磅效应，还有待我们加强学习、打牢基础。一要多学习实践文字基本功，在表达上做到准确平实、精练生动，这是最基本的要求；二要学习新闻传播规律，把握好党性和人民性的关系，处理好政治要求和新闻属性的关系，注重时、度、效的统一，始终坚持正确的舆论导向；三要学习媒体融合的理念和技能，让融合理念融入新闻工作点滴中，在文字、图片、音视频等各方面都练就“几把刷子”，更好地适应全媒体时代的传播特征；四要学习同行好的做法和经验，不断从成功的案例中汲取创新的养分、前进的动力。

应当看到，重大主题报道是媒体云集、同题竞争的舞台，是主流媒体的“兵家必争之地”，是一次能力与水平的集中检阅，也是彰显媒体特色、放大品牌影响的一大契机。每一次重大主题报道都是一场竞跑，都需要我们尽锐出战、脱颖而出，在综合比拼中交出一份优秀的“新华答卷”。

（2022 年 9 月 20 日）

一线感言

田梅，新华日报全媒体视觉中心主任、交汇点创意总监，高级编辑。戈公振新闻奖获得者，江苏省“五个一批”人才、省“紫金文化人才培养工程”文化英才。新闻作品 5 次获得中国新闻奖。其中《6397 公里的守护》《听・见小康》分获第 30 届、第 31 届中国新闻奖创意互动类、融合创新类一等奖。

比拼好创意，标题先落地

从事新闻采编 27 年，小到撰写文字消息，大到创制 H5、网络专题、纪录片等融媒产品，我都力争创意为先、厘清主线，尽可能拟定标题后再开工。

这个近乎“强迫症”的习惯源于 1996 年实习时一次惨痛的教训。面对我的稿件，值班主任挠头半晌，竟拎不出一个像样的标题。领导批评道：“写得实在太散了！”

那份令人汗颜的手稿被我留存至今。它像镜子般时时提醒我，创意之初就要琢磨清楚作品的内在逻辑线。从事新媒体 12 年，特别是牵头制作重大主题报道集成产品时，我和团队都会长时间“烧脑”策划，反复斟酌、反复推演，探讨如何聚焦主线，从最适合的角度切入主题，商定标题后再进行任务分解。

善用小切口精准戳中大主题。重大主题最忌宏大叙事，若不找准角度、不深挖一锹，在同题比拼的“竞技场”就如同输在了起跑线。新闻纪录片《一个村庄的丝路奇缘》，反映江苏首个“华侨村”在共建“一带一路”倡议提出十年间进阶“跨国经营第一村”，并以此追寻村民与共建国家人民民心相通、美美与共的奇缘故事。小切口、“独一份”的脉络，让报道特色更加鲜明，令人印象深刻。

善用好故事柔性表达硬新闻。《听・见小康》的创意初衷，是充分利用视听手段反映全面建成小康社会的硬核主题。为避免雷同，我在“听见”一词中特意加了分隔点。在此后的 638 天里，团队紧扣“听、见、融”三个关键词，行程数万公里，采制了整整 100 期并收录至同名 H5 产品。百余位小康讲述人的故事可读、可听、可观、可感，共同彰显了恢弘的时代主题。

善用创新点找准受众共情点。比如，历经多年开掘，国家公祭题材出新出彩难度极大。2022 年 12 月，我们用镜头回溯了 80 多年前在南京安全区各部门实际工作、被拉贝先生高度赞誉的中国义工们，让这一群体第一次进入公众视野。纪录片《“宁”聚微光——寻找约翰・拉贝的“中国朋友们”》播出后，无数网友为之动容，纷纷留言转发，也佐证了最重要的传播规律就是“打动人心”。

做善于思考的“踱步者”

——提升作品思想含量

最近看到两个材料：一个是中国记协党组书记、副主席、书记处书记刘思扬在上海报业集团就“如何培养新时代文章高手”进行调研时强调，主流媒体要用有血有肉的精品力作，不断增强传播力、引导力、影响力、公信力，引领时代；另一个是工人日报编委、国内新闻部主任兰海燕在分享获奖经验时说，好的新闻首先不在技巧，而在新闻本身的价值，要做能引人思考的新闻，让新闻在促进思想解放、推动社会进步中发挥作用、彰显价值。

这让我想起习近平总书记说过的一句话：我们党需要有一批“踱方步”的人。这里所说的“踱方步”的人，就是指踱着四方步，思考党和国家大事的人。对今天的党报新闻人来说，也应该有这样一批“踱方步”的人，不仅能奔跑、冲刺在新闻一线，熟悉“十八般武艺”，而且能够静下心来“踱方步”，思考一些重大问题，以满腔热忱记录时代、推动时代，留下一些有思想含量的新闻作品。

思考能力是编辑记者的重要能力，思维水平是能力水平的一个重要向度。今天，我想就“提升编辑记者思考能力、提高新闻作品思想含量”的话题和大家作一个交流。

思想含量是衡量作品的重要尺度

这几年，我们集团狠抓“精品生产”，新闻宣传取得显著成绩，6年来，集团共有40件作品获得中国新闻奖，中国新闻奖的一等奖数和获奖总数位居全国省级党报集团首位。同时，从更高的标准、更严的要求来看，由于集团编辑记者队伍还比较年轻等原因，我们的一些新闻作品也存在短板和不足。这些不足有各种各样的症候与表现，但共同的症结是编辑记者的思考力还不足，生产出来的作品在思想性与启发性上还欠火候。概括起来，主要有以下一些表现：

一是不深，作品缺乏思想深度。生产思想与观点的能力，是编辑记者的一个重要能力，编辑记者要善于拓展报道的高度和深度。在众声喧哗的全媒体时代，“人人都是记者”成为现实，每个人手中都有一个或大或小、或强或弱的麦克风，面对“资讯海洋”“信息爆炸”，思想和深度就是克敌制胜的“撒手锏”，是在激烈竞争中脱颖而出的“独门秘籍”。2019年，湖北日报的评论作品《传达不过夜不如落实不打折》获得中国新闻奖二等奖。关于抓落实的评论很多，但这篇评论深挖一锹，以各地“传达不过夜”说开去，反弹琵琶，指出有些地方时时把上级精神挂嘴上，表态比谁都早，会议传达不过夜、一开到半夜，但在抓落实上干劲韧劲不足。文章认为，除了极其紧急的事项，连夜组织开会传达上级精神，折腾干部，并无必要。这样的作品就很深刻，有很强的思想性和针对性。

人民日报江苏分社原社长龚永泉曾讲过一个例子：十多年前，南京市建邺区二道埂子一带有个擦鞋匠，因为有些“独门秘方”，生意非常好。南京一家媒体记者去了后，写了篇报道《小小擦鞋匠，年入十万元》。龚永泉看到后也去写了一篇报道《擦鞋者说》，发表在《人民日报》头版，并被配发“编后”，引起很大反响。同样一篇稿子，前面一篇的聚焦点是擦鞋匠一年挣十万元，而后一篇的聚焦点是“创新是每个人的事、小人物照样可以有大创新”，思想性、指导性大大加强，立意、格调、格局的高低立见。这说明，写报道一定要高看一眼、深挖一层，发掘真正的新闻，把“璞玉”雕成“器”。

这几年，我们集团非常重视深度报道，新华日报通过开设“深读”版，常态化刊发一些有观点、有见解、有思想、有深度的报道，有力地提升了集团新闻产品的传播率。但也有的深读报道有热闹无门道、有事实无观点、有材料无思想、有长度而无深度。很多作品停留于表面，只知其然不知其所以然，只罗列现象而没有深入分析，只触及表象而没有揭示本质，只见到皮肤而没有深入脏腑，读起来“不解渴”“不过瘾”，甚至因为缺乏思想而索然无味；有的策划也费了很大的功夫，但就是因为缺少深挖一锹的努力，缺乏一击而中的“点睛之笔”而让新闻产品的思想含量上不去，有的时候看了让人感到很遗憾、很可惜、很着急。大家看 2023 年南京日报获中国新闻奖二等奖的作品《不能说的优秀》，主题是特需儿童进入普通校园就读，与健全学生一起学习共同成长。记者没有满足于报道南京的这项工作走在全国前列，而是从更深层次追问为何如此优秀的教育实践却鲜少有宣传，挖掘到背后真正的原因：影响学区生源、特教师资匮乏以及来自普通孩子家长的压力，因为说得很深刻，给人留下深刻印象。

二是不新，作品老生常谈缺乏新意。编辑记者的思考必须是向新而行的思考、能产生新观点、新思路的思考。编辑记者最重要的素养就是产生新思想、新观点的素养。新闻作品如果只是老调重弹、老生常谈，谈不出新的观点和见解，就会失去吸引力和影响力。前几年我们的获奖评论《“暂不出新政策”也是好政策》就很有新意。文章从“暂不出新政策”这件事情出发，通过企业家“与其出台新政策，不如落实原有政策”的感慨，引出一些地方存在“重出台、轻落实”问题，并以江苏决定在民营经济发展表彰大会上“暂时不出新政策”为立论点，提出希望政府有关部门重落实、重实效、重实际。又如，成就性策划和报道是党报反映一地经济社会发展的重要新闻类别，但也非常容易“流俗”，创新策划和采写好此类稿件，就成了检验新闻报道成色的关键。集团的中国新闻奖获奖作品《1.1% 看奇迹》，致力于以“江苏叙事”讲好“中国故事”，看上去似乎并不稀奇。但仔细研究，产品的可贵之处就在于创新了报道模式，以讲故事替代宏大叙事。该系列每篇作品以政府部门、院所企业、基层单位的故事呈现，产生串珠成链、聚链成势的效果，让读者从一域变化中“看”到国家在新时代 10 年的发展奇迹，为迎接党的二十大召开营造了良好舆论氛围，可见新角度、新观点、新模式对新闻作品而言至关重要。同样，如果新闻报道总是“年年岁岁花相似”“一年到头四季歌”，读者就会产生审美疲劳，报道也就无法反映每时每刻都在发展变化着的火热生活。这几年，集团倡导每逢重大报道必策划、每逢策划必创新，起到了很好的效果，也产生了一大批很有新意的好作品。但也有不少作品跳不出“思维定式”，走不出“路径依赖”，离不开“既有模式”，惯于“老调重弹”，每每“重操旧业”。

我听说，每次遇到省委全会、两会这样的重头报道，有的编辑记者就拿出前面几次的报纸合订本，依葫芦画瓢，前几年是怎么写的，今年也怎么写，有的甚至连标题都一样。我觉得，从对标对表、防止发生差错的角度来看，拿以往的合订本来参考一下，这是有必要的，但是，一笔一划地完全因袭以往的报道路数，这是不求进取的表现。作为新闻传媒集团，求新创新是我们的安身立命之本，每一个编辑记者、每个新闻产品都要有“为求一字新，耐得半宵寒”的韧劲，少一些老生常谈，多一些创新创意，少一些老气横秋，多一些新意盎然。

三是不独，作品缺乏独家题材和独特角度。一篇好的新闻作品，往往是一篇有着独特角度、独特观点、独特题材的作品；一个优秀的编辑记者，往往是有着独特思考、独特见解、独特作为的编辑记者。可以说，独家性、独特性是新闻产品之所以能够与众不同的重要素质。应该承认，全媒体时代，信息传播的渠道很多、速度很快，发现独家新闻、靠独家新闻克敌制胜变得越来越难，但这并不意味着我们就可以放弃对独家新闻的追求。从这几年中国新闻奖获奖作品的情况来看，不少作品之所以能获奖，凭的就是它的独家性。退一步说，即便我们没法遇到独家的题材，但我们可以有独家的策划、独家的视角、独家的表达。大家如果注意看，这几年关于国家公祭，我们江苏拿了很多的中国新闻奖，这些奖项里面，都不是独家题材，但是，因为加入了独家的策划、独家的视角、独家的表达，它们最终脱颖而出，问鼎中国新闻奖。在集团获得中国新闻奖作品中，包括第 31 届获奖的文字消息《跨越 80 多年的守望相助！南京捐赠抗“疫”物资驰援拉贝后人》和第 33 届的获奖作品《“宁”聚微光——寻访约翰·拉贝的“中国朋友们”》，都因为题材和视角独特，而且具有独特的新闻价值，得以在评选中脱颖而出。

2022 年 9 月，91 岁高龄的中国工程院院士、哈尔滨工程大学水声学院教授杨士莪站着为本科生开讲《振动与声基础》第一课，被誉为“一站到底的院士”。对此，有媒体发表评论《九旬院士“一站到底”，让谁“不好意思”》，这篇评论作品没有就事论事，而是生发开来，指出有的大学教授“在狭隘的名利追求中迷失了方向”，一些学术上稍有造诣的老师成天忙于做项目、发论文乃至走穴捞金，在部分高校甚至出现“教授需要给本科生上课吗”之类的争论，很多人认为教授给本科生上课是“大材小用”。九旬院士给本科生上课，给大学教授们上了生动一课。这个视角很独特，也很深刻。这告诉我们，编辑记者善于思考、勤于思考，就能克服人云亦云的不足，让新闻作品独特起来。

四是不重，作品主题不够重大。新闻是对事实的报道，每天发生的事情很多，我们不可能眉毛胡子一把抓、什么事情都去报道一下。新闻一定是对重大的、有重要社会影响的、有典型和普遍意义的事实的报道。对于编辑、记者来说，勤于思考、善于思考的一个基本前提，就是要自觉养成关心关注国家政治经济大事的习惯，多思考“国之大者”，而不是每天只关心关注“东家长西家短、谁家媳妇不洗碗”之类的鸡毛蒜皮的小事。应该说，作为省级党报，我们很多报道的主题都很重，但是，也有的记者对国家大事不感兴趣，只关心自己的“小确幸”，这个要注意。一个媒体和编辑记者，不关心国家大事，只关心家长里短，不关心政治经济，只关心花花草草，一些报道花了很多时间精力，但因为主题太轻，结果是在朽木上雕花，雕得再好也没有太大的意义。

一篇好的新闻作品应该是有厚度的作品，一个好的编辑记者应该是有着强烈历史思维和宏阔视野的编辑记者。好的新闻报道，应该还是沉甸甸、实墩墩的。比如，河南日报曾经推出过一篇长篇通讯《英雄不老》，文章大量采用历史背景材料，从抗日战争写到解放战争，再写到和平建设时期，几乎占了近三分之二的篇幅，让文章有着强烈的历史纵深感。反观自身，新闻产品不厚重，缺少历史纵深和宏阔视野，依然是我们的一个短板弱项。

五是不活，作品文字干瘪语言呆板。文字能力是编辑记者一项基础而重要的能力，编辑记者的思考要靠文字表达出来。我们强调编辑记者要提高业务素养，文字素养是不可或缺的基本素养。大家如果注意看，我们获中国新闻奖的一些评论，不管是《未到尽头先调整》《权力“烫手”才正常》，还是《民生实事莫沉迷于“数字突破”》《“富豪相亲”浊化社会空气》，抑或是过去的《“以权谋私”与“以私谋权”》，等等，文字上都非常精练，有的甚至可以说是很优美。想想看，如果没有深厚的文字功底，怎么可能写出好作品？评论如此，其他类新闻作品也是一样。文字功底强，才能在有限的文字内表现尽可能多的思想，提供尽可能多的新闻信息。

有人说，现在是可视化传播时代，视频传播是传播的主导形式，语言能力不那么重要了。这其实是一种误解。有的同志跟我反映，现在有些报道越写越长，动不动就三五千字，文章很长，信息量却很低，思想含量不高，看起来是“深度报道”，实际上只是“长度报道”，徒占版面、白费纸张。之所以这样，就是有的记者文字功底没有到位，不能用最简洁的文字表达最丰富的内容。尤需注意的是，大家的表达能力不只是建立在所谓的“文采”上面。“四力”中，“笔力”之所以排在最后，就是因为它要建立在“脚力”“眼力”“脑力”之上。举个例子，爱国是个永恒话题，写好这类新闻报道并不容易，但我们集团的作品《国旗漫卷，初心永恒　我们的五星红旗》不仅获得了中国新闻奖，还入选了中国记协组织评选的“庆祝新中国成立 70 周年融合报道十大创新案例”，不可谓不成功。在稿件采写过程中，我们的全媒体记者兵分 8 组 16 路，历时一个多月，总行程 5 万多公里，寻访与五星红旗相关的精彩故事。记者、编辑数易其稿，使产品不仅表达流畅，而且情感饱满、节奏感强、富有感染力。黑龙江省有关部门甚至表示，新华日报的相关稿件是历年来对他们报道“最感人肺腑，也是最贴地气的”。

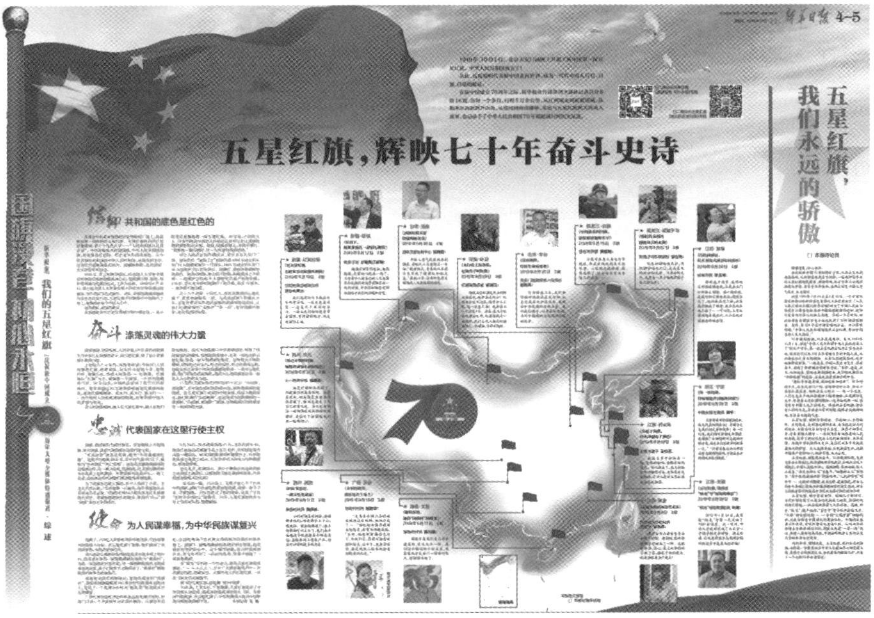
新华日报 4-5
国旗漫卷 初心永恒
五星红旗，辉映七十年奋斗史诗
五星红旗，我们永远的骄傲
信仰 共和国的底色是红色的
奋斗 涤荡灵魂的伟大力量
忠诚 代表国家在这里行使主权
使命 为人民谋幸福，为中华民族谋复兴

▲ 2019 年，新中国成立 70 周年之际，新华报业推出《国旗漫卷，初心永恒　我们的五星红旗》系列作品，获第 30 届中国新闻奖文字通讯与深度报道类二等奖

值得注意的是，我们集团新进的年轻员工中，有些文字能力还不过关，这点还要引起高度重视。在近几年的业务大练兵中，每次都有写作题，我听阅卷的同志讲，从大家的交卷情况看，很多年轻记者甚至还达不到“文从字顺”的基本要求，更不要说其他更高要求。我们抓新闻业务，一定要引导记者走过文字干瘪语言呆板这一关，让我们记者都能妙笔生花，都能写出锦绣文章。

思考能力是新闻人的必备能力

上面，我列举了我们集团新闻生产方面存在的不深、不新、不独、不重、不活等五个方面问题。我觉得，之所以存在这些问题，有很多方面的原因，但其中一个重要的方面，就是编辑记者的思考力不够强，没有培养起勤于思考、善于思考的习惯。那么，对编辑记者来说，思考力的强与弱，表现在哪些方面？这里，我把它归纳为五个方面：

——洞若观火的“判断力”。判断力是编辑记者必须具备的一项基本能力，“以今日之事态，核对昨日之背景，从而说出明日之意义”。作为编辑记者，可能经常要做“问答题”，对某个重要问题做全面深入的报道；经常要做“选择题”，选择一个立场而放弃另一个立场；但更为重要的是要经常做“判断题”，对一些模棱两可、似是而非的问题进行事实判断和价值判断。能不能透过表象看本质、透过细节知大势，不被表面现象所蒙蔽、不被偏激观点所误导、不为错误思潮所迷惑，决定着一个编辑记者水平的高低。

对编辑记者来说，碰到一个选题能不能做、从哪个角度做；碰到一篇稿件，能不能用，在哪个版面上用，这些都需要在最短的时间内以最快的速度做出最精准的判断，一旦判断不准或者出现偏差，就可能带来严重的后果。对编辑记者来说，对一些问题要能够做到“洞若观火”，心里“门儿清”。大家都做过判断题，从表面上看，做判断题只要画个“√”或者“×”，看起来挺简单，可实际上画“√”或“×”之前，需要很多的知识储备和深入的思考。这启示我们，具备洞若观火的判断力，不是一天两天能够具备的，要靠持续的学习和长期的积累。

另外，很多媒体老总在做判断的时候都提到过一个“咯噔理论”，就是说凡是在看到一个稿子、一个提法、一件事情会觉得“咯噔一下”的时候，一定要保持警惕，三思而后行，没有把握的就先撤下来，我觉得这些都是经验之谈，值得我们在编稿和写稿中借鉴。

——鉴往知来的“预见力”。预见未来的能力是一种重要的能力，同时这又是一种最难获得、最没有把握的能力。古往今来，人们对那些能够预知未来的人都非常景仰，比如诸葛亮、袁天罡、刘伯温，称他们是“前知五百载、后知五百年”的“神算子”。其实，“神算子”们不是算命先生，他们预知未来的能力来自他们对历史的长期学习，对现实的深入研究，对趋势的敏锐洞察。编辑记者需要具备的一项重要思维能力，就是准确预见大势的能力。

毛主席说过：“坐在指挥台上，如果什么也看不见，就不能叫领导。坐在指挥台上，只看见地平线上已经出现的大量的普遍的东西，也不能算领导。只有当着还没有出现大量的明显的东西的时候，当桅杆顶刚刚露出的时候，就能看出这是要发展成为大量的普遍的东西，这才叫领导。”领导干部如此，编辑记者也是一样。只有在事情刚刚萌芽时就能预见到未来的走向，在山雨未来时就能预见到并且未雨绸缪，这样的编辑记者才是高水平的编辑记者。

其实，这个世界谁也不是算命先生，谁也不是天生就具备预知未来的能力，未来之所以能够被预知，那是因为事物都是联系发展着的，是有迹可循的。只有深入学习，不断思考，才能通过了解过去而预判未来，在鉴往知来中做出准确判断。我们的编辑记者就要在把握大势、判断大势中预见未来，拿出有影响力的新闻作品。

——见微知著的“发现力”。发现新闻与选题的能力，是编辑记者最重要的能力；能够见人之所未见、发人之所未发，在一般人看不出来的地方看出“道道”来，这是编辑记者最重要的思维能力。我们经常讲，一个高水平的记者，往往有见微知著的眼力，能够在看似没有新闻的地方发现新闻，在看似写不出稿件的地方写出稿件，甚至在走路、吃饭、睡觉、开会的过程中都能找到新闻。有没有明晰的洞见、独到的创见、卓著的远见，决定着新闻作品的分量几何、价值几分；同样，一个编辑记者水平的高低，也取决于发现新闻能力水平的高低。几年前，“流浪大师”沈巍曾“红极一时”。在一般人看来，这可能只是个带点娱乐性质的花边新闻，但我们扬子晚报的同志却拿出一篇作品《流浪大师，还是“流量大师”？》。稿件没有止于事件本身，而是从沈巍失意人生和爱读书这两方面展开，点出沈巍不过是被神化、被异化、被消费而已。狂热背后的真相在于：追逐“流浪大师”的背后，其实是对“流量”的无尽追逐。作品在诙谐中见智慧，没有局限于表象，而是抽丝剥茧、点出本质，在云淡风轻中巧妙传递生活智慧与做人规范。这种角度与其他媒体“同题稿件”拉开了距离，堪称难得的副刊佳作，作品最终荣获中国新闻奖，可见“发现力”的价值！

——滴水不漏的“逻辑力”。逻辑力是编辑记者必须具备的几项基本能力之一，逻辑素养是编辑记者必须重视的基本素养。德国哲学家黑格尔指出，逻辑思想是一切事物自在自为地存在着的依据。有听众曾这样赞扬列宁演说中逻辑的力量：“好像万能的触角，用钳子从各方面把你钳住，使你无法脱身：你不是投降，就是完全失败。”逻辑之美，就体现在条分缕析、层层剥笋、步步为营、无可辩驳的强大力量上。新闻作品是一种对结构布局和逻辑条理要求很高的作品，写散文可以“形散而神不散”，写小说可以“意识流”，但如果写消息、通讯、评论也那样行文，不讲逻辑，就可能让人不知所云。现在一些报道的结构很僵化，列 3—4 个并列的小标题，然后每个小标题里罗列现象，引用采访对象的言论，平铺直叙，段与段之间没有逻辑联系。读完之后，让人云里雾里，很难记住什么有用的信息。新闻产品是讲结构、讲逻辑的，如果一篇报道前言不搭后语，语无伦次、颠三倒四，让人不知所云，怎么可能有好的传播效果。

写一篇稿子、报道一件事情，都要“讲逻辑”。这里的“讲逻辑”，首先要讲大逻辑，这就是说我们报道的新闻要符合实际，符合事物发展的客观规律，不能违背常理常识，不能违背人们的基本经验与认知。人们说，事出反常必有妖，为什么？就是因为太反常的东西不符合规律，不符合逻辑。对于这样的事情，必须保持警惕。比如，几年前，北京市野生动物园曾发表过一个声明：“2021 年 8 月 7 日下午，有两名游客在北京野生动物园游览时因琐事发生纠纷，进而互相漫骂、厮打，并引起大量游客和附近动物们的围观。经当地公安机关调解后双方和解。北京野生动物园提示广大游客，夏季天气炎热，出游时要保持良好心态，保证家人的安全最为重要。另据内部人士透露，双方厮打地点附近的动物们是第一次看到人类之间的打斗场面，令它们印象深刻，当晚部分动物家庭在兽舍内纷纷效仿，场面一度失控，在饲养员的耐心教育下才知道打架不好，特别不好。”这个声明前半部分没有问题，最后一部分说动物看到人类打架后，也纷纷效仿。这就有点反常。对于这个现象，好多媒体纷纷跟进，并以“动物仿效人类打架”为由头，发表评论。但事实上，后来北京野生动物园发表声明，所谓的“动物仿效人类打架”其实是个调侃，大家别当回事。可是，我们就有很多编辑记者把这个当回事。试想一下，如果有基本的逻辑判断能力，会发生把调侃当真事的笑话吗？

除了大逻辑，我们还要讲小逻辑。网上有这样一个段子：“不想当厨子的裁缝，不是好司机”。人们听到这句话，就忍不住扑哧一笑，因为它明显违背了逻辑和常理。我们编辑记者写稿子，就要讲逻辑，有的事情是一因多果，有的事情是一果多因，有的事情是一因一果，有的事情是多因多果，在写稿子的时候，要考虑大前提、小前提，不能胡乱推理、胡乱归因，这方面的教训很多，我们一定要警惕。

需要提醒的是，很多人觉得只有文字作品，才会有严格的逻辑和结构要求，视频产品似乎在逻辑性方面就可以要求弱一点。其实，这恰恰是一个误区。视频产品同样要讲究篇章结构，同样要讲究逻辑布局，同样要追求结构严整、逻辑严密。如果各种镜头、同期声胡乱地穿插在一起，散成“满天星”，却聚不成“一团火”，新闻产品就无法表达作者想要表达的思想，自然也难以成为上乘的新闻精品，难以冲刺高层次奖项。平时，编辑记者可以买点逻辑学尤其是形式逻辑学的书籍看一看，有意识地训练自己的逻辑思维，提升思维层次与思维能力。

——妙笔生花的“表达力”。思想、逻辑、语言是新闻作品的三大要素。我们说新闻作品最重要的是新闻和观点，如果作品的新闻性强、思想性强，哪怕表达上普通一点、平庸一点，也不要紧，但这并不是说表达力不重要。恰恰相反，在精品生产和高层次奖项评选上，表达力的高低决定着新闻作品的好坏。

2012 年，日本政府罔顾历史，非法“购买”钓鱼岛，激起中国民众的愤怒和不满。不少城市爆发了针对日本的示威游行。对此，《中国青年报》发表评论《爱国与害国，只有一步之遥》，此前一天，《北京青年报》也发表了同一题材的评论。等到次年评选中国新闻奖，最后评委投票的结果是中青报的得了二等奖，原因就在于大家都觉得中青报的评论在表现力、穿透力上要明显强于北青报。

确实，编辑记者业务能力的重要方面，是要有妙笔生花的“表达力”。同样是说缺点，有人会说“每个人都是被上帝咬过一口的苹果”，有人会说“梅须逊雪三分白，雪却输梅一段香”；同样是形容工作忙累，有人会说“头一抬，天就黑了”，有人则会说“想念床”，可见不同表达有不同的效果。

大家知道，“任仲平”影响很大，每一篇任仲平都是一枚重磅炸弹，都能在全国舆论界产生重大影响。这几年，我们新华日报也推出了自己的“辛仲平”署名文章，现在已经推出了10篇了，“辛仲平”文章一出台，朋友圈里都有大量转发，很多人告诉我，说“辛仲平”文章气势磅礴、文采飞扬，逻辑缜密、论证严谨、行文流畅、构思精巧，就像听一曲舒缓的音乐，品一杯醇厚的热茶，看一朵花静静地开放。我觉得，“辛仲平”文章胜就胜在它的表达力上。

表达是思想的外衣。很多时候表达是要靠文字来实现的，提升表达力很重要的一个方面是提升文字表达能力。文字功底强，才能在有限的文字内表现尽可能多的思想，提供尽可能多的新闻信息。有的同志反映，现在有些报道越写越长，动不动就三五千字，文章很长，信息量却很低，思想含量不高，看起来是“深度报道”，实际上只是“长度报道”，徒占版面、白费纸张。之所以这样，就是有的记者文字功底没有到位，无法用最简洁的文字表达最丰富的内容。提升文字功力，一要靠多学习，二要靠多写作。我们知道，运动员必须保持一定的训练强度，才能让自己始终处于较好竞技状态。思维的训练也是如此，思维能力不是天上掉下来的，而是后天养成，甚至是被倒逼出来的，只有经常训练，持之以恒，才能把写作能力提上去。

增强思考能力，提升思想含量

大家都知道新闻作品思想含量很重要，那么，如何提高新闻作品的思想含量呢？我觉得，最重要的是编辑记者要做善于思考的“踱步者”，强化学习意识，勤练“思维体操”，提升思考能力，努力做新时代文章高手，写出更多具有思想含量的精品力作。

一要持续提升政治修养。这是提升编辑记者思考能力与作品的思想含量的根本。政治素养是编辑记者最重要的素养，政治能力是思考能力的前提与基础。缺乏政治能力，思考便失去了基座和方向。政治方向把得准、政治气候拎得清、政治要求落得实，这是编辑记者的基本功。对编辑记者来说，做善于思考的"踱步者"，首先要做政治上的明白人；提升作品的思想含量，首先要提升自身的政治素养，在政治方向上和政治原则上不含糊，在大是大非面前不犹豫，在复杂情况和局面中不迷失。

政治性是新闻舆论工作首要的和根本的属性。新闻工作是政治性很强的工作，不懂政治是最大的"本领恐慌"。习近平总书记多次强调，领导干部要心怀"国之大者""对国之大者要心中有数"。领导干部如此，编辑记者也是一样。对我们来说，心怀"国之大者"，就是要始终坚持正确的政治方向、价值取向、舆论导向，牢记新闻工作者的职责使命，深刻领悟"两个确立"的决定性意义，增强"四个意识"，坚定"四个自信"，做到"两个维护"，自觉做习近平新时代中国特色社会主义思想的坚定信仰者和忠实实践者。我听说，极少数年轻同志认为，作为条口记者，整天关注的都是些具体的实事小事，"离政治有点远"，写稿子只是挣钱养家糊口，为什么要整天关心政治？这种观点是错误的，也是有害的。关心"国之大者"是政治，关注"小事小节"同样是政治。条口记者关注百姓衣食住行、生老病死、急难愁盼，这些都是事关群众切身利益的大事，离政治一点也不远！编辑记者从事的工作就是政治工作，手里端的是政治的饭碗，如果不关心政治，就是不珍视自己的饭碗，迟早会出问题！

需要提醒的是，新闻舆论工作者由于广泛涉猎信息的职业特点，比一般人更易接触到非主流意识形态乃至错误观点，同时在激烈的媒体竞争中容易受到"流量冲动"的影响。因而，在实际工作中，更要保持"乱云飞渡仍从容"的政治定力，决不能发表同党中央不一致的声音，决不能为错误思想言论提供传播渠道。《新华日报》是江苏省委机关报，我们要始终围绕中心、服务大局，要围绕省委关心的工作、经济社会发展大局、牵动民生的社会热点等组织我们的宣传报道，在新闻生产中始终坚守政治底线，切实做到守土有责、守土负责、守土尽责。

二要持续加强理论修养。理论功底是编辑记者必须具备的基本功底，做善于思考的“踱步者”，前提是必须具备一定的理论修养。理论上学得彻底、理解到位，想问题、看事情、做报道就能有底气；反之，缺乏理论修养，思考的层次和深度就会受到限制，甚至再怎么“踱步”，也成果有限。我们经常讲，报纸的本质是思想纸，写评论也好，写消息也罢，说到底是写思想，表达的是思想、立场、观点和态度。思想从哪里来？从实践中来，也从理论中来。我们很多编辑记者为什么总觉得自己的稿子写起来没有思想深度和理论厚度？原因就在于理论修养还不够、理论功底还不深。

中宣部副部长、中央广播电视总台台长慎海雄与央视赴地方总站锻炼的青年业务骨干座谈时说，要做有头脑的记者，不做“花花草草”的记者，要努力提高自身涵养，加强学习，做厚重的专家型新闻工作者。这一提醒很有针对性。对编辑记者来说，理论功底缺乏会导致思想的贫瘠，导致思维的迟钝和发现力的弱化，对社会发展脉动不敏感，却对一些鸡零狗碎、花花草草的东西感兴趣，对此要保持高度警惕。

这段时间，我留意了一下公布在集团内网上的各种导向及文字方面的差错，其中很多都涉及党的创新理论表述不准、不全等问题，从这些问题可以看出来，有的编辑记者对理论不大感兴趣，对理论学习严重不足，以至于对党的创新理论的一些基本概念、基本逻辑、基本体系都不甚了了，更不要说对一些重大理论问题的深入研究与思考。所以，我是非常希望大家能够认真啃几本大部头的理论著作，学理论、用理论，从理论学习中不断汲取提升新闻业务能力的营养。

三要持续强化知识更新。知识是人类进步的阶梯，也是做好新闻工作的基石。腹有诗书气自华，一个编辑记者书读得多，知识面广，就连气质都不一样，更不要说业务能力了。“凿井者，起于三寸之坎，以就万仞之深。”磨刀不误砍柴工，对编辑记者来说，不能把所有的时间都放在“砍柴”上，这种砍法，只会越砍越慢，越砍越砍不动，而要把功夫放在“磨刀”上，这种“磨刀”就是加强学习，不断加强知识的积累与更新，提高思维水平与业务素养，让工作变得事半功倍。

有人说，现在人与人之间的竞争根本在于学习力的竞争，在这个世界上，往往越聪明的人越努力。有的领导干部告诉我，工作再忙，每天睡觉之前也必须看 50 页书。我们集团的编辑记者学历条件都很好，学习能力也不差，不足之处是有的同志工作之后忽视了知识更新，没有养成终身读书、终身学习的习惯，个别记者可能毕业之后就没再拿起过书，这是需要引起注意的。还有的记者长期跑一个条线，接触社会的面太窄，职业生涯在不断延长，专业积累的厚度却没有随之增加，因而写出来的稿子总是浅尝辄止、浮光掠影。

我觉得，编辑记者一定要养成终身学习的习惯，随时注意更新自己的知识库，紧跟时代发展的列车，要多读书、读好书、好读书，让读书成为我们的习惯，成为一种生活方式，在广泛涉猎各种知识中变成“杂家”和“专家”。所谓“杂家”，就是要广泛涉猎、博采众长。不仅要阅读不同种类、不同风格的报纸，大部头的书籍更要“啃”，阅读多了，自然也就有了话题和观点“感知度”，思想性和理论水平、问题意识和建设性思维自然容易“水涨船高”。所谓“专家”，就是阅读不能“眉毛胡子一把抓”，而是要有的放矢、主次分明，重点围绕我们所跑的条线、岗位去读。要多读与工作相关领域的书籍，跑经济条口的要懂政治经济学，要读点经济学的经典教材；跑文化的记者要热爱文化，要成为文化领域的专家；跑教育的记者要懂心理学、教育学、教育管理学。在读好本专业知识的同时，要举一反三，由此及彼，由表及里，读一些相关领域和其他专业的书。只要把书读通了、读透了，真正成为“杂家”“专家”，那他看什么问题都能洞若观火、心知肚明，写什么稿子都能“下笔有神”“倚马可待”。

四要持续提升新闻敏感。编辑记者的思考力高与低表现在很多方面，但有没有新闻敏感、能不能从纷繁芜杂的现象中敏锐地发现并捕捉到新闻，这是最基本也是最重要的方面。习近平总书记强调，领导干部要有草摇叶响知鹿过、松风一起知虎来、一叶易色而知天下秋的见微知著能力。我们记者更要有这种能力，在“山雨欲来”时能够“看得见”，“在似是而非”中能够“看得准”，在“纷繁复杂”中能够“看得透”。缺乏这种能力，就难以胜任编辑记者的工作。

我们集团有一大批新闻敏感非常强的记者，那些获得中国新闻奖高层次奖项的作品，往往都是见人之所未见的作品，是“人人眼中有，个个笔下无”的作品。前些年获得一等奖的《警惕“精致的形式主义”》，就是从城管队员拉着皮尺检查摊位上的菜品是否摆放整齐的细节说起，进而上升到对“精致的形式主义”的批判;《警惕“专家观点”成为“利益俘虏”》是评论员从一些专家为房企站台、制造楼盘涨价焦虑，一些专家认为“污染是由自行车造成的”等所谓的“专家观点”出发，批判专家观点成了利益集团的代言人；集团去年获得中国新闻奖二等奖的作品《南京大屠杀再添史料新证！亲历者回忆录手稿首度公开》，是记者从文学期刊中发现的线索，通过对期刊文章作者的采访，展现了一本曾经沉睡在图书馆里无人知晓的回忆录，最终成为记录侵华日军暴行的重要文献。值得注意的是，有些重大主题新闻并非现成的，而是靠记者“挖”出来的，这就需要相当强的新闻敏感。

五要持续强化宗旨意识。做善于思考的“踱步者”，要有密切联系群众的宗旨意识和人民至上的温暖情怀。党报的编辑记者来自人民，服务人民，必须与人民群众心连心，始终站稳立场，乐百姓之所乐，忧百姓之所乐，为百姓鼓与呼、歌与咏。

在座的同志大多都到过淮安府署吧？想必大家都注意到正堂内那副著名的对联：“得一官不荣，失一官不辱，勿说一官无用，地方全靠一官；吃百姓之饭，穿百姓之衣，莫道百姓可欺，自己也是百姓。”我觉得这个对联语言很朴素，但道理很深刻。我就经常想到，我们的编辑记者要少一点“官气”，多一些“民气”，为什么这么说呢？我就觉得，有的记者经常跟领导干部在一起，久而久之，也慢慢沾上了官气，架子大得很；有的记者小资情调很厉害，总觉得自己高人一等，看不起普通百姓；有的记者总坐在办公室里面，高高在上，不能体恤民间疾苦。

当然，这里说的不是我们集团的编辑记者，我们的记者还是很好的。2018年“时代楷模”王继才去世，顾雷鸣总编辑带着几个记者赴开山岛采访，在岛上采访了几天，写出了很不错的稿子。我们还有很多记者，深入农家，跟农民吃住在一起，深入工厂，在车间体验生活，我觉得这就很好。集团获得中国新闻奖的评论作品里，如《善待百姓》《“富豪相亲”浊化社会空气》《权力“烫手”才正常》《民生实事莫沉迷于“数字突破”》，等等，都是站在百姓的角度看待问题、表达观点的。记者是人民群众的一员，任何时候都要同人民群众站在一起、打成一片，任何时候都不能高高在上、脱离群众。

作为编辑记者，要有用户意识、读者意识，要学会换位思考，善于从读者和用户的角度来看问题、想问题、写报道，有这样的心态，写出来的报道就不会高高在上、冷言冷语。我觉得，提高编辑记者的共情能力，最重要的方面是要增强宗旨意识，牢记“人民至上”，坚持以人民为中心的发展思想，时时刻刻同人民群众想在一起、干在一起。只要站稳了群众立场，始终站在人民群众这一边，写出来的稿子就能得到人民群众的认可和欢迎。反之，如果高高在上，脱离群众，写出来的稿件就难免总是跟人民群众“隔了一层”。

六要持续加强个人修养。这里，再强调一点：做善于思考的“踱步者”，还要注重加强个人修养，尤其是职业道德和品德修养。新闻工作是事关党和人民切身利益的工作，也是一项极其紧张、繁重、艰苦的工作。范长江同志曾说过：“有了健全高尚的人格，才可以配做新闻记者。新闻记者应当是社会所敬重的人物，如果在人格上有了根本的缺点，就不能算作新闻记者。”这是忠告，也是经验之谈。编辑记者要自觉涵养道德，提升个人修养，明大德、守公德、严私德，时时事事处处严格要求自己。

前段时间，我看了穆青同志的一段话，很有感慨。他说，他自己原本是一个很木讷、很内向的人，不大爱交往，当时只想当作家，没想过当记者。在他的职业生涯中，遇到过很多才华横溢的记者，但是不少都没有走到终点，其中很多就因为不能做到慎独慎微而在职业的竞赛场上被半途刷下。这提醒我们，身为编辑记者，一定要提高警惕，严格要求自己。这几年，我们的编辑记者总体是好的，但也有极少数人出现这样或者那样的问题。所以我觉得，也有必要借这个机会提醒一下，我们的编辑记者也必须廉洁自律，也要把洁身自好当作底线修养。唯有这样，才能走得远、走得好，做一个笑到最后的“踱步者”。

我们集团这几年发展取得很大成绩，根本原因在于新华人在持续地奋斗和奔跑，每一个新华人都是一个“发光体”。我希望，奔跑的新华人不仅要在“言”与“行”上奔跑，也要在“思”和“想”上“踱踱步”、深钻研，努力强化思维训练、提高业务水平，不断推出更多优质新闻产品，为建设百年党报作出更大贡献！

（2024 年 4 月 3 日）

一线感言

刘庆传，新华日报全媒体评论理论部主任，高级记者。江苏省首批“四名”人才（名评论员），省“333高层次人才培养工程”培养对象。先后8次获得中国新闻奖，其中评论《警惕“精致的形式主义”》获第31届中国新闻奖一等奖。

由“鸭子凫水”想到的

长期在新闻采编一线工作，各类感悟与体会不少，但让我记忆最深的，还是评论处老处长王柏森的“鸭子凫水”理论。

“鸭子凫水”是当年老处长对评论处同志工作状态的总结与归纳，同时也是期待和要求。他说，评论员要像鸭子凫水一样，看起来一动不动，实际上水下的两只脚在一刻不停地划水，才能在气定神闲中悄然前行。对搞评论的同志来说，就要像鸭子凫水那样，看起来一动不动、哪也没去，但“凫水的双脚”一刻也不能停，要一直不停地思考。

如果说采访是记者最基本的“吃饭家伙”，那么，评论员最重要的“生产工具”就是思考。思维能力、思考力是评论员最重要的能力，思考的角度、高度、深度，决定着一篇评论的高度和质量。评论是对新闻的评说。评论当然也要讲“表达”、讲“形式”、讲“文采”，但决定一篇评论质量好坏的最重要因素，不是形式也不是文采，而是评论的观点和见解，是思想含量的多与少、观点见解的深与浅。

“鸭子凫水”也有个往哪里“凫”、怎么“凫”的问题。大千世界纷繁复杂，网络时代信息爆炸，评论员即使是一刻不停地思考，也不能把所有的新闻都思考一遍。因此，选择什么问题进行思考、往哪些方向进行思考，就显得非常重要。对评论员尤其是党报评论员来说，一定要思考那些对国家和社会发展有着重要影响、社会公众广泛关注的重点、热点问题，这样才能聚焦大局大势、围绕主流主线、贴近民情民意，思考才能更有价值。我们常说，评论员要经常“想省委书记之所想”、要“站在天安门上思考，回到田埂上写作”，说的就是这个道理。立时代潮头、想国家大事、发思想先声，这是评论员“凫水”的出发点和落脚点。

不光评论员是这样，记者、编辑亦当如此。现代社会，生活节奏很快。每个人都乘着疾速前行的时代列车飞奔。越是这样，新闻人越要做背着手“踱方步”的思考者，停下脚步、静下心来，思考一些重大问题。我“思”故我在，我“凫”故我行，我们的新闻作品才能更具思想含量。

全员都要有编辑意识

——“采编一体”再审视

最近，我一直在考虑一个问题：全媒体时代，如何强化全员“编辑意识”，进一步打通新闻采编？

2016年以来，我们集团连年在中国新闻奖评选中获得好成绩，除了策划、采写、制作等方面工作突出，背后的重要原因还在于有一群编辑的默默护航、无私奉献，在于大家在内容生产过程中更加重视编辑环节的工作。再者，回顾这几年精品生产，我们还可以清楚地看到：在全媒体时代，全员编辑已经成为媒介融合的现实必须；增强全员编辑意识，已成为媒体内容生产、精品生产的当务之急。

从媒体没有“总记者”说起

有个现象耐人寻味：在新闻类报纸、杂志、网站、客户端，负责采编业务的领导往往叫总编辑、副总编辑，为什么不叫总记者、副总记者呢？实际上，这是由编辑工作的重要性质决定的。

一般来说，在新闻媒体中，编辑工作负责对新闻稿件、新闻素材进行判别、筛选、整合、修改和审核，涵盖对新闻生产的策划、组织、加工和传播全过程，以确保新闻报道的真实性、客观性、时效性和高质量。编辑工作需要与采写工作密切合作，共同完成新闻报道传播的全过程。新闻编辑与值班编委、总编辑等共同构成新闻编辑体系，对新闻报道的策划采写、出版呈现全面负责和最终负责。

由于编辑工作往往具有幕后性质，绝大多数时候都不容易被受众所察觉，但这绝不意味着编辑工作不重要。相反，媒体的内容正是由编辑体系按照编辑思想组织落实的，许多新闻佳作也正是通过画龙点睛般的编辑加工才成为精品的。我们的新闻报道经过“三审三校”，大多都体现了编辑工作的印记。

毫不夸张地说，编辑体系是意识形态阵地安全的“压舱石”，优质的编辑服务是内容产品高质量输出的强大保障，编辑工作在整个新闻生产流程中起着至关重要的作用。

在全媒体时代到来前，不管是学界和业界都有人倡导打通采编界限、实现采编一体。对于优秀新闻人，我们也一直抱有精通“十八般武艺”的期许。应当承认，过去“采”与“编”事实上长期处于相对分离甚至互为分割的状态，“记者”与“编辑”的身份界限也十分清晰，“非此即彼”的情形要远多于“身兼彼此”。不管是在媒体内部还是在行业之外，记者是记者，编辑是编辑，两者的身份界限、业务区隔都泾渭分明。

全媒体时代的到来，终结了上述局面。一方面，采编业务的相互交融随着媒体融合的不断深化成为必然，两者的融合化、一体化趋势十分明显；另一方面，新闻从业人员的身份界限也在不断淡化和模糊，“既采又编”“亦采亦编”“自采自编”成为常态。正因此，有媒体老总响亮地提出：“新媒体时代，不会做编辑和主播的记者不是好记者！”

从我们新华日报全媒体部门来讲，除了报纸的新闻版面稿件交由专门的编辑部门编辑，其他各类稿件实际都是采访部门自己在编辑，比如采访部门负责的周刊、新媒体频道、微信公众号，以及给外部各类渠道平台的投稿，都由本部门自己编辑。换句话说，编辑不仅是编辑出版部的事，也是所有采访部门的事；不仅是编辑出版部的编辑在做编辑工作，越来越多的记者也在做编辑工作；我们不仅需要大批高水平的专业编辑，也需要大力提升一线采访人员的编辑意识、素养和技能。

由此可见，在全媒体时代，随着媒体阵地的延展，编辑工作必然进行延展，并且以两种方式延展：一种是编辑工作延展到各类平台、各种端口，另一种是编辑工作延展到全体人员，只有全员都会编辑，才能满足全媒体时代内容生产的数量、质量和时效要求。编辑工作的全面延展，是应对媒体生态变革、更好地落实编辑职责的必然。在这种情况下，“采编一体”被赋予新的理论和实践内涵，成为全媒体时代从媒体组织到从业个体都需要正面以对、调适以从的重要命题。

“名编”比“名记”更难培养

现在，我们集团名记者比较多，名评论员也不少，但真正在业内叫得响的名编辑还是凤毛麟角。“名编辑”比“名记者”更难培养是不争的事实。

同时我们还看到，集团近年来在内容生产方面险情不断，说明我们整体的编辑把关能力还参差不齐。我也听说过，有的同志把稿件编坏、改坏的事儿。那么，编辑工作的质量、编辑功夫的高低，究竟体现在哪些地方呢?

在我看来，一个合格的编辑应当做到以下几点：

一是编辑思维前置。古代有个“胸有成竹”的典故，说的是北宋著名画家文同，每次画竹子时心中先就有了竹子的形象。编辑工作虽在后道环节，但实际应该萌发于新闻生产的前端，而不能看菜下饭、就稿编稿。我们采访、编辑一则新闻，只有从策划前端开始思考，先想想为什么要搞这个策划，为什么要做这个选题，做到心中有数、有的放矢，才能让采编工作“一条龙”贯穿到底，才能在编辑环节游刃有余、信手拈来，高质量完成稿件编审和提升工作。编辑工作是否高明，首先体现在是否具备系统思维，是否能够将编辑思维前置，是否能够知其然更知其所以然。当然，这个要求是比较高的，但我们的部主任和骨干记者都要具备这样的素质。

二是舆论导向把关。这个道理很简单，我们说“三审三校”，编辑审校的第一项任务就是审核导向。这个问题，在人人都有“麦克风”，人人都能表达观点、输出情绪的时代，变得尤为重要。一篇稿件能不能写、能不能发，稿件中有哪些提法不正确、不妥当，稿件发出来后有什么社会效果、会不会引发不良舆情，等等，编辑都要进行认真把关。写稿时这些要把关，编稿时尤其要把关。特别要注意，有时候一篇稿件本身没有问题，但几篇摆在一起可能就会出现问题。这里，往往有个版面语言问题，有个前后连贯问题。所以我常常提醒，整个版面要一起看，前后版面要连贯起来看，甚至当日的版面要跟以前的版面对照着看……“版面也是政治”，对一些重大报道，版面不能照搬照抄，要具体问题具体分析。尤其是值班编委、主任不仅要单篇把关，也要有系统思维，在整体上把好关。

三是新闻价值挖掘。在信息泛滥的舆论生态下，读者用户缺乏的不是信息，而是真相、是观点、是思想，是穿越时空的内容价值。我们常常听到有的稿件被编辑从几千字的长篇大论改写为短短几百字的消息，也有从消息中的一个细节放大采访为一个大稿，最后都获得了意想不到的良好效果。高明的记者、编辑，拿到一个线索、一篇稿子，就能迅速锁定它的新闻点，找到它的需求点、触发点、兴奋点、共鸣点，找到它最具新闻含量的内容，找到最适合的报道体裁和表达方式。比如，今年初省委主要领导刚到江苏履新就去了雨花台，我们新媒体用的是通稿标题《筑牢信仰信念　凝聚奋进力量　努力创造无愧于历史和人民的新业绩》，相对来说，上观新闻的标题《履新第二天，省委书记赴雨花台缅怀革命先烈……》，其传播效果比通稿好得多。我们讲全员要做编辑，记者写稿时、成稿后不妨也从编辑角度多斟酌、多完善，让我们的稿件更具价值含量。

四是报道事实核准。新闻第一要求是真实，没有真实性，新闻就失去了生命。准确表达是确保真实性的基本要求，准确性不够，真实性就要打折扣，稿子写得再好效果都不好。在这方面，我们一直要求记者是第一核实人、把关人。编辑尽管没有参与前端采访，但对稿件真实性和表达准确性有核实的义务。有的稿件很可能由于记者采访不到位，或者采访对象提供材料有误等原因而存在失实。还有，现在自媒体高度发达，以 ChatGPT 为代表的人工智能创作崭露头角，对这些内容的参考借鉴都可能产生失实问题。我们编辑稿件时，对那些明显违背常识、违背规律、违背道理的内容，就要及时发问、及时澄清，杜绝问题稿发布。没有参与采访，却能看出记者看不到的稿件失实，这才是编辑工作的高明之处。

五是稿件构思调整。不消说，记者写稿往往要数易其稿，必要时不惜推倒重来。而编辑稿件是二次加工，也是一个“再创作”，既有小修小补的小工程，也有大调大改的大工程。编辑稿件时，要敢于做大工程，乐于做大工程。构思调整，帮助原稿作者一起想出更好的架构，这是大工程，也是需要有能力、不怕麻烦才能做得到的。比如，什么内容放第一段，什么内容放第二段；哪些方面素材还要加强，哪些方面过于细碎；段与段之间、句与句之间如何更好衔接、更好过渡，等等。我们讲国家需要大国工匠，报社也需要“工匠”。敢做、肯做“大工程”，这也是优秀编辑的重要特质。好的编辑就是要把记者写的稿件“视如己出”，努力将其雕琢成精品。新华日报徐勇同志所编稿件《螃蟹养在太湖里，没想到代价这么大》，获得第 28 届中国新闻奖二等奖，就是本着冲击精品的态度，在原作者的稿件基础上做了“大手术”，改了十几天，这种精神和做法令人敬佩。

六是表达呈现润色。相较于文章构思、框架的梳理调整，表达方面的润色算是小工程了。但小工程也要大功夫，有些文字的润色，特别是大小标题的修改，能够起到“画龙点睛”的作用，哪怕是寥寥数字甚至一字之差，都能让新闻稿件立时生色不少，这就体现了编辑的功力。比如，前段时间我们记者专访了深地科学与工程专家王勃，稿件主标题是《服务国家需求，矢志不渝攀登科研高峰》，这个就比较笼统，没有亮点；编辑改为《心有猛虎　细嗅蔷薇》，抓住了人物的性格特点，从侧面入手，读者反响较好。再比如，有篇稿子原稿标题是《短期“阵痛”换来长期畅行（肩）——江苏加速推进高速公路扩容》，见报标题为《“主动脉”上“动手术”，加快高速公路扩容——“十四五”期间我省计划完成改扩建450公里以上、开工6个项目（副）》，生动形容和突出了改扩建工程的意义。除了文字，新媒体报道的编辑中，还要注意创新呈现形式，怎么表现更能增强传播效果，这也是很有讲究的，有的提前就要介入。以今春交汇点首页的一款产品为例，值班编辑策划的互动SVG产品《当春，乃发“声”》，从声音入手，选取令人振奋的环境音作为切入点，折射出我国经济发展的巨大韧性和潜力，让人眼前一亮。

当然，编辑毕竟不是作者，编辑修改必须发挥原稿作用，放大原稿特色，而不是一味硬改。有的同志跟我反映，我们少数编辑存在惯性思维，编辑文风不活，本来稿件很有个性，但在编辑过程中却变成了模式固定的“标准体”，存在“削足适履”“过度编辑”的问题，这一点值得我们重视和反思。

对精品之“标”，找本领之“差”

进入全媒体时代，要求更多新闻人在“专才”的基础上变身“全才”，全面掌握“采写编评”四门手艺，并且争取在其中的某个方面超越同侪、卓然成家。

对照全媒体精品生产中的更高参照、更高要求、更高标准，我们集团的编辑板块、编辑工作，特别是在全员编辑方面，还存在一些比较明显的短板，本领不足的问题比较突出。具体有以下几种表现：

对编辑工作认识不到位。一方面，在集团队伍建设中，“重采轻编”的历史惯性客观存在；另一方面，在新的媒体生产格局中，对全员都要重视编辑、全过程都要注重编辑的认识还尚未形成。比如，深读版稿件是我们着力打造的重点，但记者很少考虑新闻图片，需要后道编辑配图，这是记者的编辑意识不强的典型体现。现在全媒体部门既负责报纸供稿，也负责新媒体和微信公众号供稿，除了要写稿能力过硬，更需要有新媒体编辑思维，包括新媒体标题怎么抓人眼球？什么样的编排更方便用户阅读？最核心的观点和信息如何醒目展示？等等，都是我们在写稿同时要认真思考的。

把握大局不够准确全面。编辑工作与采写工作都有把握大局的责任和义务。编辑工作负责最后的筛稿、把关，尤其要强调胸怀“国之大者”，服务“中心大局”。对于前方记者发来的稿件报道，要及时地联系时代背景加以印证，快速判断稿件的新闻价值和舆论导向。但我们有些同志对中心大局关注不够，对中央和省委的工作意图领悟不深，对省里出台的各类政策方针了解不够，简单把自己等同于一般的“文字匠”，新闻本位主义和稿件文本主义比较突出，缺乏从政治上、大局上考虑和处理问题的习惯性、敏感性，以致所编辑的稿件难以很好围绕中心、服务大局，少数稿件引发质疑甚至舆情。

社会热点和舆论感知力缺失。关注社会热点和时事动态，才能够及时了解公众关注的难点、热点问题，了解时事趋势，加深对社会问题的理解。当出现负面舆情时，能及时对公众表达情感的语言、表述方式、表情符号等进行敏锐地预判，积极引导公众情绪。此外，还要根据市场需求和读者喜好，对稿件进行恰当的调整和优化。有的同志习惯于按部就班，甚至“两耳不闻窗外事”，自然不可能抓到点子上、抓到要害处，甚至引发认知和理解上的偏差和错误。

基本功相对薄弱。有些同志自身基本功不牢，不具备扎实的语言文字功底，不具备较强的逻辑思维能力，因此无法让稿件更加通顺精练、生动有力，使标题的修改制作更富创造性；无法准确把握文章的结构和思路，发现并解决其中的逻辑问题。制作标题、调改结构、整合稿件都显吃力，有时还会因理解不当导致改错、改坏。还有的编辑把原本基础较好的原题大笔一挥、删掉重做，结果改出来的更空、更虚，还不如原来的。比如今年9月上旬，我们有篇稿件《淮盐管够背后的苏盐“保供战”》，开头记者弄了个最新由头，结果给初审编辑删了，一上来就是8月份的事，二审看稿时很诧异，结果一查大花脸，才真相大白。

跨行业专业素养不足。现今，社会分工越来越细，专业设置越来越杂，各门学科间的互相交叉、渗透也越来越多。在稿件编辑中，如果看不懂而自以为是删改稿子，往往容易招惹笑话。我也听说过，有的很有希望冲击大奖的作品反而被不懂专业知识的编辑改坏了。新闻报道包罗万象，编辑稿件时需要具备相关领域的专业知识，才能够准确判断文章、稿件或其他内容的质量，提出有建设性的修改意见。

全媒体融合素质不够。表现在报纸编辑不能很好地适应新媒体环境下的数字化思维，不注重嫁接新媒体的特点来创新形式、创新表达，不擅长吸纳新媒体的优势来丰富、更新编辑理念与方式方法。相当多的报纸编辑不会处理图片、编辑视频，不会制作二维码，甚至有些人还没有养成每天打开新媒体的习惯，对于新媒体稿件不太关注。新媒体编辑则文字能力相对较弱，也缺乏报纸编辑那样“深挖一锹”的能力。有的记者文字稿还可以，但如何适应新媒体特色还显得不足。前几天“南京一头野猪横渡长江”的新闻，用视频反映会比较好，但有的报纸没有放二维码。当前，随着受众阅读需求变化和新媒体的冲击影响，编辑工作的手段创新与能力提升显得尤为迫切。

学习能力和热情不高。这既是不足，也是造成上述五个方面不足的原因。时代在快速发展，情况在不停变化，只有不停学习才能跟上时代的脚步。无论是记者还是编辑，必须始终注重学习。既要学政策文件、理论知识，也要学专业领域的知识；既要学文字写作知识和技能，也要学新媒体编辑制作的知识和技能。当然，还要时刻关注社会的发展变化，掌握社会热点和群众关注点。有些单位、部门学习研究氛围不浓，对政治不敏感，对经济社会热点不敏感，对业内动态、传播前沿也不太关注，导致编辑工作做不好甚至出问题。

敬业精神有待加强。部分同志在编辑稿件中责任心不强，作风漂浮、心态浮躁，当“差不多”先生，缺乏工匠精神，缺乏精品意识，存在敷衍、应付现象。有的同志静不下心来，看稿、改稿、编稿搞大呼隆，不逐字逐句地认真推敲，导致误改、漏改甚至错改。有的同志对待政治把关不严肃，导致出现偏差与失误。有的同志删稿不注意回头看，结果标题涉及的正文内容被误删，导致标题与稿件内容不一致等。编辑工作要求是严的、细的、实的，是靠谱的，是让人放心的，是对工作极其认真负责的。应具备高度的职业操守和责任感，对待每一条稿件、每一个版面或页面都应力求做到最好，来不得半点马虎，容不得一丝疏忽。

沟通意识和沟通能力欠缺。任何人都不可能什么都知道，什么都精通。编辑同采写人员保持良好的沟通，经常对标对表，才能更好地理解稿件内容，进而进行更有针对性、更有创意新意的修改。编辑稿件碰到存疑内容时，不能想当然，不能凭自己的认知简单处理。但有些同志编稿时很少与前端负责采写的同志进行沟通，有的是持“多一事不如少一事”的态度，有时是因为职责划分不够明确，还有的则是不愿意与人沟通，或者缺乏有效的沟通机制。最终，因对内容和背景把握不到位而不能将稿件编到位。我听说，很多时候编辑和记者的沟通是“键对键”的文字沟通，有时候是“只闻其声不见其人”的电话沟通，复杂的稿子如果没有面对面沟通肯定很难到位。

创新意识不足。在编辑工作中，只有勇于尝试新的思路和方法，才能更好地提升内容质量和产品吸引力。目前相当一部分编辑没有采写经历，十几年甚至几十年看稿、改稿，简单重复、流水作业，停留在按部就班的工作惯性里，习惯于固定的思维模式。有的记者在编辑稿件时，由于见得少、编得少，同样限于自我习惯中，缺乏对问题的多角度审视与思考，缺乏思维方式的改变与创新。比如，今年以来荔枝新闻、现代快报的全网推送稿件较多，但我们的全网推送少，其中一条重要的原因是标题不“亮”。还有，我们的报道上微博热搜的总体偏少，我们是否及时设置了微博话题标签？所发布的内容是否和微博平台相适配？这些都与编辑创新不够有关。

“全媒型编辑”如何炼成

高超的编辑功夫不是轻轻松松、简简单单就能培养出来的。要想在推进全员编辑中不断提升编辑能力，打造一支高水平的全媒型编辑队伍，我们必须练好三项“功”，打好三张“牌”，具备五个“心”。

首先，我谈谈如何练好三项“功”。

“政治功”。编辑方针是一个媒体所应遵循的基本方针、所应贯彻的基本意图，最根本的是要用马克思主义新闻观指导办报办媒的一切实践。而落实马克思主义新闻观，把握正确的编辑方针，关键在于练好“政治功”，在于不断提升政治判断力、政治领悟力、政治执行力。政治“三力”中，前面两力最难。这个功怎么练？就是始终胸怀“国之大者”，始终把讲政治摆在首位，始终从政治要求来看待业务工作，自觉养成思维习惯、工作习惯，自觉同党中央保持一致，自觉根据工作需要不断提高理论修养、政策水平。

“知识功”。新闻是对事实的报道，新闻编辑工作说到底是在处理事实。离开对事实的把握，新闻就可能失之偏颇。这就是编辑工作最基本的准则。与采写者不同，编辑者往往不在现场，没有亲历新闻事件，没有掌握第一手情况，如何能够处理好事实？靠的就是知识储备、常识判断。党和政府的政策方针自然必须掌握。除此之外，要有广博的知识，因为我们所编辑的稿件通常不会固定为某方面内容，真正是要上知天文、下知地理，既要做专家、又要当杂家。还要看到，我们现在的内容产品有的不局限于新闻，比如几大周刊，需要更多的专业知识和理论素养，要通过专业化、高质量的编辑工作，打响新华报业的品牌形象。全员编辑，无论是对专业编辑，还是一线记者，都提出了更高的知识要求。因此，必须练好“知识功”。这也没有捷径，有捷径就不是练功了。要多看书、看好书，既读政治书、业务书，也读经典、“杂书”，通过一切可以学习的途径学习、积累。

“文字功”。前阵子，我看到有个材料说，韦君宜在人民文学出版社当社长时，就大力倡导编辑们“一手编，一手写”，影响了不少人。编辑做把关工作，也做提升工作。编辑对一篇稿件进行有效甚至是脱胎换骨式的加工改造，前提是他自己也是写稿的高手，具有很强的文字基本功。我们极少看到自己文字功力不行而能帮别人改好稿件的。我这里说的“文字”，不仅仅是遣词造句，而是包括文章立意、结构、行文、标题等各方面，是总体的文字写作和处理能力。编辑的“文字功”从何练出来？那就是学、改、写。学，就要学习老编辑如何编稿；改，就是自己多拿稿子试手改一改；写，就是多体验多感悟如何写稿子，这个方法要多用。这三个方面记者、编辑都要经常练，做到写编相长、编写互促。可以说，脱离写的编辑不是一个称职的编辑，不会编的记者也难以成为好记者，这就是我们提倡采编有序轮岗的重要原因。当然，全媒体时代我们还需要与文字基本功相对应的多媒体编辑功夫，要跟踪新技术、掌握新技能。

接下来，我谈谈如何打好三张“牌”。

“立己牌”。编辑工作是新闻工作的中间环节，具有自身的特点和要求。无论是专业编辑，还是记者做好编辑工作，都要注意修身立己，做到“三要”：要能立得起，这是指我们的能力要强。孟子曰：“贤者以其昭昭，使人昭昭。”要给别人一碗水，自己得先有一桶水，前面我们已经概括为练好“三项功”；要能坐得住，这是指要甘于寂寞。编辑工作更多是当幕后英雄，这就如同做学问，要沉下心来坐冷板凳，如果浮躁难耐，总想新闻出镜、稿件挂名，那就很难履职尽责；要能放得下，大多数时候编辑工作无名无利，或者少名少利，要求我们淡泊名利，在耕耘文字、编排稿件中寻找乐趣。

“渡人牌”。编辑工作服务前端采访，非常重要的一条是加强采写与编辑的互动和联动。一条新闻、一组报道、一项策划的编辑成效，最关键的还得看两个环节之间沟通互动的效率、效果。在好新闻的采制过程中，如果说记者是主体，编辑就该是主导，既要充分发挥好记者的主体作用，也要很好地发挥编辑的主导作用，真正做到采编互动、互励、互补。我们获中国新闻奖的作品中有不少就是在编辑与记者不断沟通、不断碰撞、不断深化提高的过程中实现的。后方编辑要深刻地理解一线采写的辛苦，理解记者赶稿时的焦虑。记者在编辑他人稿件时更要以感同身受的同理心多加理解，尽可能在和风细雨般的交流沟通中相互成就。

“共情牌”。作为全媒体时代的记者、编辑，要牢固树立“用户思维”，具备明确的营销意识，拥有为读者服务、与用户共情的能力。这种共情，不仅是与读者的共情、与用户的共情，还有与家国的共情；这种共情，不仅体现在策划选题、选稿、用稿、组稿、编排的全过程，还体现在大小标题制作、色彩运用等具体细节上，注意从用户的关切点上挖掘内涵，注意根据受众的口味兴趣进行“拿捏”选择，注意考虑读者的阅读心理和习惯，注意从方便、易读的角度出发，设法找准与读者心灵碰撞的那个“点”，通过多种编辑手段，通过硬新闻的软处理、重题材的轻量化表达，把作品、产品改造成为读者乐于消费的信息商品，让用户心有所感、品有余味，从而拉近报道与受众之间的距离。

最后，我再讲下如何做到五个“心”：

以细心筑牢防线。说到编辑工作，我们头脑中往往首先冒出的一个词，就是“细心”。俄罗斯有句谚语，笔写下的，斧头砍不掉。这表明了文字工作的特殊性、编辑工作的严谨性。“一失万无”，内容安全是我们事业的生命线。党媒性质不允许我们不细心、不细致。编辑工作是至关重要的终端把关口，一定要像绣娘一样心细如丝，以严肃认真、严谨细致的态度，对待每一个版面 / 页面、每一幅图片 / 图表、每一篇稿件 / 跟评，精雕细琢，查危排险，不放过每一处“陷阱”、每一个“地雷”。否则，稍有不慎，就有翻车的可能。要牢记“小心翼翼、如履薄冰”这八个字，以“时时放心不下”的责任感和“眼睛睁得大大”的敏锐性，以百倍的谨慎、千倍的小心，努力当好把关者、守门人。实践证明，正是因为缺乏足够的细心，我们的一些报道引发舆情，一些参评好稿被取消资格或降低获奖等级。

以疑心发现问题。对党媒编辑工作来说，没有免检产品，也没有免检记者。所有记者、编辑都要有慎之又慎、认真把关的态度和精神，有一颗勇于质疑、敢于质疑的心。我们要努力将眼睛瞪得大大的，不迷信专家、不迷信权威、不迷信书本。要永远带着问号去看稿、去思考，看导向有无偏差？看新闻事件是否真实？看稿件有无泄密，是否符合相关政策？看稿件语法、文字、逻辑是否有误？比如说，引用不妥、排序不对、名称不符、标题表述及引用数据与文内不一致，等等，从而尽可能挖出埋在里面的“地雷”和“炸弹”。要时刻保持怀疑的态度，遇到疑点既不想当然地根据经验主观臆断，也不擅自修改，而是主动与记者对接沟通，主动查阅工具书和资料库，努力争取所编稿件真正做到“高质量”“无差错”。

以热心服务一线。编辑工作归根结底是服务性工作，无论是当专业编辑还是记者当编辑，都应有火一样的热情，无论是对记者、对通讯员，还是对工作、对同事。都要有热心为他人作嫁衣的境界，要有热心乐当“裁缝”的胸怀，当然，更要有把货值 1 000 元的“面料”做出价值 10 000 元的“成衣”的本领。来稿犹如裁缝手中不断摩挲着的面料，而编辑工作，则犹如服装的量身定制，排料、划粉、缝制、复查……一样不能少、不能懒，做到“文过我手无差错”“稿经我编能添彩”，无私地帮助好作品这个“新娘”穿着漂漂亮亮的嫁衣出嫁。

以精心成就精彩。“好厨师手下无废料，好编辑手下无废稿。”一个高明的厨师无论拣菜、切菜、搭配，还是烹制、调味、拼盘，每一个细节都能用心、用技、用情，最大限度地挖掘原料的精华，激发味蕾的“爆点”，手起刀落、颠锅翻勺之间，一道道色香味俱全的“舌尖美味”就新鲜出炉，让人食之有味、食之难忘。同理，编辑工作的成功要点，也是将那些本不那么优秀或本就普普通通，甚至是等外品、残次品的稿件，通过集纳、分解、切割、整合、修饰、润色等工序，转化为优秀之作，为读者呈上一道道精神佳肴。要做到这一点，关键就在于我们要有强烈的精品意识，精巧加工、精心打磨、精益求精。

以慧心创造增值。我们做记者、做编辑，不仅仅要懂判断、会掂量、知轻重、辨真伪，还要有一颗善于“点石成金”、工于谋篇布局、长于创意策划，精于“思”和“想”的“慧心”。一个选题，是做还是不做，是做大还是做小？能否挖出最佳细节？一篇稿件，好在哪儿，不好又在哪儿？哪些还须进一步打磨？落点、角度是否要做出相应调整？如何将稿件撰写得更有深度，是否还得补充采访？如何更好地构建报道，可以增添什么，又可以删减什么？这个选题是否可再深挖再拓展一下？由此能想到一个什么新点子？这一切的一切，都需要凭借慧心去做判断、筛选、参谋、点睛。自己写稿子是这样，编辑他人稿件也是这样，不仅仅突出原稿的特色、亮点，还要尽可能通过进一步的策划、构思、润色以及拎标题等，进行再开发、再创作、再提高，实现原稿所不具备的增值。总之，在互联网信息鱼龙混杂的情况下，主流媒体全体采编人员一定要练就过硬编辑功夫，通过富有创造性的工作，把牢导向、创造价值，为读者用户提供更好的内容服务。

最近读到一篇文章，讲到原长江出版集团总编辑周百义与作家二月河的交往故事，说他们之间“更多地体现的是一种相互的理解与欣赏，扶持与鼓励，彼此互为职业生涯的陪伴者和见证者”。这句话说得很到位，我很赞成。隔行不隔理，在我们媒体内部，记者和编辑的关系也应该是这样。相互欣赏、共同提高、彼此成就，这对个人、对单位、对读者都是好事。

夯实“全员编辑”的制度根基

最后，我还想就如何在制度层面增强全员编辑意识再谈几点看法。

一是组织采编轮岗。要持续加大“采”与“编”之间的轮岗力度，通过对编辑出版环节的沉浸式体验，让大家在实践中感受编辑工作的特点，体验编辑工作的作用，强化记者的编辑意识和精品意识，在理解、熟悉编辑工作中全面提高业务水准。

二是推行“编辑前置”。前面讲到了编辑思维前置，今后我们要通过制度性安排把这个要求落实到具体行动上，让编辑提前参与选题策划，了解选题策划，这样可以为后续编辑工作提供便利、提高质量、提升效率。

三是强化编辑业务研讨制度。我们一直比较重视采写方面的业务研讨，今后编辑方面的研讨也要重视。我了解到，全媒体编辑出版中心组建后，推行了“党报好标题荐读分享、点评学习制度”，效果就很好。各采访部门内部要举行编辑业务研讨，并与编辑出版部适当地开展业务交流。

再过15年，我们将迎来《新华日报》创刊100周年。“一百年”既是时间刻度，又是成长标高。百年大报呼唤大编辑、名编辑，呼唤全媒型、创意型、复合型的优秀编辑，也呼唤更多同志成为既会采写、制作，又会策划、编辑的新闻能手、新闻大家。希望大家以“百年大报”相期许、与“百年大报”共成长！

（2023年12月6日）

一线感言

周贤辉，新华日报全媒体编辑出版中心主任，高级编辑。享受国务院政府特殊津贴。省“紫金文化人才培育工程”文化英才、省“五个一批”人才、江苏省“333 高层次人才培养工程”培养对象。6 次获得中国新闻奖，其中 2013 年 1 月 21 日《新华日报》A3 版获第 24 届中国新闻奖报纸版面类一等奖。

“编辑前置”大有可为

全媒体时代，全员都应当有编辑意识、编辑素养，这是融合大势之所趋、事业发展之所需。由此我也想到，作为职业编辑，我们该怎样自觉顺应“全员编辑”的新趋势？

如果把报社比作足球队，那么编辑便是其中不可或缺的守门员。长期以来，编辑“只为他人作嫁衣裳”，而随着现代报业不断走向深融，报纸强品牌、促融合的现实需要，对编辑提出了更高的要求。越来越多的媒体积极推动“编辑前置”，将优秀的编辑推至前锋线，化身新闻创意的策动者、实施者，优质内容生产“临门一脚”的完成者、得分者。

在媒体融合大背景下，把关意识及创意创新能力强的编辑参与新闻策划，可以有效提升新闻深度和广度，推动报纸与多媒体平台互动整合，提升纸媒的声誉和影响力，更能击破有人戏言的媒体融合中“报纸跟着网络走，网络跟着‘水军’走”的怪圈。

去年全国两会前夕，我轮值值班长，负责为两会预热输送好点子、好创意。在翻阅学习省委主要领导到任江苏以来的报道时，突然眼前一亮：主要领导在春节团拜会上一段关于“今年江苏春来早”的表述，不就是很好的切入点吗？多轮头脑风暴之后，我以“声”为创意之眼，策划推出了“奋进江苏‘声’动春天”系列融媒报道。报道贯穿会议始终，涉及 7 个全媒体采编部门。从方案制定、采写统筹、内容编辑到版面落实、海报制作、视频剪辑等全媒呈现，统一由终端扎口，实现了多形态、大影响、好效果。

这些年来，随着顶层设计不断完善，新华日报编辑出版终端充分发挥编辑总体观优势，以主动策划为引领，积极探索“编辑前置”，推动编辑职能前移，主动“越位”争先，向内容生产的“上游”挺进。新华日报“自后而前”的终端策划效应日臻彰显，也为精品生产开拓了新路。《十年双面锈——一带繁花一路歌》《江河湖海　见证担当》《因为有你　山河无恙》等创意作品都取得了良好传播效果，让人耳目一新。实践表明，“编辑前置”大有可为，也一定会大有作为。

变“我要宣传”为“他要宣传”
——增强主动服务意识

近期我到一些设区市，与有的领导进行交流时发现，地方对主流媒体的宣传需求有所减弱，由过去他们主动热切要求宣传，慢慢转变为不太热衷或者可有可无，甚至有时出现我们要他们做宣传的情况。

实际上，我们编辑记者也深有感受，不少人提到过去记者地位很高，人家对我们也很重视、很热情。现在不一样了，不少单位对记者采访不太感兴趣，个别单位甚至不愿意接受采访、报道。对于这个变化，我们应当引起重视，积极加以应对。

造成这种局面的原因很复杂，有社会观念的变化，有利益格局的变化，有我们沟通能力与业务素养的缺失，也有媒体生态的变化。比如，现在商业媒体和自媒体高度发达，不需要主流媒体参与也能在宣传上玩得转……基于这些变化，最近我一直在想一个问题，如何激发他们的宣传愿望，再现主流媒体荣光，让服务对象对宣传服务的态度发生新的改变，由“我要他宣传”变为“他要我宣传”。

换一个视角看宣传

这里要先明确一下，我这里说的“宣传”是个大的概念，既包括狭义的新闻宣传，也包括各类媒体服务，就是让服务对象变被动为主动，主动要求我们为他们服务。用“服务思维”来看宣传，我们的工作格局就能得到很大拓展。

为什么要变“我要他宣传”为“他要我宣传”，我感到有以下几方面理由：

一是服务中心大局的需要。围绕中心、服务大局并不只是单向宣传中央和省委的决策部署，更要反映地方和条线的贯彻落实情况，包括创造性、有特色的举措，宣传社会方方面面的反响和行动。如果大家的宣传积极性不高，就容易变成上级机关“唱单簧”。这样的宣传是不利于中心大局的，只有你呼我应、上下联动才是有生机有活力的宣传，才能找到更好的新闻素材，提升内容产品的质量，才能更好地服务中心工作，推动党的决策部署落地生根、开花结果，才能更好地推动社会方方面面的健康发展。当然，这也是更好地服务我们的服务对象的题中应有之义。

二是推动经营拓展的需要。报业传媒的发展依靠广大读者和用户，这是最基本的道理。如果大家都不在乎宣传，不大在意媒体服务，我们就没有生存的土壤了。特别是对我们这样扎根地方、深耕地方、服务地方的主流媒体，做好宣传和服务既是在履行社会职责、应尽义务，也是在创造合作机遇、推动自身发展，是经营拓展中的主要“得分手段”。从这个意义上讲，满足服务对象的需求等同于做大媒体市场。

三是加快媒体转型的需要。在当下的环境和条件下，媒体既要完成党委政府交给的使命，又要自谋生路、自我造血、自我发展。因此，不仅要把自己当成党的新闻舆论工具，也要把自己当作服务型文化创意公司。这个转型越积极、越主动对我们越有利，越能把握自己的命运。所以，要在满足和引导包括新闻宣传在内的各类需求中，不断提升我们的服务能力和服务水平，转型成长为适应未来媒体生态的文化创意公司。

四是应对外部形势的需要。要充分看到，当前经济正在回升向好，但也面临着一些困难和挑战。还要看到，中央媒体积极展开布局、推动服务下沉，同地、同城媒体越来越“卷”精细化服务，自媒体也纷纷强化垂直细分领域服务。对此，大家一定要有忧患意识，想方设法调动服务对象主动宣传的积极性，稳住我们经营拓展的基本盘。

直面自身问题和不足

服务不仅响应和满足需求，也能引导和创造需求。服务如果不到位、吸引力不够，需求就很难稳固和维持，更谈不上持续提升。就此而言，“先有需求后有服务”的想法是不对的。我们不能总是以“守株待兔”的方式去等待需求，而是要积极进取、主动出击，通过做好服务来扩大需求。

对照“变‘要我宣传’为‘我要宣传’”的要求，当前我们在宣传和服务上还存在诸多不适应的情况，主要体现在以下几个方面：

思想观念上的滞后。尽管媒体生态和市场环境如此严峻，但有的同志还没有足够的危机感，特别是近几年集团发展得较好，有些采编部门同志骨子里还认为，我们是党的舆论喉舌，主功能在围绕中心、服务大局上，主要关注点在服务时、度、效上，事业发展和经营拓展主要是经营部门的事，只要有人去干就可以了，我们按照省委、省政府要求和新闻规律做好报道就行了。这就导致了一些编辑记者的服务意识不强，难以有效吸引服务对象的注意力。

宣传报道抓不到点子上。这实际上是服务意识不强的客观表现，所谓“打蛇打七寸”，我们抓宣传服务也要抓到点子上。但在具体工作中，有些同志不是瞄着服务对象的需求去抓宣传、抓报道，而是以自我理解、自我兴趣去抓新闻宣传，结果同服务对象的要求相差甚远甚至南辕北辙，最终肯定无法让服务对象满意，他为什么还要主动请你做宣传呢？当然，还有的同志因为对形势和情况疏于了解，宣传报道也同样抓不到点子上。

服务手段单一化、简单化。有的同志对媒体服务的理解过于狭隘，认为媒体主要是做新闻宣传，只要给服务对象写几篇稿件或者制作点新媒体产品就行了，其他并不是媒体长项，用不着媒体掺和。实际上，媒体介入经济社会生活的手段越来越多样化，我们集团各类服务形态就不少。但毫不夸张地说，编辑记者中能够主动谋划和提供全方位服务的并不多。过去这种情况不怪大家，大家主要职责是写稿子、做新闻，但从现在起，所有编辑记者都要树立“大服务”的意识，真正按照“社会活动家”的定位去与服务对象打交道。

服务能力和水平有限。无论是宣传报道还是其他各类服务，做不到位、无法让服务对象满意，很大程度在于我们的能力水平还不够。除了写稿，许多服务我们不会；有的虽然也会一点，但能力水平不够。除新闻报道外，我们在其他方面的服务能力大多不是原生的，都是在从采编岗位转型中慢慢培养的，我们要看到这个劣势，更要改变这个劣势，要通过深入学习研究，尽快提升各类服务能力和服务水平。

相信“念念不忘，必有回响”

前些年热映的电影《一代宗师》里，有句很流行的台词——“念念不忘，必有回响”。这句话表达了一种很积极、很正向的信念：只要你坚持、努力，今后定会有改变、有结果。借用这句话，我想展开来谈谈：怎样改进我们的新闻宣传和各项服务？

我认为，最重要的是摸透需求、引导需求，创造价值、创新方法。要让服务对象燃起主动需求的积极性，就必须激发其内在动力。概括起来，无非是他有需要、我有价值，这样才能让双方一拍即合、合作愉快。首先必须把服务对象的需求是什么搞清楚，才能对症下药、因需施策。当然，仅仅满足需求，服务还做不大，还必须引导和激发需求。同时，基于媒体服务的特点，要想不断为服务对象创造价值，就必须始终持续创新方法和手段。

——全力打造强影响、有权威的主流媒体平台。重点是针对党报、党网、党端来讲。简单地说，就是要把我们的媒体打造成省委和省政府部署工作、发布政策的平台，市县条线汇报工作、交流情况的平台，读者用户了解政策、把握局势的平台，成为全省时政经济类第一媒体品牌，突显主流媒体存在感。对于省委、省政府来讲，所有工作都能通过我们的媒体很好地进行部署，就会更加重视发挥媒体的作用；对市县和条线来说，所有亮点特色工作都能通过媒体向上级汇报，他们对媒体的依赖程度就会进一步提升。大家议论比较多的是，各地宣传部门对在新华日报各平台发稿有考核指标。不管考核的影响力究竟有多大，我们都要进一步强化党报、党网、党端的这种功能。实际上，我们的一些栏目和频道，有的也已经呈现明显的"上下交互性平台"的效果，比如交汇点"先锋"频道全省组织部门从上到下都比较关注，我们参与的《政风热线·市长上线》等栏目影响很大。当然，这种定位和做法不能局限于

▲ 新华报业打造《政风热线·市长上线》全媒体直播节目

少数频道、栏目，而要贯穿到整个媒体平台，要当作一种战略定位、战略任务来执行，这既是我们的主要任务，也是我们的立身之本，还是我们的优势所在。要在体制内做成第一品牌，做出绝对影响，有效解决上下两端的工作需求。

这就要求我们所有的报道，充分聚焦中心大局，聚焦中央、省委关心和推进的工作。无论是寻找线索和确定选题，还是报道的采写和呈现，都要紧紧围绕省委、省政府的决策部署和关心关注来进行，不能自说自话、自娱自乐，或片面强调新闻规律、读者兴趣，对一些游离于中心工作之外的话题过于关注。不久前，我讲到省委《关于促进经济持续回升向好的若干政策措施》（也即“省委28条”）的宣传不够，今后这类宣传就要做充分、做深入、做透彻，让省委、省政府和各地各条线都能通过我们的报道对其有全景、全貌、全方位的了解。当然，在周刊和其他版面、其他频道还是要有轻松的、面向读者的内容，强化分众化阅读效果。

这里要强调的是，党报、党网、党端打造的权威平台，是面向全集团各媒体提供服务的，集团各媒体都可以使用，而且都要充分地使用。

——努力提升具有示范引领效应的宣传艺术。在具体稿件采写服务上要讲求创新、打造精品的同时，更要高度重视在版面安排、刊发传播方面的协调艺术、平衡艺术、引导艺术。我们常常讲，版面语言是一门艺术，不仅要用在服务中心大局上，也要用在引导服务对象上，要通过我们的发稿和版面调节形成示范效应、引领效应，让市县和条线感到找我们宣传是一种需要甚至是必须。要处理好政治原则和工作需要的关系，处理好新闻规律和宣传服务的关系，处理好满足需求和引导需求的关系，发挥好新闻宣传对事业发展的促进作用。新媒体的宣传服务也是这样。

具体而言，有一些原则和规律要注意。比如，在同一个版面安排稿件时注意合理平衡，根据实际情况处理强弱关系，最好不要同时同版面刊登同一地区两家单位稿件，以免服务对象过多进行比较。又如，整个报纸版面要讲求系统性，前面的新闻版和后面的周刊要保持统筹协调。再如，稿件发出来后，如何通报服务对象都有讲究。以上这些，主要是靠编委会和各平台、频道负责同志去把握的，大家务必既提高政治意识，又提升服务艺术，从集团发展大局出发妥善处理好相关问题。

——精心策划稀缺型、重磅型的特色宣传产品。媒体做宣传是专业化宣传，必须体现高水准、差异化、强特色。要想服务对象主动要求我们帮着宣传，那就要拿出他们自己包括别的媒体都做不出、做不到位的宣传报道来。用一度流行的话说，就是“只能被模仿，难以被超越”，这才是稀缺产品。前一段时间，省委主要领导对中央广播电视总台的一组报道作出批示，要求我们学习央媒四个“用心”，做出这样的报道应该成为我们的追求。我们的记者不光要经常深入基层，跟群众打成一片，也要经常和市委书记、宣传部长、厅局长等关键岗位“一把手”打

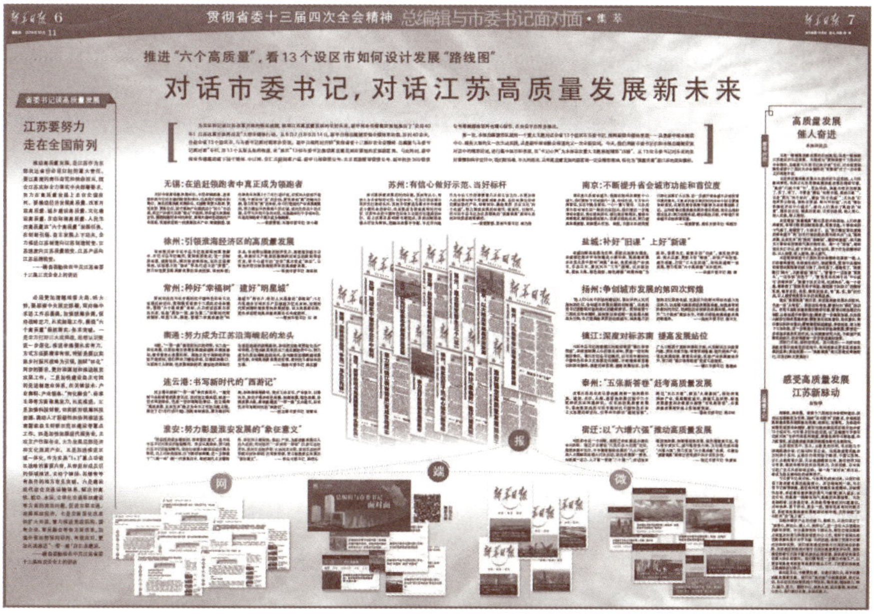

▲ 2018 年，新华报业组织的“贯彻省委十三届四次全会精神　总编辑与市委书记面对面”系列报道版面集纳

交道、交朋友，对他们的关心关切有深入了解，既要主动向他们要选题，也要通过我们的深入研究，确定让他们动心甚至高看一眼的选题。当然，在形式和制作上也要有特色、有品质。

“稀缺型”的宣传服务产品，关键在于“稀缺型”的创意和眼光。我过去讲过，在信息高度发达的互联网时代，真正独家的事实性新闻是很少的，媒体之间比拼的一定是“创意”。最近瑞幸咖啡与贵州茅台联合推出了“酱香拿铁”，一经推出就成了爆款，当日销售542万杯，销售额突破一亿元。都说“物以稀为贵”，美酒+咖啡并不稀奇，茅台+咖啡才是稀缺。这个案例给我们一个启发：真正稀缺的，不仅在于资源的稀缺，更在于眼光的稀缺，在于能够看出哪些是稀缺品。无论是做宣传，还是做服务，无论是做策划，还是做采编，都要找到差异化的特征，挖掘不一样的内涵，并通过差异化的手段、差异化的能力去实现差异化的价值。一年哪怕只打一两个有影响的战役，我们的工作就被人家记住了，就会主动上门找我们服务。

——善于谋划系统性、综合性的宣传服务项目。鉴于全民皆媒、万物皆媒的现状，单纯的宣传、单一媒体的报道，的确难以像过去一样打动服务对象。作为媒体集团，我们完全可以也应该进一步改变服务方式、丰富服务内容。要像4A公司一样，进行整体策划、全案营销。但我们策划营销的范围更大，我们要帮助市县政府部门和条线厅局，运营城市、运营行业，要做城市和行业的形象创意者、品牌策划者、发展助推者。我们要开展“集成式服务”，向城市和行业主管部门推出宣传服务的“产品包”，包括新闻报道、新闻发布、政策解读、视频宣传片、会展和活动策划承办、城市和行业包装设计、智库和舆情服务、专业调研总结、智慧城市数字城市建设等等，凡是属于传媒领域上下游链条的服务，我们都要能做、会做、做得好。特别要看到，智库产品是未来媒体服务的重点，例如新华社瞭望智库每年形成专题咨询报告百余份，举办各类公开及闭门研讨和论坛近百场。还有城市品牌的塑造，是城市竞争的热点，也是未来媒体服务的方向，我们分社尤其要在为城市当好“推广大师”中加快事业发展。媒体要做城市和行业的战略咨询和目标推进机构，持续推出以品牌为核心的系列综合策划和服务，讲故事、抓热点、做公益，给服务对象带来强烈的品牌效应。要融入城市和行业进行系统谋划，做好总体规划包括年度规划、专项规划，等等，当好市委书记、市长和厅局长的参谋助手，有效发挥媒体专长，最大限度地为城市和行业创造价值，同城市、同行业共成长。无论是分社，还是条口部门，都要有这种大气度、大谋略、大本事。集团的新消费公司参与的“江苏非遗嘉年华”“银杏里街区更新项目”等一些项目，就是新的探索和尝试。这里，很重要的是要有配套的理念、能力和机制，无论是采编条口还是经营条口，都要形成“大服务”理念、增强“大服务”能力，集团相关部门要研究配套的鼓励机制。

当然，推出系统整体服务，我们要善于调动集团整体资源去做宣传、做服务，集团的各类媒体，都要善于协同作战、分工合作。

——积极建立全领域、市场化的传播推广渠道。数字时代，流量成为媒体传播力的重要指标。相比于商业媒体平台，如何留住用户、增强用户黏性，恰恰是主流媒体的一块短板。要想服务对象主动要求服务，我们的传播效果一定要有效“破圈”，这需要我们深入研究并加强市场化的推广和运作模式，真正将内容优势、创意优势变为传播优势、影响优势、运营优势。实际上，我们的内容生产能力是比较强的，集团在中国新闻奖上取得的成绩充分说明了这个问题，但关键是要有好的传播手段，把好故事说给更多的人听。

在增强传播影响的过程中，希望大家借鉴商业平台和 MCN（Multi-Channel Network 的简称，意为多频道网络——编者注）机构的运营方法，充分扩大主流媒体的全网影响力，而又牢牢掌握自主权。这里，我们可以关注短视频带来的“指尖上”的城市形象传播。比如被誉为“抖音之城”的西安，通过短视频平台让千年古都和“新时代特色”紧紧联系在一起，成为“网红”城市。城市形象短视频的内容和形式虽然各不相同，但并非无规律可循。看起来都是网友自发在传播，其实背后都是当地政府联合“抖音”等商业化平台进行的策划推广。大家可以了解一下城市 IP“抖 in city”系列活动，这一场全国性的品牌营销，为城市打造品牌影响提供了一个新的营销模式和营销赛道，正是我们需要学习借鉴和借力打力的。在前几天集团召开的一次会议上，常州分社社长蔡炜介绍说他们利用“抖音”等平台，为常州文旅量身定制的“骑着恐龙去上班”事件营销，成为火爆线上线下的热点，全网阅读量突破了 1.3 亿，获得“人民日报”“浙江日报”等头部大号转发联动，这也充分证明主流媒体一样可以赢得超级流量，形成舆论虹吸效应。

最近，我省宣传部门去拜访上游、澎湃、极目等网络平台，这说明新华报业的宣传和服务还不能完全满足需要，还有提升空间。除了自身媒体资源，还要整合运用商业媒体、社交媒体、户外媒体、分众媒体等，用好一切可以用的资源，全方位提升传播影响力。特别是在短视频领域的布局要深入、立体，主动适应新媒体传播规律“借船出海”，借助短视频平台为我们的平台和产品导流，形成互相借力、合作共生的局面。

——有效激发传导型、比学型的宣传服务需求。在商品销售中，顾客的服务需求很多时候都是被激发出来的，比如“抖音”常用的一种套路就是，让大家在刷视频时刷到好玩的段子，最后激励你购买某种商品。在媒体服务营销中，我们也要注意讲求工作艺术。首先，要让服务对象在宣传服务需求上形成“比学赶超”的浓厚氛围。前面我们讲到，现在城市品牌形象塑造是个热点，我们要抓住机遇在城市之间形成“你方唱罢我登场”的宣传服务氛围。比如央视组织过一个叫《魅力中国城》的活动，带火了很多城市，也吸引了很多城市参与节目。央视的民俗实景体验互动真人秀《天边草原的来客》，凭借对乌拉盖风土人情的创意呈现引爆网络，很多地方收看后争先恐后想请央视围绕本地特色策划类似节目。我们新华报业也完全可以在城市之间策划组织系列“比学”“观摩”活动，形成城市之间互看、互学、互评、互比的良好氛围，从而进一步带动我们的宣传工作。

其次，在宣传服务中形成“行业圈子”比学赶超的氛围。每个行业在同一领域必然有很多竞争对手，企事业单位也是如此，我们可以将同类型的称为一个圈子，激发大家相互比拼的动能。抖音推动文旅局长们为家乡“代言”值得借鉴。在集团服务板块中，新华日报传媒公司的“新华红思享会”也是具备这种潜质的，现在成立了“江苏党建联盟”，可以在专门领域内强化这种相互启发、借鉴的意识。

大家知道，旧时代戏班子外出进行商业演出，经常要跟其他戏班子唱“对台戏”。因为彼此竞争，每个剧团都要拿出最佳阵容，演出最富吸引力的戏码，争取提高上座率，增加演出收入。在电影《梅兰芳》中，就有梨园新秀梅兰芳和伶界大王“十三燕”唱“对台戏”从而一战成名的情节。实际上，在新闻宣传中也存在类似“对台戏”效应。比如我经常关注某邻省党报的专版宣传，有时候是行业类的，有时候是地市的，有时候又是主题化的，一做就是几十个专版，规格高、规模大，这里面体现了报社的策划和创意，恐怕也有地方和行业之间的较劲。

在这里，我想讲讲集团内部“比学赶超”的问题。要想外界“比学赶超”，先要在内部形成这样的氛围，各媒体、各分社、各部门要百花齐放、各美其美。谁做了好项目，谁做了好宣传，谁得到服务对象认可，都可以在内部会议和网站上展现出来，既分享经验也提供思路，形成一月一比拼、一季一总结的机制，有亮点看亮点，没亮点红红脸，在交流碰撞中提升服务能力和水平。

——全力打造复合型、现代化的传媒服务队伍。随着传媒行业的深刻变革、媒介融合的纵深发展，新闻宣传工作的内容更加丰富，形式更加多样，服务更加多元。特别要满足和引领服务对象的需求，必然要求我们的媒体队伍进一步提升素质和能力，特别是强化“复合型”“全能型”，不仅要懂政治、懂新闻、懂传播，还要懂策划、懂经营、懂管理。

人才与媒体，是一场双向奔赴，我们需要大批兼具融媒体思维和技能的“通才”，通晓经营、管理、创作的“全才”。一要理念新，才能“玩得转”。一方面，我们前面已讲到要具备“大服务”理念，就是要适应媒体服务内容、服务方式的转变；另一方面，新闻工作者要始终走在时代前列，对新事物、新观念、新玩法都要有比较靠前、比较充分的了解，各方面都要跟上时代步伐，才能让我们的思想充满活力、张力和对服务对象的感染力。二要会沟通，才能“吃得开”。谈业务做服务，其实就跟打球一样，别人打来的球你得接得住，这样才能一来一往展开合作。这方面我们一定要提高情商，提高与人打交道的能力，会沟通、会谈判、会协商，做一个“社牛”，在沟通交流中增进感情、加强合作。三要专业强，才能“立得住”。我经常讲，本事是自己的，只要你足够专业，走到哪都能找到自己的一席之地。各厅局单位和市县“一把手”自身水平就很高，很懂宣传，这就对我们的专业本领提出了更高的要求，如果拿不出像样的稿子，写不出像样的方案，又没有一支专业的执行团队，别人就很难对我们高看。这就要求我们的记者更专业、更懂行，讲内行话、做内行事，在媒体专业化上求突破。除了新闻，搞活动策展的，搞舆情智库的，搞视频制作的，等等，都必须有足够的专业水准，才能更好地服务用户、满足客户。

最后，我还要强调一下年轻人才的培养。年轻、充满激情的人才队伍是融媒时代的需要，是集团未来的希望。既要加强知识、技能的培养培训，更要把年轻人放在事上“磨”，多启用年轻骨干攻坚克难、多打几场硬仗，加快他们的成长，让报社事业发展后继有人、持续向前。

（2023 年 10 月 11 日）

一线感言

孔德信，新华日报社新华传媒智库主任，高级编辑。江苏省“333高层次人才培养工程”培养对象。新闻作品《6397公里的守护》获得第30届中国新闻奖创意互动类一等奖。

从“6397”奔向“江河湖海”

《6397公里的守护》收获中国新闻奖一等奖后，直到今天，主创团队仍在努力寻求自我突破。有人问，作为江苏新闻界新的里程碑的代表作品，奖都有了，而且是大奖，还要怎么突破？

问句简单，答好却不容易。既然我们与时偕行，那就放在媒体融合转型的大背景中来作答吧。

2019年初夏，经过周密策划，“长江大保护 绿色共成长”行动正式启动。由年初贯穿年尾，主创团队通过活动执行采集到大量的独家新闻素材，最终以H5的技术方式，推出了具有互动功能的融媒体作品。

好的开始是成功的一半，好的开始也只能是成功了一半。团队获得认可，机会的大门逐渐打开。围绕“长江大保护 绿色共成长”项目，从第二年起，在原有活动的基础上，团队多维多面引入创新表达开展宣传。2021年中国报业深度融合发展创新案例，《古韵新声话长江》栏目上榜，这是江苏省级媒体中唯一一件入选作品。

“今年打算怎么做”“还有哪些宣传的点”“还能不能拿到奖”……步入“他要我宣传”的阶段，对方抛过来的问题，其实也是自问。思来想去，还是要把好“宣传主题”这个舵，用好“升级转型”的动能。

腿勤、眼勤、嘴勤、脑勤、手勤，是媒体人的基本素养。2022年底，拜访相关领导，上楼坐电梯，瞥见电梯间的展板上，贴出了“江苏省生态环境系统文化修为引导”。因为之前没看过，趁着一楼到十楼的工夫，认真阅读了一番。临走告别时还收到了一份新年台历、一张鼠标垫的春节文创。鼠标垫上印的文字图案和电梯间的展板一样。再次阅读，当读到文尾“只此青蓝”句，又想起当年“只此青绿”的网红现象，豁然开朗。

一次看似偶然的登门，却成就了项目更新。结合到“江河湖海哪里都有，江苏的福分在于同时拥有这四者”，重新整理原有文案，升级形成了“江河湖海青蓝行”创意宣传项目，很快得到认可。

这张鼠标垫至今放在办公桌上。愿“江河湖海青蓝行”能驾乘媒体融合之势奔涌向前。

用心营造温暖和谐的社会氛围

——春节前夕话“暖闻”

近期，各媒体都在按要求组织开展“新春走基层”活动，我们集团也要认真抓好落实并专门组织“新春走基层”新闻竞赛。

春节是团圆的节日，是欢乐的节日，也是温暖的节日。新春期间的各类报道，包括“新春走基层”专项新闻活动，都应当洋溢着幸福和温暖的味道，无论是内容还是形式，都要突出“暖”色调，为全社会营造团结奋进、温暖和谐的氛围。今天我想重点同大家谈谈“如何做好暖新闻”的话题。

为何提倡做“暖新闻”

对于暖新闻，大家都不陌生。近年来，不少媒体都加大了暖新闻报道力度，有的就把栏目命名为“暖闻”。那么，什么是暖新闻？学界业界目前都还没有统一定义，我们可以顾名思义，将其大致理解为“让人感到温暖、暖心的新闻”。

最近，《新闻战线》杂志社约我写了篇《暖新闻传播：应然、实然与使然》的论文，其中引用了一位研究者的说法，认为所谓暖新闻，不外乎“用温暖的态度、进取的精神、符合新闻报道规律的方法手段客观呈现新闻的人与事，追求的报道效果是有利于问题的解决、有利于凝聚思想、有利于人对美好生活的追求”。昂扬向上、温暖明亮，给人愉快、温暖、幸福、治愈感受的报道，是暖新闻；从深层次上促进社会进步和人的健康发展的报道，也是暖新闻。

当然，如果仅仅这样宽泛地理解，那所有报道特别是正面报道大体上都可以称为暖新闻。其实不然，暖新闻属于正面报道，但还应兼具以下几个特征：一是正能量。正能量给人们带来力量、增添动能，带来希望、增强信心，本身就具有炽热的温度，这是暖新闻的重要因子。二是有感情。暖是一种感觉、感受，这种感觉、感受说到底是情感，暖新闻与别的新闻不同的重要特征，就是作者对新闻报道的情感注入。三是人本化。在暖新闻中，人往往是新闻的主角，是叙事的主体，或者说体现的是以人为本的主题，即便是对事的报道也能清楚地看见人的身影。四是故事范。暖新闻读起来应该是轻松愉悦的，有故事情节和细节表达的，如果读起来呆板无趣、晦涩难解，那就让人敬而远之，无法产生暖意。五是接地气。暖新闻大多来自一线，来自基层群众，贴近生活、贴近现实，正因为接地气才有温度，靠得近才会觉得暖。六是建设性。暖新闻给人的温暖不仅在于照顾到了人的情感需求，更在于对实际工作有推动作用，可以说有趣、有情、更有用。

从暖新闻的基本内涵来看，我们不难看出暖新闻的重要价值，当前我们更要大力提倡暖新闻。可以从以下几个维度来理解：

——生产暖新闻是马克思主义新闻观题中应有之义。马克思主义新闻观认为，新闻舆论工作与人民群众的喜怒哀乐是紧密相连的。1843年，马克思就普鲁士政府查禁《莱比锡总汇报》一事评论道：“报刊只是而且只应该是人民日常思想和感情的公开的表达者。”“如同生活本身一样，报刊总是常变常新，永远也不会老成持重。它生活在人民当中，它真诚地同情人民的一切希望与忧患、热爱与憎恨、欢乐与痛苦。”马克思还指出，报纸对人民事业的发展具有重要作用，“报纸最大的好处，就是它每日都能干预运动，能够成为运动的喉舌，能够反映出当前的整个局势，能使人民和人民的日刊发生不断的、生动活泼的联系”。

从马克思主义经典作家关于新闻舆论工作的论述中不难看出，生产暖新闻毫无疑问就是反映人民群众思想情感、推动社会发展的重要内容。而且正如马克思主义认为，事物发展总是螺旋式上升、波浪式前进的，积极美好的追求终归是人类社会的主流，生产暖新闻反映了人民群众中最主要的、最值得提倡的一面。当然，这也是我们党概括提出“团结稳定鼓劲、正面宣传为主”方针的切实体现。当年，《新华日报》在创刊时就明确提出，“本报愿在争取民族生存独立的伟大的战斗中作一个鼓励前进的号角”。毛泽东、邓小平等老一辈领导人先后对新闻宣传工作的鼓劲鼓舞作用提出明确要求。党的十八大以来，习近平总书记多次强调，新闻舆论工作要“团结人民、鼓舞士气”，坚持团结稳定鼓劲、正面宣传为主，弘扬主旋律、传播正能量。因此，从马克思主义新闻观的历史逻辑看，生产暖新闻是题中应有之义。

——生产暖新闻是服务中国式现代化、推动当前经济社会发展的现实需要。当前，中华民族正处在伟大复兴的历史关头。如果用爬坡过坎来比喻，现在就是最吃劲的时候。暖新闻往往在弘扬中华优秀传统文化和社会主义核心价值观方面效果突出，能够传递社会正能量，促进社会和谐与稳定，增强人们对社会的信任感和归属感，激励人们积极投身中国式现代化的伟大事业。同时也要看到，改革开放以来的利益格局和思想文化多元、多样、多变，一定程度给社会舆论带来割裂感，特别是近几年疫情给经济社会发展带来了相当大的困难和挑战，社会不良情绪积聚并通过互联网发酵传播，对经济社会发展产生负面作用，更需要暖新闻来弥合撕裂、抚慰人心、凝心聚力。习近平总书记在2024年元旦贺词中讲到：“现在，社会节奏很快，大家都很忙碌，工作生活压力都很大。我们要营造温暖和谐的社会氛围，拓展包容活跃的创新空间，创造便利舒适的生活条件，让大家心情愉快、人生出彩、梦想成真。”习近平总书记的讲话很温暖，其中讲到“营造温暖和谐的社会氛围”，对我们新闻媒体多多报道暖新闻具有很强的针对性、指导性。

——生产暖新闻是满足人民对美好生活向往的重要方式。人民对美好生活的向往，不仅体现在对物质生活的追求上，更体现在对精神文化生活上。过去，报刊除了做好新闻宣传外，还承担了普及文化科学知识，提供文学艺术作品欣赏等重要功能。《新华日报》自创刊之始，就十分注重副刊建设，在艰苦岁月中给读者提供宝贵的精神食粮。这一好传统一直延续至今，当前我们不少报道和版面，包括系列周刊也是满足人民对美好生活追求的重要内容。满足精神文化生活需求，自然也包括加强暖新闻供给。很多暖新闻往往传递着中华优秀传统文化，蕴藏着很多劝导人们向上向善的思想理念，如“己所不欲，勿施于人”“与人为善”“推己及人”“兼善天下”“利济苍生”等。多看看这些暖新闻，不仅有利于国家和社会稳定，对人们调适自己的情绪，对人们调整人际关系也是十分有益的。相反，身处网络时代，如果人们每天上网看一堆负面新闻，积累负能量、坏情绪，无论对个人、对社会都不利。习近平总书记指出：“网络空间是亿万民众共同的精神家园。网络空间天朗气清、生态良好，符合人民利益。网络空间乌烟瘴气、生态恶化，不符合人民利益。”我们生产暖新闻，正如有的研究者指出：“当信息带来积极的情绪并减少恐惧和愤懑等负面情绪时，它将有助于增添人的福祉。”

——生产暖新闻也是主流媒体应对全媒体传播生态变革的必然选择。转场到互联网，这是主流媒体必须面对的现实。中国互联网络信息中心（CNNIC）2023 年 8 月发布的第 52 次《中国互联网络发展状况统计报告》显示，截至 2023 年 6 月，我国网民规模达 10.79 亿人，网民使用手机上网的比例为 99.8%，网络也已成为大家阅读新闻的主要渠道。那么，基于互联网做新闻，就要遵循互联网的传播规律。互联网传播的一个重要特征就是去中心化，主流媒体和用户之间的关系不再是过去那种“你说我听”或者“你说什么我也只得听”的情况。传统意义上的很多硬新闻、重大主题宣传，给人感觉比较“端”，透着浓郁的“庙堂气”，已不太容易得到读者青睐。而暖新闻这种叙事方式，由于更接地气、更具亲和力，可以把“庙堂之高”“民间烟火”更好地结合，从而更能获得读者关注，既传播正能量，又获得大流量，有利于进一步提升主流媒体吸引力、影响力。从另一个维度讲，用温暖、平和、真诚、美好、高尚的暖新闻，挤压“色、丑、怪、假、俗”等网络乱象，助力国家网信部门营造清朗网络空间，最终受益的也是我们主流媒体。

因此，高度重视暖新闻，把暖新闻作为优质内容生产的重要一极，是我们今后一段时期应当积极面对、聚焦聚力的重大课题。

有些“暖闻”总差点“火候”

在认识暖新闻重要意义的同时，我们有理由、也有必要对集团暖新闻生产传播情况进行一些梳理分析。应该说，集团各媒体近年来都做了不少暖新闻，为弘扬社会正气、凝聚民心民意发挥了积极作用，有的还获得了中国新闻奖，这是可喜现象。但深入分析就会发现，我们在暖新闻生产上还有明显不足。

最近，我带队到重庆华龙网参观学习，他们连续 8 年得了 11 个中国新闻奖，基本都是正能量暖新闻。再联系到我们在重庆参观新华日报老报馆，看到当时的老报纸版面内容很丰富，消息、评论、漫画等，基本上都是揭露敌人、鼓励士气、救亡图存，反映军民生产生活中提振人心的东西，其实也算是不折不扣的暖新闻，为我们树立了业务的标杆，今天读来依旧让人心生温暖。

我归纳了下，现在我们在生产暖新闻方面存在的问题和不足主要体现在以下方面：

一是社会感知不够灵敏。新闻都来自现实，暖新闻的土壤，就是生机勃勃、正面向上的现实。我们既根据客观事实，也基于社会感知去采写暖新闻。一些记者、编辑在生产新闻过程中，往往主要关注事实本身有没有比较硬核的新闻价值，所采写的新闻大多是传统意义上的“硬新闻”。这本身是很好的一面，但有些同志由此也对“硬新闻”之外的题材不感兴趣，对社会情绪缺乏正确认知，感受不到人民群众在党和政府的带领下，在推进中国式现代化过程中的那种“酸甜苦辣”。有的受网络“信息茧房”影响，甚至觉得社会全是问题、黯淡一片，没有什么暖新闻可写。即便发现一些线索有价值，但由于感知不到温暖，也写不出暖新闻。其实，新闻媒体除了记录和报道新闻事件外，还是社会情绪的感知者和调适器。毫无疑问，这种感知和调适功能最终要靠每位记者去实现。如果我们新闻工作者不具备灵敏的社会感知能力，对我们国家当前的总体经济形势、社会治理和未来的发展前景缺乏正确看待，我们是无法生产暖新闻、弘扬正能量的。

二是新闻视野不够宽阔。不少人潜意识里把“暖新闻”等同于简单的“凡人善举、好人好事”，窄化了视野，局限了题材。实际上，这无形中也“矮化”了暖新闻，导致大家不愿意去钻研、去实践，去挖掘和报道高质量的暖新闻。特别是我们党报记者，一心想着做硬新闻、大稿子，认为做暖新闻体现不出记者功力，得不到大家认同，也难以拿到高分、评上好稿，因此从找选题、做策划开始，就不愿意在暖新闻上下功夫。正因此，不知从何处着手去发现暖新闻的线索，怎样获取暖新闻的题材，从而存在暖新闻生产“望天收”的现象。实际上，好人好事是暖新闻，但是暖新闻绝不仅仅局限于好人好事。“暖”是一种心理感受，我们生产暖新闻，绝不能从题材出发去设限，不能把暖新闻窄化为“好人好事”的局部题材，更应该理解为报道的价值取向、角度选择和叙事方式。在所有新闻题材里，不论大主题还是小事件中，都应当去挖掘温暖和希望。只有这样，我们的暖新闻之路才能越拓越宽、越走越顺。

三是距离一线不够贴近。暖新闻一定来自一线和现场，没有深入基层、深入一线，只能跟着别人炒炒冷饭，那样是写不出温暖人心的好新闻的。我们有的记者在工作中过度依赖二手资料，坐在家里上上网、收收通讯员稿子、翻翻社交媒体，被手机和电脑“牵着走”，居然还可以写出不少稿子，包括所谓的“正能量故事”。实际上，“键对键”永远代替不了“面对面”，不到现场、脱离一线，一些暖新闻报道往往只停留在表面，无法让读者感受到新闻事件的真实氛围和情感色彩，还有一些报道可能存在失真情况，甚至可能传播虚假信息。比如“新婚之夜抄党章”这个报道，如果记者到现场去扎扎实实地采访当事人，怎么会写出这样一个闹笑话的“低级红”稿子！脱离一线就会脱离群众，没有人情味的新闻受众是不会爱看的，满篇“高大上”的形象已经不符合现在的传播规律和受众需求，正面形象应当既是英雄也是“凡人”，不但有壮举也有“善举”，具有“能复制可推广”的特点。如果记者不了解民情民意，弄不懂舆论走向，这种状态下生产的暖新闻很可能“没暖到群众心窝子，却戳到了群众肺管子”，必须引以为戒。

四是采写能力不够过硬。对暖新闻的内涵不甚明了，必然导致对暖新闻的生产要求不太熟悉。即便碰到有些线索和题材可以往暖新闻方向做，由于不擅长挖掘细节、提炼主题、弘扬价值，不擅长在具体的写作表达中谋篇布局、举棋落子，致使写出来的暖新闻不伦不类。一些见报或发布的暖新闻，往往也是大同小异、情节雷同的“好人故事”，走入同质化、标签化、刻板化误区。有的简单认为暖新闻要在抒情、煽情上多用力，结果走入不合情理、事实虚浮，甚至是“低级红”“高级黑”的误区。有的简单认为暖新闻就是小清新、小情调、心灵鸡汤，从而走入标题党、轻飘化、降智化误区。还有的在做暖新闻时把重心过多地放在了“暖”上，过分关注新闻报道的包装和技巧，辞藻华丽、文风虚飘，但却言之无物。实际上，暖新闻首先应该是“新闻”，既要注重创作的技巧，也要避免过分讲究形式而忽视内容。可以说，策划、选题、采访、创作等过程都很重要，都需要达到一定的能力水平。比如某报《三代烟草人的传承与守望》一文，原本想通过这样一个暖心故事，讲述三代人用实际行动诠释国家利益至上、消费者利益至上的价值观，不料不仅未获得共鸣和赞扬，倒激起了民众对烟草系统“任人唯亲、近亲繁殖”的广泛质疑。这就是作者采写能力不过硬、对报道主题理解不到位所致。

五是原创能力不够理想。由于种种原因，特别是我们的记者找不到有价值的线索，发现不了感人的故事，以致集团暖新闻生产无论从数量和质量看都不够理想。主要表现在产能不大、原创更少，影响不大、爆款更少。我们翻翻自己的报纸，或者打开新媒体看看，在各类报道中暖新闻的占比其实是偏少的。在已有的一些暖新闻中，原创的占比就更少，有的暖新闻往往是从互联网发现后跟进采访报道的，存在比较严重的网络倒灌现象。还要看到，真正高质量的暖新闻往往是受网民追捧的，但我们集团原创发布的稿件阅读量总体偏少，能够在自有平台达到 10 万 +，或者经其他平台传播到 100 万 + 的暖新闻作品是比较少的，相比一些兄弟媒体还有明显差距。可以说，集团在暖新闻的原创力方面，包括数量和质量，都亟待进一步提升。

六是传播运营不够有力。我们现在还有很多纸媒时代的旧习惯，认为稿子写好了、发出来了，“一锤子买卖”就结束了，缺乏对新闻报道的持续运营意识。如何根据稿子内容引导话题、设置标签，让其能在微博上成为热搜？如何通过二次制作、二次分发让稿子里的正能量在不同平台激发用户共鸣？如何让人民日报等中央级媒体主动转载我们的稿子、传播我们的观点？这些都是需要运营发力。我们报道了不少正能量人物、事迹，能不能在其中提炼出一个类似“逆行者”、类似“一夜雪无”这样的“出圈”概念，让大家来争相模仿，使其成为网络年度热词？有那么多正能量、暖新闻上了热搜、头条，我们有没有去总结一下暖新闻上热搜的规律，建立一个数据库来研究参考？现在很多媒体都成立了运营部，我们集团也有，但有时候还不太能够感受到运营部门在传播中的主动性和存在感，大家可以盘一盘一年中有多少让“正能量澎湃大流量”的运营手笔。

“暖新闻”从哪里来

我们提出又多又好生产暖新闻，首先要善于发现和挖掘暖新闻。生活中从不缺少美，而是缺少发现美的眼睛。同样，生活中也不缺暖新闻，关键是要有“眼力”。这里，我想跟大家探讨一下暖新闻从哪里来，或者说是有哪些挖掘暖新闻的途径：

从时代变迁中寻找暖新闻。我们这代人，包括在座的各位，对这个时代最大的感受可能就是变化。改革开放以来特别是进入新时代以来，我们国家发生了巨大变化。这个“变”字，就是新闻的大富矿，考验时代背景下记者的新闻敏感。格局大的暖新闻、经典永流传的暖新闻，往往是跟时代变迁相关的，往往是跟重大主题、重大事件相关的。比如，2011 年新华社发了一幅春运照片《孩子，妈妈带你回家》，一个母亲背着一人多高的行囊走在火车站前，右臂中一个婴儿安静地睡着，母亲眼光有些疲惫但是坚定有力。这幅反映暖暖母子情的照片获得了当年的中国新闻奖。11 年后，记者再次找到了这位大凉山的母亲，关注到了脱贫攻坚政策给她带来的生活变化，推出了《11 年前那位感动中国的“春运母亲”，找到了！》的报道，反映了国家政策和个体奋斗的双重温暖，这是多么具有时代感的暖新闻、好新闻！报道一出来，就被全网转载。比如，新冠疫情期间，湖南日报的新湖南客户端推出一组创意海报《这些痕迹，刻在你脸上，痛在我心里》，9 张特写镜头，以一线医护人员摘取口罩后的勒痕为主线，采用面部特写放大细节，通过他们脸上深深浅浅的勒痕、坚毅温柔的眼神、略显疲惫的微笑，表达敬意，传递温暖和信心，直击受众心灵。再比如，江苏广电获得中国新闻奖一等奖的作品《溜索女孩的人生之桥》，把人物故事放在党的十八大以来脱贫攻坚的大背景下去讲述，引发受众共鸣。许多重大主题暖新闻走红，充分说明暖新闻绝不仅仅是好人好事报道，重大、重要题材做出来的暖新闻往往更有震撼力、影响力。当今世界正在经历百年未有之大变局，大家要围绕时代的发展变化去挖掘暖新闻。今年是新中国成立 75 周年，也是“强富美高”新江苏提出 10 周年，希望大家围绕这些重大主题，多策划报道一些暖新闻。

从突发事件中寻找暖新闻。突发事件本身就是新闻，具有较强的社会关注度和传播性。但突发事件大多不是正面的，比如生产事故、恶性事件、极端天气，等等。以传统眼光看，它们不符合主流媒体坚持正面报道为主的基本原则，往往是主流媒体不愿或不敢涉足的。其实不然，因为在突发事件的处置过程中，通常都能够看得见党和政府关心关爱人民群众的积极举措，都能看得到人民群众之间的互帮互助，这往往是挖掘暖新闻的好时机。比如，我们身边的例子——扬子晚报中国新闻奖作品《阿 sir 的婚礼照，我们包了！》，就是一个典型案例。香港几年前的暴乱是一个时政类突发事件，似乎很难跟“暖新闻”搭上边。但扬子晚报一位有摄影背景的记者，从圈内人士的分享中发现了一张以香港维多利亚港为背景的新郎新娘剪影照片，具有高度敏感性的他马上去联系了相关人员，挖掘出了一条独特暖新闻，家国情怀、香港内地心连心在新闻中体现得淋漓尽致，彰显了普通人对正义的坚守和对爱的向往。比如，2018 年南京一夜暴雪，市民第二天推开门窗却发现“一夜雪无”。在微信朋友圈，一张扫雪除冰后疲惫不堪的子弟兵休息照瞬间击中人心，让无数人感动。这张“心疼照”经过人民日报微信公众号等转发后，几乎条条 10 万 +，网友们深情地感叹：“心疼！”这张照片是建邺区文旅局的工作人员拍的，真正的“一图胜千言”。再比如，2022 年重庆山火肆虐，就这一个突发事件重庆媒体去年拿了 3 个中国新闻奖，记者们用笔和镜头记录下无数平凡人挺身而出的英勇选择，展现出灾难面前“众志成城、守望相助”的民族精神，感动全国也引起世界关注。现在，突发事件并不少，而且随着社交网络的普及，重大突发事件几乎必定登上热搜，如果我们能够又快又准地挖掘暖新闻，不仅能够为自身赢得流量，也有利于及时引导舆论，化解不利的网络舆情。这方面大家务必要多留心，一旦发现线索就要迅速行动。

从民生关切中寻找暖新闻。民生实事暖民心，一枝一叶总关情。教育、养老、医疗、饮食、出行……每个人最关心、最直接、最现实的生活日常，承载着人们对美好生活的向往，这里面藏着数不清的接地气、冒热气的暖新闻，可直接反映出老百姓的获得感、幸福感、安全感。比如，安徽广电获得中国新闻奖的作品《新闻特写：延期的高考，不延期的梦想》，报道的是2020年安徽暴雨洪灾导致高考延迟的事情，这一新闻事件备受关注、牵动人心。当地相关部门快速全方位保障延期高考的平稳有序，交出了一份社会治理体系和治理能力经受住考验的合格答卷。再如，人民日报获得中国新闻奖的作品《同行1800多公里，跟着货车司机跑长途》，记者紧紧围绕货车司机群体的急难愁盼问题，俯下身、沉下心与货车司机同吃同住同行、交流交谈交心，刊发后引起相关部委和地方关注，助力加强货车司机权益保障。又如，在政府、媒体和民众的推动下，“淄博烧烤”“村BA”“尔滨”接连走红，在网友的关注和参与下热梗不断，人民日报、新华社等主流媒体在其中不断优化新媒体表达方式，向大众展现着暖意融融的生活。民生报道我们集团的媒体做得也不少，但总体上还是要少一些流于一般的工作类新闻，多挖掘一些见人见事的民生暖新闻。这里我也想到社会新闻部的微信公众号“民生温度计”，名字起得很好，希望你们真正体现“温度计”的内涵，多做民生暖新闻。

从历史钩沉中寻找暖新闻。跨越时代的共情也是产生爆款暖新闻的重要来源。在中国共产党成立100周年、新中国成立70周年等重大历史节点，各家媒体争相从党史、新中国史、改革开放史、社会主义发展史中探微、拾贝，重现鲜活记忆，展现不变初心，凝聚前行力量。比如，华龙网的《2019对话1949：时代变了　初心未变》，是重庆新闻界首个中国新闻奖媒体融合类一等奖作品，以现实中的小学生、职场女性、大学毕业生，分别与革命志士“小萝卜头”、杨汉秀、王朴“相遇”在渣滓洞、白公馆，通过双屏互动的创新形式，展开了一场跨越 70 年“平行世界”的“隔空对话”，感人至深。比如，我们集团的中国新闻奖获奖作品中，包括第 31 届的文字消息《跨越 80 多年的守望相助！南京捐赠抗“疫”物资驰援拉贝后人》和第 33 届的《“宁”聚微光——寻访约翰·拉贝的“中国朋友们”》，都是在历史穿越中发现的优秀暖新闻。比如，去年 12 月 24 日，很多媒体、自媒体同往常一样在做“平安夜”文章。这个时候，北京日报视频号发了一条由抗美援朝老照片组成的流媒体视频，文案很简单，就两行字：“今天对中国人来讲是另一种‘平安夜’：1950 年 12 月 24 日，中国人民志愿军以伟大的牺牲精神取得了长津湖战役的胜利，一仗打来 70 多年的和平！”这条视频 10 分钟内传播就超过了 100 万，起到的爱国主义教育效果要胜过多少文章！我们经常说，今天的新闻就是明天的历史，过去的历史未尝不是当时的新闻，此时的新闻与彼时的新闻，有些情感情怀都是相通的，就如同“今人不见古时月，今月曾经照古人”，这种共同的温暖情感就是我们挖掘、报道暖新闻的切入点。

从邻里故事中寻找暖新闻。爱在邻里间，最是真情感人心。邻里间的社会新闻，以普通人、百姓事为主要报道对象，能普遍引发人们感动温暖、向上向善的情绪情感，在春风化雨润物无声中起到温暖社会、感化大众的效果。比如，交汇点入选 2022 中国“五个一百”正能量网络精品的《三代人跨洋接力，“中秋之约”27 年从未中断》，讲述“江苏好人”何俊成一家每年中秋都要慰问当地一家敬老院老人，其间敬老院换了 4 个地址，老人走了 100 多位，何俊成的父母也移居到了国外，但何家三代人跨洋接力，27 年与老人们的“中秋之约”从未中断。这一不同寻常的独家选题，很是温暖人心。比如，南昌县融媒体中心获得中国新闻奖的作品《脑瘫外卖小哥的小年夜》，3 分钟的片子真实记录脑瘫外卖小哥阿龙送外卖的艰辛过程，用心用情诠释了“幸福是奋斗出来的”真谛，是一件很有温度的新闻作品。比如，山西日报的获奖作品《矿工组长的 551 条短信》只有 800 多字，记者通过一次走基层，亲身感受并深入挖掘了其中感人的温暖小事。几条短信体现的是家庭温情，折射出的是一线职工对安全的敬畏。

邻里故事虽暖心，但前提是要善于“拉家常”，经常保持一颗“新闻之心”。我们要常问问自己，有没有去用心倾听朋友、家人、同事的故事？有没有保持好奇心和探索精神，不断挖掘其中的价值和意义？有没有站在他人的角度思考问题，关注他们的需求和感受？有没有与他人分享和讨论感人故事和线索的习惯？有时候，一些看似平凡的故事往往蕴含着丰富情感和新闻价值，一个微小的细节就能成为一篇暖新闻的素材，一次真心的交流就能擦出思想的火花。所以，挖掘暖新闻说到底还是要经常深入基层、深入一线、深入群众，而不是坐在办公室里刷微信、接电话。今年的“新春走基层”活动，希望我们的记者、编辑能够真正多走动、多串门，“走”出新意，“创”出特色，记录和反映好普通百姓对美好生活的期盼和脚踏实地的奋斗。

从材料细节中寻找暖新闻。各机关、单位平时提供给记者的材料，多是一些工作性的材料，主要是工作举措、成效、经验、体会等等，概述性语言多，生动细节少。但材料中也往往会使用一些案例。特别是领导讲话包括脱稿插话，经常会讲到一些细节。无论是材料还是领导讲话，能够用到这些案例和细节，足以说明这些内容的重要意义。比如，中国新闻奖获奖作品《“宁”聚微光——寻访约翰·拉贝的“中国朋友们”》既是在历史钩沉中发现的，也可说是在材料细节中抠出来的。创作者在查阅《拉贝日记》原稿中发现，拉贝先生在回国前的告别演说中，亲切地称他们为“我的中国朋友们”，多次对中国义工群体给予赞叹与肯定，这就打破了人们对中国平民“要么是被屠杀的受害者，要么是受国际友人庇护的弱者”的刻板印象。又如，2004 年 11 月 7 日，湖南省人民政府召开庆功会，庆祝袁隆平院士获世界粮食奖。时任省长走上主席台时，发现袁院士的座位未在中间，马上亲自动手把袁隆平的座位牌放在主席台正中，并恭请袁院士入座。不同于其他几家媒体常规报道，三湘都市报的记者抓住这个细节写出了《袁院士，请您坐中间（主题）省政府庆祝袁隆平获世界粮食奖，周伯华省长亲自为功臣换座（副题）》的报道，既反映了尊重知识尊重人才、礼待贤能的主题，又让这则报道更暖心更生动。再如，去年《浙江日报》的一篇《都这么拼了，为什么还是0%》，开篇就直接点出“火力全开拼经济，增速却为0%”，让读者带着“疑惑”读下去，最后层层剥笋，让抽象的数据变得可理解、易认知，既符合事实，又提振信心，是经济报道领域的暖新闻佳作，值得借鉴学习。我们要善于从材料和数据中自己去找细节。材料和数据看似冰冷，但背后的故事是火热的、鲜活的，讲好生动故事，可以让硬新闻可亲可感。最近，各大央媒在做“透过数据看‘暖’意”，经济部可以关注下，可以写得比他们更具可读性。

从读者反映中寻找暖新闻。这是暖新闻的一个重要线索来源。在抖音、微博这些社交平台上，我们可以看到各种正能量的短视频，有搞笑的，有感人的，但打开我们自己的客户端、网站，却很少看到类似的鲜活暖新闻。这说明我们的平台可能不方便读者和我们互动，或者读者不愿意通过平台跟我们互动，需要加强平台化运营和营销，这方面要多向兄弟媒体单位学习好经验、好做法。比如，中国青年报全新推出可视化栏目“温暖的BaoBao”，让团员青年站到C位，在暖橙色页面下汇聚一线共青团改革的活力与最基层青年的风采与祝福，各地团组织的供稿热情高涨，除了视频，还有文字、照片、条漫、动画等，“温暖的BaoBao”微博话题浏览量破千万。比如，现代快报新上线的客户端“快报+”，爆料按钮点一下就可以直接跳到他们的爆料电话拨打界面。潮新闻客户端“潮客”频道，设置了拍友社区，通过“年味”“100个美好生活场景”“晒晒家门口的老年食堂”等话题吸引用户分享美好。当年梨视频之所以能做起来，就是依赖强大的拍客团队，所有使用这个应用软件的用户，都可以通过“报料”成为拍客，视频素材经过编辑团队的审核和剪辑之后，就可以通过24小时内的播放量获取奖励。过去，新华日报读者来信来电比较多，扬子晚报有个96096呼叫中心，读者们也经常来电爆料。互联网时代，我们更要重视与读者用户的沟通交流，这方面只能强化、不能弱化。要运用好互动手段获取暖新闻线索，不能让互联网“倒灌”成为暖新闻的主要生产方式。

暖新闻的“贵”与“忌”

暖新闻的生产，包括文字稿的写作和短视频的制作等，都有一定的技巧和要求。真正让人眼前一亮而又长久回味的暖新闻，往往都具有严谨的报道态度、较高的报道技艺。我感到，以下几个方面我们要特别留意：

贵求真，忌虚假。暖新闻之所以打动人，前提是真实而不是幻想。可以说，失真即失温，虚假新闻不仅带不来温暖，还会造成社会认知的混乱，其负面作用之大难以估量。例如去年社交媒体上有一个现象级的自媒体视频，题目叫《回村三天，二舅治好了我的精神内耗》，但是在后期网友深度分析之下，该视频的拍摄者、剪辑者、剧本作者在老屋子的年份、残疾证、“二舅”的残疾左腿等问题上没说真话，离他自称“每一个字都是真实的”表态差距很大，这件作品爆红后很快翻车，反因内容虚构成打假对象，引发众多网友加入声讨大军，造成很大的负面影响，我们应当引以为戒。新闻的事实和细节都必须真实，这是主流媒体的基本道德规范，也是主流媒体的社会责任。

贵平实，忌拔高。创作文艺作品，往往有意放大典型人物的光辉形象。过去，主流媒体的很多正面典型报道也有故意拔高之嫌。现在的社会环境、舆论环境都发生了重大变化，那种脱离或者偏离普通人认知的形象，越来越难得到人们的认可，大家感到英雄人物应该是可亲、可信、可感、可触、可近、可学的。最近几年我发现，很多革命场馆解说词也在发生变化，讲解英雄人物时，不再是那种革命者一生下来就是坚定的共产主义者的老套路，而是注意有序有度介绍人物的思想转变。我们的报道如果用力过猛，就很容易违背人之常情，从而脱离群众。比如，“87 岁农村老党员倾其所有交纳党费”“拾荒老人把毕生积蓄拿出来捐款”等所谓“暖新闻”刊出后，引发了受众强烈质疑：他们本身就是应该被关照的弱势群体，这些钱捐出后他们怎么生活？疫情期间，郑州一工作人员在疫情防控新闻发布会上用“错过女儿成人礼”来“衬托”防疫工作辛苦等，这从情理上说也不值得提倡。暖新闻要坚持实事求是，做到真实、平实、朴实，做到有理有据、合情合理，才能避免“红”的立意产生“低级”的观感，我们千万要注意。

贵用情，忌滥情。我们在前面已经分析过，暖新闻突出的是情感特质，在开展这类报道时不能冷冰冰陈述事实，而是在字里行间透露出温情，透露出作者的人文关怀。比如，第 33 届中国新闻奖获奖作品《“时代楷模”钱海军老式手机里的 50 条短信》，讲述手机短信背后的帮扶故事，看起来都是平凡小事，但客观陈述中始终饱含感情。比如“灯亮起来还不够，要让老人的心也暖起来”“我是您儿子啊，儿子看父母，捎点柴米油盐，天经地义！”“世界上最亲近的距离，是我和你一同在照片里，我认不出我自己，却认出了你！”等表述，都透露出作者的人文关怀和对美好时代的感知。获得第 32 届中国新闻奖一等奖的通讯《“生活在这样的国家，太幸福了”》，也是篇暖新闻，文章中“在医护人员的精心治疗和呵护下，断臂男孩像茁壮成长的麦苗，向着阳光，奋力拔节！”“为了救孩子，飞机都能叫回来，大夫和护士就像亲人。我们的国家太好了，生活在这里太幸福了！”等等语言，字里行间都透露出脉脉温情。“真诚是永远的必杀技”，但用情却不是滥情，这种情感是真挚的而不是做作的，是朴实的而不是扭捏的，是温暖的而不是过烫的，必须发自肺腑而又为大多数用户认可。要把握好度，而不是一味的滥情。如果过了头，就会产生相反的效果。例如一段“流浪狗教室避雨睡着，学生温柔以待”的视频引发关注，但是后来舆论关注迅速从“学生温柔以待”的感动，转向对“狗咬人”的关注，@共青团中央官微指出这个媒体热捧的“暖新闻”隐含重大传染病风险！事实证明，“教室睡觉狗”所在的安庆师范大学学生会官微证实了确有“流浪狗咬人”。还有前几天报道昆明动物园一个小女孩要到猴山救猫，这种情感就超出了人们的正常理解范围。还有一些所谓“卖惨”或“求助”的新闻，也产生了相反的效果，我们务必把握好度、把握好效，切不可随意任性做报道。

贵互动，忌单向。现在是互联网时代，所谓互联网，就是要把人们连在一起。增强人与人之间的连接，这本身就是媒体的重要职责。暖新闻作为一种重要的报道产品，充分尊重互联网规律、发扬互联网精神，在报道的过程中应当增强互动。比如，大家记忆犹新的《快看呐！这是我的军装照》，荣获了第二十八届中国新闻奖一等奖，这个 H5 传播量达 10 亿级，它的特点就是“互动”，通过互动实现共情传播。再比如，人民日报新媒体发起“牵妈妈的手”大型网络互动，引导网友春节回家牵起妈妈的手，与父母合张影，多说说心里话。通过互动，用户在上传分享过程中，个人记忆、个人体验，逐渐与家国情怀的价值观深度融合，提升了感染力和号召力。我们集团也有互动式暖新闻报道，比如“‘70 年・70 人’，帮志愿军英烈回家”融媒报道。它还是一个向全社会征集线索、最大范围寻亲的应用平台，内容包括“英烈背景”“英烈名册”“正在寻亲”“永远缅怀”。在每位英烈的姓名卡前，观众可以“献花”寄哀思，可了解为英烈寻亲的故事，可生成海报扩散寻亲信息，可点击“我有线索”进行上传。可以说，互动往往产生情绪的共鸣，人们可以不受地域和时间限制，在任何时候、任何地点与他人共情共鸣。很多时候，用户能不能参与互动，效果大不相同，能参与就有乐趣，参与之后就可能愿意转发，就可能介绍朋友一起传播。不管交互式产品，还是叙事性报道，都要善于抓住互动、共情的特点，否则暖新闻“温暖人心，鼓舞情绪”的功能就要大打折扣。

◀ 2023 年是抗美援朝战争胜利 70 周年，新华日报社发起“70 年 · 70 人”志愿军英烈专题寻亲行动

贵深刻，忌肤浅。暖新闻的一个重要特征是其带给人们温暖感受背后的建设性，没有一定的思想性，就必然使我们的报道陷入好人好事光荣榜的窠臼中，让人感到过于轻和软而没有分量，如同白开水没有味道。只有深入思考，才会让暖新闻拥抱大时代、反映大主题。比如，B 站上有一个伊拉克老外，每天都不停更新在中国吃各种美食的短视频。其中有一个在 B 站播放量最高的视频，就是因为有这样一句“升华”式的表达，他在吃完一顿美食后不经意地说道，“我们伊拉克也有很多好吃的，但我不能像在中国一样放心地去一个个品尝”。这句话结合时事，一下子就突出了“和平的珍贵”主题，此时弹幕几乎把画面遮满。同样是 B 站，有个著名的历史视频作者，他的文案引经据典，视频剪

辑得非常精良。在讲汉朝历史时专门有一集讲了张骞通西域，在普及这个事件对世界文明交流格局的巨大历史贡献后他加了一句：“我们现在的‘一带一路’，就是在继承祖先的这个事业。”很自然的一句衔接，升华了主题，这样的“说教”效果不知要好过普通文章多少倍。再比如，扬子晚报制作的《了不起的小店》，它的主角都是普普通通的人，故事也都在你我之间，它真挚、轻盈且有烟火气。如果只是浅层次地报道这些烟火气，就只能变成过眼云烟，而他们还带来了疫情中的坚守、经济的复苏等深刻思考，在温暖中更显深刻。可见，只要有了思想的加持，连美食节目也能给人留下深沉的反思；只要有了思想的加持，题材较小的暖新闻也可以是沉甸甸的好作品。

贵生动，忌呆板。暖新闻通过什么样的叙事方式让人暖？那一定是故事，是细节，是生动的语言。在如今这个信息爆炸时代，受众只为优质内容买单，没人喜欢看拉着生冷面孔的说教和一板一眼的陈述。把“暖新闻”写好，就要用好故事、好表达，用质朴的但又是接地气的、平实的但又是动人的叙事方式，把新闻内容准确地表达出来。比如，在光明日报记者郑晋鸣的报道下，王继才32年的守岛故事被全国人民熟知。其实2004年就有媒体报道过王继才夫妇，但并没有引起广泛关注。在郑晋鸣的笔下，王继才在开山岛上艰苦、隐秘又孤独的日子被一点一点地展现出来：在这个面积仅0.013平方公里的小岛上，无人、无电、无淡水，野草丛生，海风呼啸，条件异常艰苦，可鲜艳的五星红旗却每天准时升起……建立在细节上的对比胜过万千华丽辞藻。可以说，暖新闻要想打动人，需要将人物不易察觉的细节有机串在一起，从中折射出人性的光辉。我们新华日报年底推出的报告文学《山泉村的“大儿子”》，有一段细节很打动我。“退休后想干什么？”记者问。“想买辆越野车，背上行囊、穿上牛仔裤，踏遍名山大川，访遍乡野美景，寻找另一个名叫‘李全兴’的自我。”人物形象就不刻板了，反倒显得真实、立体、饱满。《人物》《南风窗》和《三联生活周刊》等杂志，以及《中国青年报》的《冰点》周刊，都比较擅长人物类报道和非虚构写作，很受读者欢迎。这也提醒我们，在暖新闻写作中要善于借鉴文学创作中“白描”“烘托”“渲染”等手法，避免程式化的千人一面、千篇一律，但前提是必须真实可靠、自然流畅，否则就会过犹不及。

贵融合，忌单一。一般而言，暖新闻往往事实不复杂、容量不太大，我们可以广泛使用多种全媒体手段生产这类新闻，而不仅仅局限于文字报道。有时，一段视频胜千言，画面无声的表达更有张力，碎片化的“暖瞬间”“暖镜头”，往往比传统的文字描述更具有感染力。中国青年报全媒体报道融合示范精品栏目“暖闻・暖心”，在该报内部开创了跨部门、跨地域、跨报道形态合作的先河。由深度特稿、图片、视频、H5 围绕同一报道主题，按不同产品传播特点分别选最适合的呈现形式和角度，在传播途径上实现三端（报纸端、PC 端、移动端）融合。《中国青年报》的《暖闻》周刊一直坚持全媒体报道探索，在暖新闻文本的生产过程中，注重利用新的媒介技术来进行多载体的文本呈现，既包括传统的文字载体，还包括视频、图片、H5 等将信息加以可视化的视觉载体，各载体利用超链接、超文本的方式形成互动，实现彼此连接与呼应，从而增强暖新闻报道的感染力。新京报“我们视频”的总经理王爱军在《暖新闻一直在身边，短视频让它的发现、挖掘和传播有了更多可能》的演讲中认为，一个核心画面就可以“戳中人心”，让人会心一笑，让人肃然起敬，让人热泪盈眶。有过这样一个新闻，有人开车去新疆，汽车趴窝了，一个维吾尔族党员在帮忙把汽车推出来后拒绝了车主的酬谢。车主坚持要给钱时，这位党员把别在胸口的党员徽章亮给他看。这个核心画面一下子抓住了众多网友的心，进而成就了一个大的正能量爆款产品。我们大力推广运用全媒体报道手段，完全可以将其更多用在暖新闻上，增加暖的成色、提升暖的温度。比如 AI 如何应用在暖新闻上，我看交汇点、新江苏、紫牛新闻等都有了一些有益的探索，这方面不能松劲。当然，全媒体产品尤其要注意品质，必须强调出精品。现在中央媒体、兄弟媒体、县级融媒体、自媒体……这些竞争对手的暖新闻制作水平越来越高，我们一放松就有掉队的危险。

今年是集团的“二次创业年”，不仅是事业发展的再造，还是内容产品的突破，强化暖新闻的生产就是一个重要方面。希望大家不断提升脚力、眼力、脑力、笔力，用我们的情、我们的责，换来读者的暖、用户的温。

（2024 年 2 月 1 日）

一线感言

王晓映，新华日报全媒体社会新闻部主任，高级记者。全国优秀新闻工作者，江苏省先进工作者，省“四名”人才（名记者）。作品多次获得中国新闻奖，其中系列报道《号角催征——解码〈新华日报〉老报纸里的百年初心》获得第32届中国新闻奖重大主题报道类一等奖。

用温暖“点亮”

3月，在北京做两会报道，高强度，打硬仗。其间，同事从南京投来最新一期暖新闻专栏稿，稿件讲述了听障人士群体的创业故事——在城市各个角落开设“无声咖啡馆”。读着这个故事，身心均有“治愈感”。

全国两会是最重要的国家议政殿堂，我们正在持续报道这里的庙堂高论，“叮咚！”忽然听到了来自街巷深处的鲜活回响，这不正是两会制度平台的出发点吗？不正是代表委员议政话题的生活实景吗？民主不就是应当这样与民生呼应交织吗？

这种“治愈感”恰如一种“点亮”，我们从2024年初开设的暖新闻专栏，名字就叫“点·亮”。这个专栏应该是什么样子？一开始并不明确。从学理角度厘清对“暖新闻”的认识只是基础，作为专栏，还要向前一步，形成自己的特色与风格。

调查研究、脑力激荡之路，仿佛在攀缘创意的金字塔，概念渐渐成型，“点亮”这个词在脑海中闪现了。为了强化动作与动效，在两个字之间加了间隔号，所谓“名正言顺”，专栏定位汩汩而来——

“点·亮”，意译英文shine。每期专栏文字由“点·亮”正文与“点·评”短评搭配而成，另有视频配合，实现融媒传播。题材方面也廓清了界限：发现、聚焦、讲述各领域、很多人奋进、开拓、温暖的建设性故事，去挖掘呈现有深度的社会暖流，推进社会文明，引领社会风尚。专栏名下，我们还标注了一句slogan：“点亮希望温暖前路　点亮心光温暖世界。”

很快看到了排队等着进站的好故事，我尤其喜欢那些后缀的三四百字点评。当我们讲述《“外卖宝宝”搬新家》时，点评“个体故事拼就精彩城市故事”；当讲述《于无声处萃取甘苦人生》时，点评“生命的意义，在于人与人的相互照亮”；当讲述《报告！“贝塔”回校造坦克了》时，特邀评论员撰写了《“童年梦”“强国梦”彼此照亮》……

这么一篇篇数过来，好像在“星星点灯”。那首著名的歌唱道：“星星点灯，照亮我的家门……”在喧嚣驳杂的舆论场，促进社会进步，厚植民众福祉，媒体理应有这样的初心与追求，受众也需要被这样的“点亮”“治愈”。

Chapter 3

Show Ingenuity

第三辑
匠心独运

多下些“磨刀”工夫

——新年伊始话策划

昨天，省委宣传部领导来电，对我们集团近期在疫情冲击下统筹各项工作、推出重点报道、确保办报方向和质量，给予充分肯定，并要求我们进一步提高策划水平，推出高质量报道。今天，借元旦后第一次采编联动会的机会，我想跟大家重点谈谈策划。这也是向集团上下表明一个鲜明的态度，党委和编委会高度重视策划工作，希望大家在已有基础上进一步投入精力，持续推出有创意、高水平的策划。

做新闻，为何要策划

对于策划，我们要有全面的理解和认识，可以说既有新闻宣传的策划，又有创意活动的策划；既有传统媒体的策划，又有新媒体的策划；既有专业内容的策划，又有全媒联动的策划。从近几年集团获中国新闻奖的作品来看，策划是多方面的，既有文字作品策划，也有媒体融合方面的策划，还有品牌活动类、平台类的策划。毫不夸张地说，策划是传媒事业发展的起点，也是媒体的核心竞争力。今天我想重点谈谈新闻策划。

关于新闻策划的内涵，我看了不少业界同行和专家学者的解释或者定义，大家的基本意思比较趋同，就是为了一定传播目的和传播效果，有计划、有创意、有步骤地进行新闻报道的一种行为。可见，策划要有一定的传播目的和传播效果，这是新闻策划的出发点和落脚点。从新闻策划追求的目的看，这项工作是十分重要的，其重要性主要体现在以下几个方面：

一是更好地服务大局。这是由党的新闻工作性质决定的，就是大家耳熟能详的“围绕中心，服务大局”。我一直强调“四个服务”，即主动服务、深度服务、精准服务、创新服务。如果说这只是做好服务的原则要求的话，新闻策划就是实现这四个服务最有力的具体途径。那种等新闻上门，有新闻就报、没新闻就等，或者来了新闻就简单地报的态度和做法，是不可能做好服务的。这也是媒体普遍重视新闻策划的重要原因。

二是产出新闻精品。近年来，集团各媒体认真落实精品生产导向，推进深度融合，优化内容供给，聚焦精品生产，不断提升精准服务、创新服务的意识和能力，在内容格局、版面形式、融合传播等方面有了长足进步。最直接的体现是，在每年的中国新闻奖、省级新闻奖上不断取得好成绩，连续 5 年中国新闻奖获奖数量位居省级党报集团第一名。好的新闻产品，离不开好的新闻策划。复盘近几年集团荣获中国新闻奖的作品，几乎每一件作品背后都凝聚着大家精心组织、精心策划的心血。比如，先后获得中国新闻奖一等奖的《6397 公里的守护》《听·见小康》《号角催征——解码〈新华日报〉老报纸里的百年初心》，以及获得中国新闻奖二等奖的《马克思主义·青年说》，等等。

▲ 2019 年底，交汇点新闻客户端推出《听·见小康》融媒专栏，获第 31 届中国新闻奖融合创新类一等奖

三是更好地服务读者。从历史维度看，改革开放以来我们的新闻服务得到迅猛发展。过去只有一张报纸，我们《扬子晚报》还是 1986 年元旦才创刊。在信息极度贫乏的年代，一两张报纸、些许稿子，就能让人们读得津津有味。20 世纪 90 年代后，报纸迅速扩张，报业竞争加剧，媒体开始重视新闻策划，因为只有策划才能更好地满足读者对阅读的更高要求。到了互联网时代，信息极大丰富乃至于过载，新闻策划就十分普及了，甚至有的业内人士提出“无策划，不新闻”“不策划，无新闻”。最近我收到一封表扬信，连云港赣榆区一个村的村民代表联合署名，表扬新华日报社连云港分社记者丁亚鹏。这个村靠近江苏最大的水库，但却用不上水。丁亚鹏深入一线调查，策划推出几篇报道，引起相关部门重视，解决了相关问题，值得肯定和表扬。

四是突显媒体品牌。媒体是内容产品供给方，媒体品牌的打造不在于行政级别、单位大小，关键在于提供的产品质量。媒体提升传播力、引导力、影响力和公信力，一方面靠实打实的硬新闻，另一方面还是看新闻报道的策划能力与水平，因为日常发生的大量新闻事实都达不到让人非看不可的程度，赢得大流量的新闻精品和爆款大多还是来自于策划。这正是媒体大有作为的地方，也是媒体脱颖而出的地方。

五是锻炼人才队伍。媒体竞争关键是人才竞争，媒体优势核心是人才优势。新闻媒体的人才有什么特征？最重要的是有一个会创意的大脑。新闻作品除了硬核事实外，最重要的是要有意思、有价值、有思想。同样的报道，有的媒体做得很有吸引力，有的媒体就显得很平淡，关键在于新闻报道生产者赋予这个报道什么样的品质。开展新闻策划，是最直接训练新闻人大脑的工作。可以说，从某种意义上讲，新闻策划是加强队伍建设的高阶方法。集团重策划、获奖多，一些年轻人告诉我，工作一两年就得中国新闻奖，入职起点太高，感到很自豪。

“磨刀不误砍柴工”。新闻策划在整个新闻产品的生产链条中占据十分重要的位置，必须不吝工本“磨”好策划这把“刀”。我们讲策、采、编、发，策排第一位，表明策划是新闻工作的起点。从作用、意义和效果上看，新闻策划则是新闻工作的法宝、重器、核心竞争力，必须得到所有编辑记者充分重视。

做策划，从哪里入手

我们常说，新闻是最近发生的事实的报道。今天，在新闻策划被业界普遍采用的情况下，报道两个字前面有必要加上修饰语。比如新闻是最近发生的事实的有意思的、有意义的、令人印象深刻的报道等等。如何实现这些修饰语所描绘的效果，就是新闻策划要做的事。那么，新闻策划主要从什么方面进行？我想主要是以下几个方面：

——从着力点上看，主要是对题材方向的选取，对表达角度的选择，对呈现方式的选定等方面的策划。第一，对题材方向的选取，着重是突出主题主线。策划往往先要确定主题，这是常规性做法。比如，对反映新时代十年成就的报道，首先要确定哪些成就最重要，然后再从宏观、中观、微观上选取新闻事实，体现国家战略、大局视野与本地特色。作为主流媒体，很多大的题材方向是必答题，必须要做。我这里有个不完全统计，入围第 32 届中国新闻奖的全部定评作品中，党史学习教育主题作品 80 件、建党百年主题作品 47 件、脱贫攻坚主题作品 40 件、走进乡村看小康主题作品 39 件、生态环保主题作品 50 件……基本都是大主题。第二，对表达角度的选择，要寻找到透视大主题的最佳小切口。比如“党代表话十年”和“我的十年九宫格”，就是让读者自己讲述十年，比单纯记者叙事来得更生动。比如中国江苏网获奖作品“你的眼睛”，就是选取了苏州摄影师为山区小朋友送去的相机拍摄家乡变化，用独特的角度去看脱贫攻坚。第三，呈现方式的选定，主要是强化互动与抵达。在当前媒体环境中，应当更多突出全媒体报道，强化全媒体制作。会用、善用各种表达手段，不能做高高在上讲大道理的老先生，而是要做面对面讲故事的好朋友；技术使用上，要与内容相得益彰，相互助推。

——从时间点上看，主要是对未来发生的事实、对正在发生的事实、对过去发生的事件等进行策划。新闻是时间的艺术，时间点往往决定新闻点。关于未来发生事实的策划，这几年我们围绕庆祝改革开放40周年、新中国成立70周年、中国共产党成立100周年，包括迎接党的二十大，都在事前组织策划。这是比较常见的，也是比较从容的，可以提前很长时间就开始进行。对过去发生事件的报道策划，相对少一些，但有时也是很有意思的。对正在发生事件的报道策划，由于需要一定的时效性，必须在短时间内想出较好的点子，这是有一定难度的。这方面我们在抗疫报道中作了很多探索，比如“疫情之下长镜头”“疫不可挡的青春”“春风十里不如你”等等，效果比较好。

——从执行点上看，主要是编委策划、部主任策划和记者、编辑策划。编委策划，更多在全局上，或者说在宏观上做策划，往往是大方向、大阶段的策划，总体上某一年度、某一阶段应该多搞些什么报道。部主任策划和记者、编辑策划更多偏向执行层面的策划，具体到一个事实如何跟进，一个题材如何展开，一个系列如何铺展，等等。从目前集团的新闻策划看，呈现以下几个特点：一是全员策划，无论是新华日报全媒体部门，还是子报、子刊、网站、客户端，大家都在为出“精品”内容殚精竭虑、绞尽脑汁。二是全时策划，一年365天，大家全年无休，不分淡季旺季，天天想策划，如扬子晚报《少年志》，围绕青少年策划出很多活动，形成了以策划活动推进新闻报道，以新闻报道扩大活动影响力的良性循环；三是全媒策划，既有传统的消息、通讯、评论、论文等题材，也有网络专题、H5、视频、3D互动、技术应用等新媒体题材，形式多样，品种齐全。总体看，目前编委和部主任策划能力都很强，我们策划推出了深读版，坚持“逢重大主题必创新”的好传统，2022年的“乡村振兴·江苏百村调研”“对45家冠军企业的回访”“拼出中国式现代化江苏新图景”等策划都给人留下深刻印象。但是编辑记者的策划水平相对较弱，要进一步提高突破。

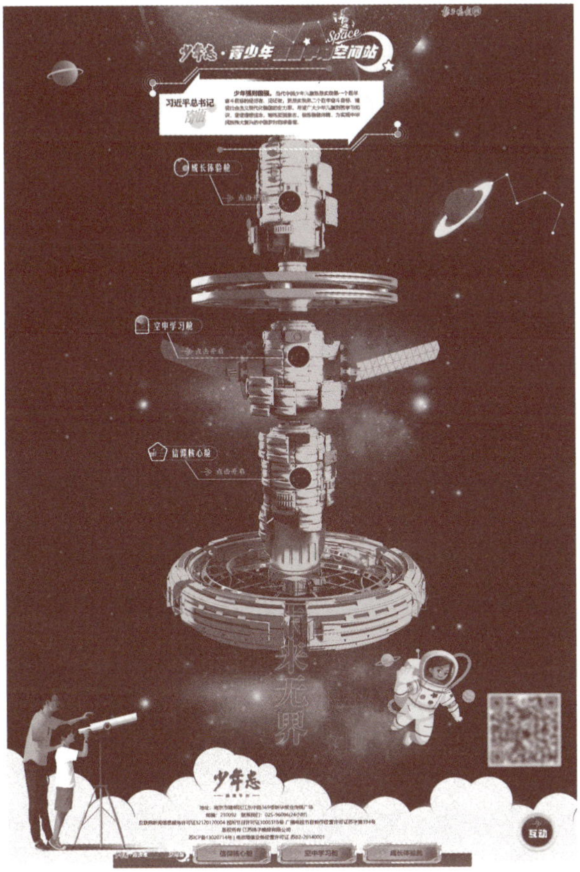

◀ 2021 年，扬子晚报推出《少年志·青少年强国学习空间站》多媒体新闻专题，获第 32 届中国新闻奖新闻专题类二等奖

短板在哪，误区何在

做好新闻策划，重在以党的宣传理论为指导，围绕服务中心工作、满足受众需求、正确引导舆论、擦亮媒体品牌等目标，在尊重事实基础上，通过对新闻点的高度提炼、深度挖掘，进行生产、加工、提升、传播的创造性劳动，最大限度地体现新闻的社会价值，并获得最优传播效

果。对照这一要求，比照央媒策划，我们在看到新闻策划成绩的同时，也要重视存在的不足：

围绕中心还不够聚焦。我在各个场合一直强调，新华日报社没有自己的中心工作，党中央、省委的中心工作就是我们的中心工作。习近平总书记的重要讲话、活动、指示批示，省委和省政府的常委会、常务会、决策部署中蕴含着许多新闻选题，可以策划出非常好的新闻报道。在重大会议、重大节点时，我们对中心工作的报道较好，但在日常新闻报道中，有的记者写稿时重点不够突出，常让人感觉敲鼓敲不到点上。部分报道看上去是中心工作，但力度不够，深度不够，隔靴搔痒，与“系列化、标识化、精品化”的要求还有差距。

服务群众还不够贴心。新华日报有开门办报的优良传统，与社会各界、人民群众的交流接触非常广泛。我们常说，“站在天安门上思考，回到田埂上写作”。媒体“四力”建设，第一条是“脚力”，但我们少部分编辑记者存在“宅社”甚至“宅家”现象，满足于打几个电话，满足于网上信息的整合梳理，深入基层一线还不够。有些单位、部门“为民情怀”不足，包括一些分社，缺少感受火热社会生活的新闻策划，收集到的基层情况和信息不足，工作新闻过多，“沾泥土”“带露珠”“冒热气”的鲜活新闻比较少，共性的话多，个性的话少。

整体联动还不够自觉。全媒体时代，坚持传统媒体和新兴媒体一体化发展、优势互补，融合步伐才能行稳致远。目前，集团新闻策划存在各自为政、各管一块的问题。有些全媒体部门，报纸意识浓厚，新媒体意识淡薄，与交汇点的互联互动不够；有的部门主动服务意识不足，从“相加”到“相融”还有相当大的差距。集团内部各单位发稿端口往往互不联通，也不联动，个别时候不同部门的端口发布内容还会自相冲突，没有实现真正融合。集团缺少整合全部资源的新闻策划，兼顾社会效益和经济效益的联动也很少。

方法手段还不够丰富。从集团各媒体新闻策划来看，有不少好的策划精品，但总体上策划亮点并不多，关键在于策划中视野不够开阔、思维比较狭窄、方法手段还有待进一步丰富。什么样的策划能打动人？一定是与日常报道有较大不同、不容易想到的，甚至有较大反差的，但同时也是合情合理的。毛主席在比喻中国革命高潮快要到来时这样说：“它是站在海岸遥望海中已经看得见桅杆尖头了的一只航船，它是立于高山之巅远看东方已见光芒四射喷薄欲出的一轮朝日，它是躁动于母腹中的快要成熟了的一个婴儿。”这段话既有比喻，又有排比，语言极具形象性、跳跃性和冲击力，我们的策划也是要借鉴这种行文的调性。好的策划就像毛主席的行文，在比喻的基础上再多一层排比，就会现出一种构思的精巧。

我们对比很多重大主题的同题策划案例发现，在新闻策划竞争白热化的当下，新闻产品如何能脱颖而出，具有辨识度、显示度、美誉度，是需要拔节、进阶、闯关式的深度开发的。一般性创意人人都能想到，你有我有大家有，这仅仅是一度开发。“九层之台，起于累土”，对选题不断深入挖掘，调整角度，深思熟虑，每上升一度开发，就能甩掉一群雷同创意，直至登临绝顶，独领风骚，一览众山小。在创意开发中，只有站上金字塔尖的人，才能锻造真正的精品。而塔尖的高度，与塔基的长度密切相关。创意者对选题的研究、素材的掌握、思考的力度，每一寸进步都拉长着这坚实的基础线。选题的深入是需要专业能力的。一个记者对某领域研究的专深，总是需要一个自我努力、不断进阶的过程。比如，传统文化传播热，尤其是2022年冬奥会带来节气策划热，集团内产品总的来说大同小异，很多是百度百科知识的视频化，这就基本停留在一度开发。在此基础上，有提升、有提炼，才有可能胜出。事实上，大江大河都从江苏过，与传统文化相结合，江苏绝对有做出一流精品的土壤。

在具体的新闻策划中，我感到还要避免几个误区：

误区之一，是为策划而策划。要遵循新闻的真实性，以事实为依据，尊重事物发展的一般规律，尊重新闻传播的基本规律，根据实际情况组织策划，而不是为了策划而策划。比如，为了显示在搞策划而随意策划，导致低质策划多而散，或是想不出好的策划就搞老一套，年年如此毫无新意。

误区之二，是将策划泛化。媒体每天面对大量的新闻事实，不可能对每个新闻都进行策划，因此坚持策划的必要原则尤为重要。只有那些反映党和政府的中心工作、关系群众切身利益、百姓所思所想的“急难愁盼”问题才值得策划。泛化的策划容易将重点选题淹没，也会导致力量分散，形不成抓重点选题的合力。

误区之三，是进行过度策划。媒体是党的喉舌，最重要、最根本的任务是正确地传递党的声音，传播信息，引导舆论。它应该反映客观事实、引领大众，而非策划一切、一切都去策划。新闻是靠脚力、眼力、脑力、笔力做出来的，不是坐在办公室“策划”出来的，应当做到适度而巧妙，过度策划只会让新闻坠入矫揉造作的误区。

误区之四，是借策划制造新闻。政治家办报的宗旨决定了我们新闻的导向性，新闻策划不是策划新闻，而是策划如何更好地报道、呈现新闻。策划必须依托于新闻事实，不能为了博眼球、抢爆款、引话题、赚流量去策划，更不能为求发行量、知名度、所谓话语权等特殊“利益”去无底线地操控舆论、“制造”新闻。

好策划“长”什么样

新闻策划是对新闻资源的再开发、再利用、再配置，从而实现最佳传播效果的创造性活动。做好新闻策划，必须把握规律和特性。我想，一个好的策划，需要具备或兼具以下八个特点和要求，概括起来就是八个“特性”：

——紧扣中心、响鼓重槌，强化服务性。我们的新闻工作要做好服务，一定要紧扣中心、响鼓重槌、抓住节点强化服务性。新闻策划要始终紧紧围绕中央、省委重大决策部署组织实施，聚焦重大主题体现报道分量之重。新闻策划，是对新闻事实进行深入地分析、研究，最终目的是反映问题、分析问题、解决问题，绝不是轻飘飘的风花雪月，甚至漫无目的的天马行空。我最近在思考一个问题：新闻宣传如何胸怀“国之大者”？新闻作品要取得党和人民“两头满意”的成果，首先要弄清楚什么是“国之大者”。这个“大”，既是指大道、大局、大势，也是指大事、大策等等。我们的新闻策划要围绕着这些方面展开，一方面善于学习了解国家大政方针架好天线，一方面发挥记者的优势践行“四力”，深入一线接好地气。这样的策划，既有高度，又有温度，才可能产生党委政府和人民群众“两头满意”的效果。当然，策划要体现“重”并不是让大家做传声筒，简单重复政策语言，策划的目的就是要选取好的角度，采集新的素材，运用新的形式，坚持以人民为中心，用群众有目共睹的事实、普遍认可的道理、耳熟能详的语言、喜闻乐见的表现形式，传递传播主流声音，引导群众凝聚共识。我们的采编部门和地方分社，都要结合自身实际，在紧扣中心、服务大局方面多做好的有影响力的策划。胸中有大局，笔下才会有千钧。

习近平总书记参加党的二十大广西代表团讨论，人民日报记者杜尚泽从现场讨论抓新闻点，采写发表了四篇现场新闻，标题分别是《“既是最难的，也是最伟大的”》《“虽千万人，吾往矣”》《“就是要理直气壮、很自豪地去做这件事”》《“因为信任，就好好把我们的事情做好”》，主题分别聚焦中国式现代化、反腐败斗争、中国特色社会主义理论创新、贯彻落实中央决策部署，语言活泼，细节生动，场景感人，同时主题又十分重大，建议大家去读一读。一场讨论，在常规消息之外，产生四篇既生动鲜活又很有分量的现场报道，绝对不是偶然的，这得益于记者紧扣中心的强烈政治意识，过硬业务功底，当然，也离不开现场抓新闻策划写作的能力，可以说是上接天线、下接地气的典范之作。

——握指成拳、穿珠成串，彰显系统性。我们经常看到有的媒体报道某件事或某个选题，花了许多版面，发了不少报道，但留给人的印象却不是很深，有一种“散”的感觉，人力组织上比较散，选题切入上比较散，这是我们在策划中一定要注意防止的一点。比如，某一单一新闻的报道上，也有个几部曲，先发消息，后发通讯或深度报道，最后发评论，策划时要系统考虑。对于大型策划而言，系统性特别重要。比如，几十篇报道，什么时间推出，一定要安排好。有的媒体在实施报道过程中刚刚搞了几集，后面接不上了。这些都会影响策划的效果。在这方面做得好的比如交汇点，这两年在长江大保护的主题策划上不断开掘，可以说系统性很突出。获得第 30 届中国新闻奖一等奖的创意互动作品《6 397 公里的守护》，以习近平生态文明思想为指导，以长江水利委员会水文局公布的长江长度 6 397 公里为标题关键词，将长江流域的文化与生态保护相结合，采用儿童朗诵古诗词“古韵”加长江生态环境自然原声“新声”的形式，全景记录长江流域生态、文化保护的生动图景，引发网友对生态保护的关注、参与、互动，取得了很好的效果。随后，交汇点继续在长江大保护主题上策划产品，每周日推出《古韵新声话长江》系列报道，还推出了“长江行”生态保护全民计划，奏响了协奏曲，打出了组合拳，做到了聚焦主题、握指成拳，一根红线、穿珠成串，思路清晰，效果突出。我们的大型策划都要体现这样的系统性。当然，彰显策划的系统性，我们还要充分考虑传统媒体与网络媒体的结合、内容与技术结合、信息流量与价值含量的结合，编辑记者与受众之间的结合，最大限度地放大新闻的效果。

——人有我有、人有我特，体现创新性。对党媒来说，创新是一种思维方式、方法路径，更是一种政治责任。党的十八大以来，守正创新已经成为宣传思想工作的根本遵循。联系到当下媒体环境，新闻资源的独家性越来越难，要想在“人有我有”中独树一帜，新闻策划必须靠创新性的思维，从内容、体裁、形式上多维思考，选择独特新颖的角度作为切入点，力求引人入胜，让老主题讲出新故事、成为新话题，从而“破圈”出新。面对同样的新闻事实，面对同样的新闻题材，如何策划，水平高低，切口怎样，直接决定了产品的质量与传播的效果。比如宏观面上的改革开放 40 周年、国庆 70 周年、全面小康、建党百年等等，都是大命题下的创新与策划的比拼。

我们注意到，同样是创新宣传新思想的新媒体产品和栏目，这几年，央媒和一些省媒先后都推出了重磅策划，都获得了中国新闻奖。新华社这些年视频制作横空出世，被称为视频“新华体”。国社的资源、投入我们可能比不了，但是创意可以学。第 30 届中国新闻奖特别奖作品《新中国密码：15665，611612！》，其创意让人击节赞叹！主创团队在摄制另外一部迎接新中国成立 70 周年短片《新生》时，经常会哼唱到主题曲《没有共产党就没有新中国》，发现这句歌词的简谱，记下来的数字就是“15665611612”，像一个手机号。于是，他们立即把手机号买了下来，并与运营商合作手机彩铃，随后在多个新媒体平台上发布了这串“密码”却不加任何解释，无数好奇的受众被吊起胃口去拨打这一号码，拨通后听到的是《没有共产党就没有新中国》歌曲放送，瞬间热泪盈眶。新华社在《新生》短片之外围绕这段旋律制作了一个新的片子《新中国密码》。实践证明，绝大多数引起热烈反响的全媒报道，都是充满奇思妙想的创意型产品。

中央广播电视总台这两年连续推出《典籍里的中国》《美术经典中的党史》等策划，都收到了很好的传播效果。面对弘扬中华优秀传统文化这个大课题，策划团队在思考，今天的中国，到底还有多少人在安安静静地阅读传统经典？又有多少人读得懂、读得进传统典籍？对此，央视提出打造一个弘扬中华优秀传统文化经典的栏目。这个策划的大背景在于，在新时代，中华优秀传统文化迎来了灿烂的春天。如何解读好、传播好中华优秀传统文化，对于宣传思想文化工作者而言，是一个重大机遇。江苏是文化大省，我们不能让宝贵的文化资源高悬在象牙塔，尘封在藏书馆，要发挥媒体的力量，自觉弘扬中华优秀传统文化，这方面我们有很大的开掘空间。

同样，本着“莫把丹青等闲看，无声诗里颂千秋”的初衷，美术工作者将我们党伟大历史征程呈现于壮阔恢宏的丹青画卷，通过具有史诗品格、震撼心灵的美术经典，塑造人物、表现历史、描绘现实，我们集团的扬子晚报也策划推出了类似的栏目。中国江苏网《百件馆藏　百年芳华》，把分散在全省各大展馆的红色藏品，通过记者的实地采访串起来，聘请红色文物守护人，讲述红色文物背后的故事，蕴含的精神，这也是宣传党史革命史的创新之作。包括中国江苏网推出的《E 起学习》网络专题，都是聚焦一个大主题，有的是文字性的深层阐述，有的是精心打造以微视频为主要形态，有的体现互动参与，可以说各展所长，各有创新，做到了人有我亦有，我以特取胜。最近，我们对员工薪酬中的“绩效三”进行了调整，目的就是更大力度奖励精品生产，奖励想干事、能干事、干成事的人。

——浓墨重彩、入眼入心，提高实效性。这一点很好理解，就是一个好的策划，一定要舍得配置最强的力量，拿出最好的版面，取得最优的效果，让我们的服务对象满意。在 2022 年党的二十大报道中，新华日报精心策划，精心采编，10 月 15 日在大会开幕前一天推出《紧跟总书记　奋进新征程——热烈庆祝党的二十大胜利召开》特刊，整个特刊共 4 个板块 16 个版，4 个板块分别是“国家大计，江苏有为”“强富美高，壮美画卷”“扛起使命，谱写新篇”“自我革命，坚强保证”。特刊在朋友圈广为转发传播，形成刷屏之势。同名 H5 产品，被几十家国内主流媒体客户端和门户网站转载，上线 3 小时点击量突破 800 万次。《紧跟总书记　奋进新征程》特刊时点好，创意新，收到了浓墨重彩、入眼入心的效果。我们作为主流媒体，在重大节点上，大型策划一定要以一当十，彰显我们的责任担当和创新能力。什么时候最需要重磅策划，什么时候推出效果最好，都需要我们提前做到心中有数，只有把握好了时、度、效才能提高新闻宣传的实效性。

像这次我们获得中国新闻奖一等奖的作品《号角催征——解码〈新华日报〉老报纸里的百年初心》，角度独特，史实厚重，从 1938 年 1 月 11 日至 1964 年 10 月 1 日的《新华日报》中，解读了 369 个版面、351 篇珍贵的新闻报道和文章。为淘洗出这些“金子”，每 1 000 字的产出，背后都有超过 10 000 字的阅读。28 篇主通讯，从 4 月 11 日首推到 8 月 23 日报纸终篇报道，总字数约 12 万字，还有 30 多个短视频，堪称浓墨重彩、入眼入心的典范之作。中宣部《新闻阅评》认为该报道“从报史与党史重要事件、重要人物的交互点上，对‘中国共产党为什么能’这个重大命题给出有力回答，为伟大‘建党精神’提供了丰富实证”。

▲ 在 2021 年建党百年之际，新华日报推出《号角催征——解码〈新华日报〉老报纸里的百年初心》系列报道，获第 32 届中国新闻奖重大主题报道类一等奖

——善借外力、为我所用，秉持开放性。互联网背景下的内容生产，早已突破了所谓专业生产的模式。我们经常强调原创，但这个原创不能理解成媒体记者采写的才是原创。毛泽东同志提倡群众办报，互联

网时代则要求开放办网、办端，道理一以贯之，只不过当今可以为媒体所用的外力和各种资源，已经比过去大为拓展。我们在策划时，要坚持专业力量和外部力量并举，以开放的原则搞策划，这会大大拓宽我们的视野，提升策划的水平，办成单一媒体无法办成的事情。比如，新华日报社联合江苏省委研究室、江苏省农业农村厅共同启动大型全媒体行动“乡村振兴·江苏百村调研”，用脚步丈量全省所有涉农县（市、区）的100个乡村，对话300位“新农人”、村干部与老居民，用记者、专家、行业主管部门等多重视角观察变化，用理性之思与实践之问激发全社会共同关注“三农”的合力，全面推进乡村振兴。每一篇报道的后面都附有“专家点评”，以专业和理论的视角，将样本的个性和共性结合起来分析，提供可资借鉴的经验和思路。

再如刚刚讲到的《典籍里的中国》，既包括央视的创作团队，还聘请了国家话剧院、中国历史研究院的专业力量，大家各展所长，共同以创新的手法，将传统经典搬上了荧屏，让不同年龄段、不同知识面的中国人看到了我们辉煌的过往，让经典不再“高冷”。节目成为爆款，这既要归功于创新的魅力，也是开放性策划带来的效果。

华龙网获得第32届中国新闻奖一等奖的《人间正道是沧桑——百年百篇　留声复兴之路》，自2021年4月6日起连续推出100天，在各大平台浏览量合计3亿人次，实现了现象级传播，获得了党史研究与新闻传播界的高度认可。这个策划也是开放性策划的一个经典案例，每期产品都有不同的故事讲述人，有机关干部、专家学者、高校教师、青年群体，参与面非常广。策划讲述文献背后的鲜活人物和尘封往事，追溯革命前辈的生命历程和精神世界，让革命文物在与时代接轨中走近群众。这就大大突破了新闻生产的边界，拓宽了内容再造的路径。

——定向聚焦、专题服务，讲究垂直性。在实际策划中，我们不可能要求所有选题都是非常宏观的，都是直接服务省委中心工作的，具体实践中还会有许多涉及条线、专业领域的策划，这就需要定向聚焦、专题服务，在强化策划的垂直性上下功夫。我们经常讲经营拓展要垂直，频道运维要垂直，这些都需要垂直性的策划来支撑。这样的策划，从加强与相关部门和领域的对接联系来说，指向性很明确。比如，江苏法治报近两年来围绕重大主题，抓住重要时间节点，策划了不少内容优、传播广、影响大的重大主题报道。2021 年，围绕建党百年，该报承办了“百年旗正红　法治开新局——江苏政法系统庆祝建党 100 周年大型融媒体新闻行动”。2022 年，该报又推出“喜迎二十大　法治建新功——总编辑对话设区市政法主官”系列主题报道。这两个重大主题报道，提升了《江苏法治报》在读者、用户中的传播力，增强了在政法系统的影响力，推动了融合转型发展。2022 年的这组报道，省委政法委官微《江苏政法》转发了全部融媒体报道，省委宣传部、省新闻出版局《江苏出版审读》提出表扬，中央政法委宣教局《政法宣传工作动态》予以肯定。我们集团现在那么多媒体、客户端和公众号，有的就是垂直的，策划要多样化、特色化，不要单一化、同质化。否则，就是新华日报的重头策划你转我转他也转，你的特色就不明显。在垂直策划方面，空间还很大。集团现在专业的媒体比较多，既要抓内容，又要抓效益，希望不断加强这方面工作。

——前瞻布局、把握先机，力求主动性。新闻策划，是事先预定思路的报道，对事件、新闻进行参考性预测，因此可以通过超前分析，对新闻的结果、意义进行提炼，使它成为有指导性的新闻。在策划上，我们要注重前瞻布局、把握先机，力争先一步，不能慢半拍。特别是在融媒体环境下，新闻作品像过去那样提笔写就、倚马可待的情形越来越少了，大都要事先策划布局才行。融媒体产品，从策划到采集素材到实地拍摄或绘画，再到剪辑、配音、推广海报等，是一个完整的链条，哪一个环节慢了都会影响全局。所以说，主动策划提前实施非常关键。这方面，成功的案例很多，有的在成品推出前一两年就开始策划了。相反，也有的节点性新闻，因为策划启动比较迟，时间很紧张，仓促之中就出不了精品，甚至还有可能形成疏漏和差错。做得好的比如，新华社获得第30届中国新闻奖一等奖的通讯《英雄无言——95岁老党员张富清的本色人生》，新华社湖北分社记者获悉张富清60多年深藏功名的事迹线索后，立即进行多方核实，迅速启动，由分社社长直接领衔组建全媒体报道团队，并向上级推荐作为中华人民共和国成立70周年重大典型人物进行宣传报道。采访团队深入一线，扎实采访挖掘，从外围开始，采访了军人信息采集员、老英雄的老同事和后辈、妻子和儿子等数十人，十易其稿，正文九小节采用类似电影场景转换的方式，从不同侧面讲述张富清的感人事迹和可贵品质。发稿时精心进行了融合呈现。如果这样一个重大典型，发现时慢一拍，启动时慢一拍，被其他媒体抢先了，或者说仓促派记者，采访发稿一两天就完事了，新华社作为国家通讯社就会很被动，也出不了这样的精品力作。《新华日报》作为省委机关报和江苏第一主流媒体，在重大新闻的发布特别是延伸策划上，我们要发第一声，打第一枪。

——善于学习、不断积累，注重成长性。要做好新闻策划，必须善于学习、不断积累。放眼集团内外，有的媒体以策划见长，经常能在中国新闻奖评选中榜上有名，有的则比较沉闷，多年不见成果。我们集团内部各个部门之间，也存在这方面的不平衡性，这几年获奖的作品，可以做个分析，各个采编部门贡献了多少？所以讲策划，牵头者很重要，编委会很重要，部主任很重要。学策划、会策划、善策划，是个循序渐进连续性的过程，需要不断地学习和积累。我们自身曾经怎样做过，兄弟媒体有过哪些好的案例，在一个多维的坐标系中进行产品定位，在研究与比较中实施创新，注重交流碰撞，吸收各方智慧，才能打破路径依赖。我讲过，今后重大报道要由部主任担纲策划，大家要一起比拼。

澎湃新闻获得第28届中国新闻奖一等奖的作品《长幅互动连环画丨天渠：遵义老村支书黄大发36年引水修渠记》是一个典型报道，

聚焦的是一位村支书用一辈子时间，彻底打破了村庄干渴的宿命，带领千余人打开了致富之门。这样一个典型故事，澎湃的表现手法是以故事的核心“渠水”为主线，开机屏海报以宏大的“天渠”二字为题，背景用动画的形式展现村民带着劳动工具行走于悬崖之上水渠的画面，渠旁就是千米绝壁，场景震撼。无独有偶，在党的二十大报道中，华龙网推出了国际传播产品《“天路”背后的中国答案》，一期不到 8 分钟的短视频，报道重庆深山中下庄村的脱贫故事。下庄村在绝壁之上修一条“天路”，七年时间付出六条生命，终于与外面的世界联通了，发展了旅游业，村民也脱贫了，这背后蕴藏着怎样的中国力量？这个报道邀请了一位在重庆工作生活 15 年的社交平台博主出镜，从他的视角观察探寻脱贫攻坚背后的故事和密码。无论是“天渠”，还是“天路”，都有其新闻的独特性，内容上也有共通性，但创作团队在策划时进行了再创新，视角的创新，形式的创新，传播面的创新。从中可以看出，策划创新是一个不断超越的过程，只有不断地学习积累才能提高眼界和水平。有一句话讲得特别好：眼高手低，眼高不一定手高，但手高的人一定眼高。怎样才能眼高，就是要多看多研究、多比较、多积累，最终通过群体协作达到眼高手高的目标。

新的一年开始了。大家不妨扪心自问：这一年的重要时间节点盘过了吗？重大事件排过了吗？重点选题梳理过了吗？时不我待，星光从不负赶路人，希望各媒体单位进一步强化意识，精心策划，持久发力，出新出彩，努力生产出更多的精品力作。

（2023 年 1 月 4 日）

一线感言

杜雪艳，新华日报社交汇点首页编辑部副主任，主任编辑。新闻作品《拼出我们的现代化》获第33届中国新闻奖重大主题报道类二等奖。

做一个踏实的“磨刀人”

看武侠小说时，总期待大侠出招。一来威力强劲，看得过瘾；二来常常一招制敌，效率极高。然而，本领并非与生俱来，藏在地平线以下的“磨刀”功夫才是根本。

二十多年前，第一次做全国两会版面编辑时，一个通版的“排兵布阵”让当时的我紧张得直冒虚汗——显然，这是“磨刀”功夫不到家。为文如砍柴，要想砍柴多且快，奥秘就藏在“磨刀”上。到交汇点工作后，我也面临新闻策划的“转型”，最深切的体会是唯有多“磨刀”，才能“磨”宽视野、“磨”活思维、“磨”出新意，才有策划的底气和做事的定力。

新闻宣传如何胸怀“国之大者”？在策划、制作专题《拼出我们的现代化》时，这个问题“磨”了我们很久。2022年11月底，集团开展“拼出中国式现代化新图景”新闻行动，为选题创造了十分难得的新闻由头与内容加持。一次项目组连夜电话会议后，我把那段时间以来团队商议的要点拎出关键词写在纸上，摊满了客厅的沙发、茶几，尝试按照不同逻辑进行分类。夜深人静，几轮下来，思路渐渐打开。突破“经天纬地”式思维，经过领导的不断完善，“我们的现代化”“我们的现代话”“我们的现代画”三大主力板块浮出水面……最终，项目组“磨”出了一件重大主题报道融媒精品。

新闻宣传如何做到“人有我特，体现创新性”？我感受最深的是2023年下半年，在领导带领下我们分别磨了两把“新”刀：大型互动融媒产品《我们向前　中国向上》，以及XR沉浸式新闻情景短剧《千年·十年》。这两部作品都属于创新创意型产品，那段时间大家一直在“看—学—试—立”中循环，推敲打磨后每一个想法的“落地”都格外令人振奋。正是在这种“磨刀精神”的影响下，我明显感觉到首页团队思维方式的转变，在提出内容创新和形式创新的要求后，更多人由下意识的“我不行”，转而思考“我怎么才能行”。

著名的“一万小时定律”说，任何人要从普通人变成某一领域的专家，都需要经过至少一万小时的锤炼。培养精益求精的“磨刀”精神，必须保持咬定青山不放松的定力，永葆“止于至善”的追求，做一个踏踏实实的“磨刀人”，于尺寸积累间，成就策划上的卓尔不凡。

争做精品生产的“发光体”

——如何对标中国新闻奖

两周前，第32届中国新闻奖颁奖活动结束。这些天，我一直在思考一个问题：我们应当如何对标中国新闻奖，再创集团精品生产新佳绩？

自2017年确立“精品生产年”以来，集团上下高度重视优质内容生产，形成了个个想精品、人人谋精品的良好局面，内容生产的质量水平明显提高。体现在自第28届至第32届这五届中国新闻奖的获奖成绩上，我们集团与过去相比有了质和量的飞跃。从全国来看，新华报业获奖总数32个，在全国省级报业传媒中稳居第一；一等奖获奖数量为8个，同样位居全国省级报业传媒首位。

近几年的实践充分说明，精品生产抓与不抓效果大不一样。当然，这还只是直接体现在中国新闻奖的获奖数量上。从全集团各方面工作看，由于狠抓内容精品，服务水平明显提升，品牌影响明显提升，发展优势明显提升，发展效益明显提升，综合实力明显提升。可以说内容是根本，内容是报业传媒一切工作的原点。有了这个原点，就像老子在《道德经》中所说，“一生二，二生三，三生万物”，集团各项工作都可以有效和顺利地盘活。因此，我们仍要坚定不移、尽心尽力走精品生产之路。

今天，我想围绕“如何对标中国新闻奖”谈几点认识，与大家一起共勉。当然，这些规律、道理和要求同日常精品生产也是一脉相通的，不光是冲奖的关注点，也是日常报道中应当积极运用的方法和手段。

“重”：主题要重，手法要巧

纵观中国新闻奖获奖作品，几乎都是在全国范围内属于主题重大、事情重要的内容。因为从全国大奖这个层次来看，不可能关注仅在一地一域、某个行业有一定影响、获得局部关注的新闻内容。作为省级主流媒体，我们说的“重”，一定是立足省域，但又有全国意义、全国影响的“重”。因此，在做好日常重头报道的同时，我们在生产冲击大奖的新闻作品时，站位还要进一步提升，要始终从全国意义上去评判报道是否有分量，是否足够“重”。体现“重”的方面很多，可以从重大主题、重大战略、重大项目、重大事件、重大典型等方面入手。围绕这些方面做好题材筛选、策划，进而开展形式多样的宣传报道。

当然，既要善于找准“重”，又要擅长处理“重”。“重”往往是宏观的、全局的，因话题重大、重要，在报道中容易出现过于沉重、过于严肃、过于高冷等问题，容易让普通读者敬而远之、望而生畏，同样也无法获得评委的认可。范敬宜同志曾用一段鲜活辛辣的排比句，表达对当时一些宣传报道的态度：“只知道旗帜鲜明，不知道委婉曲折；只知道理直气壮，不懂得刚柔相济；只知道大开大合，不知道以小胜大；只知道浓墨重彩写英雄，不知道轻描淡写也可以写英雄；只知道浓眉大眼是美，不懂得眉清目秀也是一种美；只知道响鼓重锤，不懂得点到为止；只知道大雨倾盆，不知道润物无声。”这段话，说在很多年前，却也直击今天新闻宣传的痛处。

如何让“重”的主题可读耐读，要处理好以下几个方面的关系：

“重”与“轻”。重大题材报道固然非常具有价值，需要达到重磅重锤的效果，但在策划、处理和写作的过程中，却不能一味“以重对重”，让人感觉犹如负重登高，吃力难读。想要获得比较好的阅读和传播效果，就要注意“软着陆”“轻处理”，让宣传报道举重若轻、娓娓道来，提升对读者的亲和力、吸引力。比如，第 32 届中国新闻奖一等奖作品《沿着高速看中国》，采用行进式报道，以高速公路为骨架，沿路走访山河湖海，云游城镇乡野，品味风土人情，串联经济动脉。通过“高速公路”来“管中窥豹”，实现大主题的“轻”表达。获奖作品《人间正道是沧桑——百年百篇　留声复兴之路》围绕党史教育这一重大主题，以习近平总书记重要讲话精神为纲领，深入挖掘重庆革命文物文献背后的故事，采用轻量化、通俗化、移动化传播，既展现历史内涵、时代价值，又符合大众阅读习惯。获奖作品《风卷红旗再出发》《找到家乡第一个党支部》等也是通过“文物”“红旗”等具象化的实物，将“党史”这一重大主题融入其中，推出后获得社会各界广泛好评，尤其是受到年轻人的喜爱。有时候，轻与重本身也是相对的，也是相互转化的。比如，由钱江晚报记者采写的系列报道《杭州百家小店生存报告》荣获中国新闻奖三等奖。这组调研报告记录疫情下小店遭遇的纠结和困境，展现它们的生存状态和蓬勃生命力，从小处反映了疫情下经济和民生的大主题。

“重”与“活”。重大题材报道由于其分量重，也容易显得“硬”和“冷”，难以让人感同身受。如若写作过于程式化，呆板沉闷、直接生硬，特别是“调门高、口气硬”，有股“教师爷”的气味，很难让读者感兴趣。要让重大主题报道“色香味俱全”，能够“飞入寻常百姓家”，就要善于用“活”的案例诠释大主题，用讲故事的形式提升鲜活度，让受众产生代入感，增强吸引力和感染力，提高宣传报道的质量和效果。获得第 31 届中国新闻奖一等奖的作品《直播大湾区》，以一个个人文地标和诸多鲜活故事呈现“9 + 2”大湾区城市群，既深度聚焦 11 个城市的发展成就，又全景式展现每个城市的特色，微观宏观兼具，既有高度又接地气，充满人情味。

“重”与“实”。新闻是事实的报道，新闻报道切忌空泛虚化。重大题材报道往往因主题较大、落点不实而陷入宏大叙事的境地，处理不好就会造成主题与内容的脱节，让人感到是硬做文章。因此，推出这类报道必须“接地气”，紧贴实际、紧贴读者，多用实实在在的事、实实在在的人、实实在在的成绩，有效提升读者用户的认同感和共情力。例如，获得第 31 届中国新闻奖国际传播一等奖的作品《江河情缘》，讲述了习近平总书记关心重视长江黄河生态治理、经济开发、文化传承的故事，策划团队把准国外读者心理，用实实在在的人和数据来报道。受访普通群众简单朴实的话语、真实感人的笑容、自然流露的情感，直观地展现在外国网友们面前，让无数来自其他文化背景、其他国家地区的外国网友们能够感同身受。获得第 32 届中国新闻奖典型报道类一等奖的作品《杂交水稻之父——袁隆平》，抓准了袁隆平院士在不同时期工作生活中不同角色的表现，通过采访他的亲朋好友，讲述一个个实实在在发生的故事，抓住小细节，多角度、立体式呈现了袁隆平不懈追梦、造福人类的高尚一生和朴实无华、风趣可爱的多彩性格，让人们看到一个全面的、闪耀着人性光芒的袁隆平。第 32 届中国新闻奖一等奖作品、典型报道《体育老师王红旭生命中最后一次百米冲刺》《焦裕禄精神的新时代回响》，都是通过采访新闻主角身边的人，通过亲历者的诉说，讲述真实发生的事，用平实的表达塑造主角形象。过去新华日报生产过不少优秀的典型报道，比如昆山之路、张家港经验、“时代楷模”王继才等等。今年中国记协专门为典型报道设立了奖项，典型报道我们一定要抓，一定要多下功夫，其意义不仅仅是在于获得中国新闻奖，而是更好地反映 8 500 多万江苏人的精神风貌。

“新”：慧眼识新，巧手出新

“新”，是新闻的题中应有之义，没有“新”也就没有新闻。这个“新”，也一定是具有时代意蕴的“新”，符合时代逻辑的“新”。记者、编辑要有一双慧眼，加强“新”的价值判断、价值挖掘，真正报道出那些聚焦人民群众和时代发展的新闻。

关注新事实。新事实、新事物的出现总是能引起读者的兴趣和好奇。新鲜事物有大有小，有的重要有的不重要，有的新闻价值高有的价值相对低一些。在日常工作中，我们都比较关注新鲜事物，根据事实的轻重程度写成分量不一样的报道。但在具有突出价值的新事物出现时，我们一定要及时敏锐地抓住它。比如第 32 届中国新闻奖一等奖作品《中国人首次进入自己的空间站》，记者紧紧抓住“中国人首次进入自己的空间站”这一重要里程碑事件，定格中国航天事业发展的历史性时刻，是一则具有重大新闻价值和历史意义的新闻。再如同届获得一等奖的作品《大庆发现超大陆相页岩油田》，作者敏锐地抓住这一重大新闻事件，并从新闻发布会扩展开去，采访很多相关专家，全方位、深层次报道这一重大事件。在中国新闻奖获奖作品中有许多这样的作品，如《5G 技术助力国产机器人完成全球首场骨科实时远程手术》《我国首条小卫星智能生产线首颗卫星下线》等等。当然，有的同志讲，这类有价值的新事实往往可遇不可求，实际上只要具有敏锐的新闻嗅觉，好新闻也是可以“挖”出来的；只要做有心人，好新闻是可以“养”出来的；只要善于做价值判断，放大“新”的效应，好新闻也是可以“写”出来的。如新华日报记者杭春燕的获奖作品《省政府首次提起环境公益诉讼》，就是参加省政府有关会议时敏锐抓到的线索。比如获得第 31 届中国新闻奖一等奖的作品《湖北新冠肺炎新增病例首次零报告》，是在湖北疫情防控取得阶段性胜利的关键节点，等出的“硬新闻”。有时最后一个结束的事物从某种意义上看也是新出现的事实，比如《我国最后一个不通公路的建制村车路双通　滴滴！阿布洛哈村来车了》等稿件，就是抓住了这样的新闻。

聚焦新进展。我国改革开放已经 40 多年，改革领域历来是新闻富矿。当前，改革从总体上说已进入了深水区和攻坚期，改革领域的新闻有很多，很多都具有重要价值。改革实现新的突破往往会有一个积累的过程，推行改革是新闻，改革取得重大突破更是大新闻。记者、编辑对条线的变化要认真进行研究积累，时时关注留意，善于抓住改革中“化茧成蝶”的一些重要时刻形成优质稿件。中国新闻奖获奖作品中有大量改革领域的新闻，比如《浙江为“最多跑一次”改革立法　审议通过全国“放管服”改革领域首部综合性地方法规》《“戴口罩”入法，下月起施行！福建出台全国首个专项法规》《浙江在全国首创省市县三级医学检查互认共享》《云南开出全国首张区块链电子冠名发票　智慧旅游继续领跑全国》等等，都反映了不同领域的改革创新。有的新闻素材不一定是制度性变革，但由于其变化具有重大意义，体现重大价值，也是极易引发读者关注和评委青睐的。比如二等奖作品《我国南极昆仑站和泰山站气象站“转正”》，就是记录中国气象科技进展，对外讲述中国积极应对气候变化、坚持科技自立自强的南极科考重磅新闻。再如获奖作品《“兴发”转型：从按“吨”卖到按“克”卖》，敏锐地抓住了“中国芯”的重要原材料——磷酸蚀刻液产品第一万吨下线这一新闻节点，深入挖掘背后的故事，读来让人很有感触。

关注新变化。文章合为时而著，新闻作品与时代同频共振，是必然要求和必然规律。这里的时代新变化与前面讲到的突然出现的事实不同，是一种渐进式的变化，这是需要认真留意和观察的。可以说，新时代以来，中国广袤大地上发生着历史性变革，生活中各种各样的变化往往反映着时代的“脉动”，蕴含人民之声，体现社会进步的价值。反映时代、讴歌时代就要察觉和认清时代之变。记者要善于观察，善于从不同事物、不同角度、不同层面反映时代新变化。如第 32 届中国新闻奖一等奖作品《老表们的新生活——鸟哥“打”鸟》，讲述了江西省婺源县农民余鹏海发现家乡生态变美、珍稀鸟类增多后，趁势当上职业“鸟导”的故事。这个策划运用反差视角，寻找农村新职业，以时代的新变化彰显了脱贫振兴和全面小康的成就。同届中国新闻奖的一等奖作品《六盘山与秦岭之间形成动物迁徙通道　秦岭 53 种珍稀野生动物来六盘山安家落户》也是很好的例子，反映了中国为扭转地球生物多样性衰减趋势，在加快生物多样性保护方面所作出的努力。2021 年，中央有关部门开展文娱领域综合治理，在此背景下，光明日报的评论《三观岂能跟着五官走》深入剖析并批评了文娱领域的不正之风——“颜值即正义”的畸形价值观，指出这种价值观导致粉丝对偶像的“无脑式”追捧行为。记者敏锐地抓到了这点，作品获得中国新闻奖一等奖。此外，《鲟重现　刀鲚增长　江豚频出　十年禁渔让九江再现江湖美景》《里程碑！全球最大碳市场开市　湖北“十年磨一剑”，“磨”出注册登记系统》等获奖作品，也都及时抓住并反映了时代的新变化。

“问”：抽丝剥茧，勤问善问

“问”，就是问题意识，也就是善于发现问题、研究问题和解决问题，在对问题的抽丝剥茧中体现思想深度。恩格斯曾这样评价马克思：“在前人认为已有答案的地方，他却认为只是问题所在。”毛泽东也说过：“问题就是事物的矛盾。哪里有没有解决的矛盾，哪里就有问题。”问题意识是报道新闻时必备的认知方式，是新闻人的自我修养，也是主流媒体的责任担当。

从中国新闻奖的评选结果来看，评委们特别钟情于反映问题、研究问题的稿件。媒体“问”的表达形式可以是调查报道，可以是评论，可以是新闻漫画，还可以是舆论监督。不管是哪种体裁或题材，在新闻报道中，我们都要养成勤问善问的习惯，注重深入研究问题和反映问题，具体要做到以下几点：

反映“发展之问”。发展是时代的主题，问题是时代的声音。报道发展中的问题，就是记录时代、记录历史。发展中各种各样的问题都值得关注，发展中也有非常多的问题值得报道。每位记者、编辑，只要负

责某个条口条线，就要强化“专家”意识，深入了解行业背景、现状和未来，深入发现问题、挖掘问题、研究问题。这样，必然能生产出好作品。比如去年广播评论二等奖作品《智能时代，如何让老年人跨越“数字鸿沟”？》，敏锐地关注了老年人在智能时代被“抛下”这个严肃的社会问题，触及社会管理中的痛点、难点，播出后引起社会普遍关注。2020 年末，国家层面出台了相关政策，各地也都采取措施解决老年人面临的数字化困境。又如解放日报今年获得一等奖的评论《到处人脸识别，有必要吗？》，这是舆论场上较早针对这类时代新技术提出的反思和批评，传递出新热潮中的清醒冷静，体现党报评论理性、建设性的特点。再如第 30 届中国新闻奖一等奖作品《哈尔滨一场专为非公、小微企业量身定做的焊工比赛，却只有两家企业参加——一些私企为何不愿参加技能竞赛？》，以及刘庆传多年前获奖的一篇评论《暂不出“新政策”也是好政策》，关注的是如何推进民营经济发展这个时代课题。发展问题也包括中国面临的国际问题，有的获奖作品对我们做好外宣报道很有启发。比如今年的国际传播类一等奖作品《“东西问”之“观中国”系列报道》，以学者客观、平实的视角回应国际社会对中国的关注与疑问，较好地起到了解疑释惑之效，提升了中国议题在国际舆论场的整体声量。国际传播类获奖作品还有《Why is the CPC worthy of trust？（中国共产党值得信任的秘诀是什么？）》《Documentary | Inside China：A Discovery Tour（重磅纪录片 | 真实中国：民主自由人权探索之旅）》等，都做到了回答世界对中国的疑问，引导海外读者观察中国时既能“知其然”，也可“知其所以然”，塑造了可信、可爱、可敬的中国形象。

反映“民生之问”。民生也是发展问题，之所以单独拿出来讲，是因为民生无小事，民生最关情，民生是中国新闻奖重点关注的话题。民生问题，体现在报道内容上，就是人民群众最关心、最直接、最现实的利益问题，包括吃穿住行、养老就医、子女教育就业等等。对这一类问题我们务必积极对待，不要因为有的问题看起来不大、有的问题没有多少新意等等原因而放弃，只要深入研究和报道，推动解决老百姓的难题，就会取得很好的传播效果。中国新闻奖获奖作品中，很多都是反映民生关切的焦点、难点问题。比如今年新闻专栏类一等奖、北京日报社的《民生调查》，这个栏目聚焦群众“急难愁盼”，通过《入住10年为何难办房产证》《这儿的居民上个厕所竟这么难》《居民楼苦陷百家餐饮档口“围城”》等报道，每年反映上百个关系群众切身利益的问题。比如，第32届中国新闻奖一等奖作品《多地清洁取暖被指“一刀切”：禁柴封灶致部分群众挨冻》，记者独家调查发现，个别地区在推行清洁取暖过程中，采取禁止烧柴、封堵炉灶等一刀切极端手段，导致部分老人孩子和困难群众挨冷受冻，报道后有力地促进了民生问题的解决。比如今年的二等奖《“会后探落实·四问校外培训”系列报道》，对公众反映较为强烈的校外培训虚假宣传、制造焦虑、超纲教学、监管缺失等问题，进行了一次全面问诊。作品既充分反映群众切身感受，又客观梳理多年来相关部门的应对举措，既深入剖析乱象成因，又审慎探讨对策建议。报道刊发后不久“双减”政策便落地实施。总之，作为新闻记者，应该成为一个“把脉”的高手，能够准确知道民生的脉搏在哪里、病灶在哪里、药方在哪里，及时把脉问诊，理性深刻回答民生问题。

反映“监督之问”。舆论监督也是新闻工作者发现问题、揭示问题、促进问题解决的一种重要手段，它往往就是从读者用户反映的问题、投诉的问题中发现可以公开报道的新闻线索。今年的中国新闻奖首次设立了舆论监督报道奖项，可见对舆论监督的重视程度。舆论监督类奖项评选要求是：“揭示社会存在问题、维护公平正义、促进时代进步的新闻作品。应事实准确充分，报道客观全面，富有建设性，切实促进实际问题的解决。”其中，准确充分、客观全面，就是确保局部真实和总体真实，不能只见树木不见森林；富有建设性，促进问题解决，就是要提出解决问题的思路，切忌“放空炮”，否则就失去了监督的意义。当然，高明的舆论监督报道，不是就事论事，而是透过现象看本质，找出背后普遍原因，有助于深层次整体性地解决问题。比如获奖作品《莫让驻村队员变演员》，不仅对脱贫攻坚“造典型”等荒诞不经的现象提出批评，而且对现象背后潜藏的问题进行了有力揭露和无情鞭笞，抽丝剥茧般直指问题实质和要害，富有建设性姿态、具有批评性意味，充分发挥了舆论监督发现问题、预警社会、解决问题、推动工作的作用。获奖作品《“东北黑土地保护调查”系列报道》，记者深度调查、暗访，揭开地方承包土地“采矿式”疯狂盗采、售卖黑土产业链，引发中央和地方高度关注，推动了相关部门为黑土地保护立法。我们集团也有多篇监督类稿件获过中国新闻奖。比如林培和陈道龙合作的《一纸推广证　几多“生意经”》一稿，揭露为了敛财滥发科技成果推广证，危害企业创新、加重企业负担的问题;《学生午餐费，咋变成老师泡脚盆》发表后，得到省市教育部门高度重视，发文要求坚决制止侵占学生餐费、克扣学生伙食的行为。获得第 31 届中国新闻奖一等奖的《青海“隐形首富”：祁连山非法采煤获利百亿至今未停》，获得第 30 届中国新闻奖一等奖《病死猪田间乱丢知道吗……〈问政山东〉现场局长被 8 连问后语无伦次》等诸多稿件也都是这样。这里提醒一下，大家要注意把握好舆论监督的尺度，舆论监督并不简单等同于批评报道。我们既要善于揭示和反映问题，也要理性看待和分析问题，以建设性态度推动相关问题得到有效解决。换句话说，开展舆论监督的目的不是简单的“解气”，而是建立在“解释”基础上的“解决”。

“融”：多元融合，全媒传播

媒体融合是媒体发展的大势所趋，全媒体报道、融合报道是新闻产品的新形态，是读者用户的新需求，是新闻转型必须答好的时代命题。融合也是中国新闻奖倡导和鼓励的方向，近年来陆续设置了媒体融合、应用创新等奖项，构建全媒体传播体系的重要性不言而喻。在“融”字上下功夫，要注意以下几个方面：

注重内容与技术的融。在近年来中国新闻奖的参评作品中，移动直播、无人机、AR、VR、H5、人工智能、三维特效、数据可视化等新技术投入运用已屡见不鲜。一篇优秀的融媒体作品，内容是核心要素，技术是基础支撑，创意表达则为其添彩增色。内容和技术的完美结合才能实现作品影响力上的深度和覆盖面上的广度。比如今年川观新闻的作品《三星堆国宝大型蹦迪现场！ 3000年电音乐队太上头！》，聚焦三星堆遗址新一轮考古发现这一重要新闻事件，以富有创意的动画师数字手绘等技术应用，搭配以幽默四川方言的电音神曲，融入赛博朋克特效，多元素融合反差萌，让古蜀文物在互联网上“活”了、火了。比如科技日报今年获得二等奖的作品《放大音量！听百年最硬核声音》，仅仅融合了视频和音频两种形态，但在内容方面，汇集了中国百年科技史上极具代表性的十余个事件、人物的珍贵音频资料，说服力强，让人感到余音绕梁。国际传播也需要内容和技术恰当融合，比如第29届中国新闻奖的获奖短视频作品《英国小哥细数“两会”关键词》，采用影视特技抠像技术，把英国小哥方丹的形象缩小后与桌上物品之间进行互动，用关键词梳理了中国经济社会发展的进程，作品运用大量的新技术，表现形式活泼轻松，符合海外受众的接受心理。

注重用户与媒体的融。在新媒体时代，我们已经从“以生产者为中心”转变为“以受众为中心”。而在融媒时代、智媒时代，还要继续从“以受众为中心”的思维转变为“以用户为中心”的互联网思维，积极转变新闻语态形态，探索沉浸交互叙事，进一步增强用户连接、优化用户体验。比如新华社融合报道类一等奖作品《2021，送你一张船票》，注重用户互动参与，让网民领取船票，置身于百年征程中，沉浸式感受百年来翻天覆地的巨大变化，用户还可以通过答题闯关生成专属纪念海报，不仅有新鲜体验，更有满满的感动。又如湖南日报的二等奖H5作品《手机里的小康生活》，以“半条被子”故事主人公徐解秀之孙朱小红为第一视角，让朱小红以用户和采访对象的双重身份，深度参与内容生产，产品素材绝大部分来源于用户本人的手机原始素材，让受众真切感受到小康图景，为今后融媒体产品制作提供了不一样的启示。再如中国网融媒体互动长卷《最后，他说——英雄党员的生命留言》，以中国共产党百年历史上英勇牺牲的英雄人物“最后一句话”为切入点，融合手绘、动画等多种形式回顾其一生，用户使用手指或鼠标轻击，就能“穿越”时间和空间来到英烈身边，使主题宣传与用户情感建立有效连接，让用户在互动过程中产生强烈的情感共鸣。

注重传播和生产的融。传播是新闻生产最重要的目的。当下传播方式发生深刻变革，在生产的同时必须下更大功夫考虑传播，在传播过程中发现的问题，就要及时反馈到生产端。既要善于全媒体矩阵同时发力、构建立体化传播渠道，又要学会精准传播、精准分发。比如人民日报的融合报道类一等奖作品《复兴大道 100 号》，打通线上的长图 H5 和线下的互动体验展区，构建跨平台跨场景多维传播矩阵，相关内容全网点击阅读量超 10 亿，为重大主题全链全域传播进行了有效探索。再如央视一等奖获奖作品《幸福照相馆》H5 产品，运用“多人脸融合”技术，从春节拍摄全家福照片的传统习俗切入，通过总结归纳改革开放四十年来不同的时代特点，制作了不同年代、风格总计 50 套全家福模板，促使用户主动将 H5 结果图分享，形成二次传播，全国范围内首次出现多媒体、多平台共同参与和推广同一活动。浙江日报的二等奖作品《第四维度丨看“共富的种子”生根发芽》，最大的亮点就是多介质传播，报道和推广有机结合，不仅有视频、报纸专版，还发动观众在视频后留言，送出植物“种子盲盒”。线下通过杭州地铁海报和商场户外大屏展示主题内容，制作带有二维码的“共富”明信片，将这个视频故事传播到全国各地。与此同时，传播也要有品牌感、IP 意识，力争让爆款产品告别“一锤子买卖”，让好创意、好策划发挥最大效果，在获得传播声量提升的同时，也提高了媒体品牌的认知度。比如人民日报的获奖作品《“中国一分钟”系列微视频》，各篇既充分保留展示各自特色，又在整体风格、视觉标识等方面保持统一标准，系统建立起“一分钟”的品牌效应，取得了非常好的传播效果，这是一条值得探索的融媒体产品传播新思路。

注重新闻与服务的融。随着新媒体、新平台的传播力和影响力日益增强，媒体已经逐渐从单一内容生产迭代为“新闻 + 服务”“新闻 + 商务”“新闻 + 政务”。强调新闻与服务的融，是媒体服务用户的需要，是媒体履行媒体社会责任的新探索。比如去年中国新闻奖二等奖、央视策划的大型融媒体行动“走村直播看脱贫”，用直播大篷车下乡的传播方式，展现 20 多个省（区、市）交出的脱贫攻坚答卷，还推出了“央视财经”客户端“百村大集”专区，征集各村龙头产品，提供线上农副产品展销平台，让好物走进千家万户，总签约金额近 4.8 亿元，实现了社会效益与经济效益双丰收。今年中国新闻奖专门增设了应用创新奖项，鼓励媒体运用信息网络技术，研发“新闻 + 服务”的创新性信息服务产品。比如今年的应用创新奖一等奖——北京时间接诉即办融合应用，将北京时间 App 与北京市 12345 市民热线服务中心打通数据后台、技术与内容结合，实现了新闻 + 政务 + 服务的创新模式，形式新颖，实用性强，为社会公共服务治理提供了互联网时代解决新方案。应用创新二等奖作品新华社“全民拍”栏目，是新华社采用大数据系统创新推出的社会治理交互应用平台，群众在消费维权、社会民生等领域遇到问题，都可通过“全民拍”上传线索、反映诉求。一些执法人员面对棘手的基层治理难题也用起了“全民拍”，并取得实效。还有“春华秋实 · 国聘行动”第二季，这是央视打造的大型融媒体招聘活动，集纳招聘信息、宣讲直播、就业培训等内容，在疫情期间开创了无接触招聘求职新模式，成为深受广大应届毕业生和众多用人单位欢迎的品牌活动。再比如人民日报客户端推出的“今年清明节，请帮家乡的烈士寻亲”，依托网络平台，借助AI技术，在做好缅怀英烈主题宣传的同时，号召各地网友共同行动，帮助100位不同时代牺牲的烈士寻亲，取得较好的社会效果。“新闻+服务”的应用创新大有可为，也是未来媒体深度融合发展、强化服务功能的趋势，这一块目前我们在中国新闻奖方面还是空白，今后要加强策划开发。

“特”：与众不同，做出特色

“特”，就是特色、独特，也就是我们常常说的人无我有、人有我优、人优我精。这类报道让人一见就感觉与众不同，不知不觉想要读下去、看下去。这是在中国新闻奖评选中，一篇报道、一个产品在众多竞品中脱颖而出的重要因素。从“特”字的实现途径看，有的是新闻事实本身的独特，有的是报道题材的独家，但这类硬核新闻有时可遇不可求，终究还是比较少的。更多情况需要在新闻报道过程中，用独到的加工手段突出产品的特色，形成吸引力和冲击力。日常工作中，我们要注意从以下几个方面营造新闻报道的特色：

“特”在策划创意上。好的策划创意可以用“意料之外、情理之中”这八个字来形容，既让人想象不到，又让人觉得很有道理、非这样不可。比如，我们去年获得融合类一等奖的《听·见小康》，其创意策划也是很有特点的，把“听见”这一个词，拆分成“听”和“见”，从两个维度反映全面小康，让人感到很别致。再比如，大型互动式融媒体产品《在中国，看Frank打开长三角“盲盒”》，就是用“借物”的手法进行新闻报道策划。还有前年的作品《“嗨，你有一个来自江苏的漂流瓶”》，也是这个思路。俗话说，“熟读唐诗三百首，不会作诗也会吟”。在实际工作中，策划往往用于系列报道，我们一定要学习借鉴一些有特点的策划创意，尽可能多想一点、想深一层，避免仅仅是“挂牌集中堆积稿件”这样流于形式的策划。

“特”在角度构思上。单件报道要想形成特色，从写作或制作的技巧上看，主要是切入的角度要精巧，布局上的构思要精妙，以小见大、以点带面，或者突出故事性，讲求情节和冲突，小故事讲述大道理，小事件反映大主题。比如集团有件获奖作品《跨越 80 多年的守望相助！南京捐赠抗“疫”物资驰援拉贝后人》，讲的是抗疫物资捐助这件事情，却从历史纵深和中华文化的特点出发，放到世界和平和国际互助的大主题下陈述，让人觉得稿件很有高度和温度。比如，去年获中国新闻奖一等奖的稿件《“半条被子的故事”有新篇》，文章讲述的内容比较散，严格来讲都不一定算得上一条新闻。但正如稿件中所说：“半条被子的故事”犹如一束光，穿越历史的时空长廊，照进更多人的心里。这就是构思比较巧妙产生的良好效果。再比如，获中国新闻奖一等奖的作品《一张照片背后的这七年》，从习近平总书记与湘西十八洞村村民的一张合影切入，通过 40 张照片、12 个故事和 1 个短视频，全方位展现了十八洞村发生的天翻地覆的变化。

“特”在标题制作上。中国新闻奖作品除了内容“硬实”，几乎每件作品的标题都具有自身特点，读者看到标题就能激起阅读欲望。制作新闻标题的教材很多，大家平时都可以学习借鉴。我感到，标题制作中有三个方面要素比较重要，一个是事实，一个是语言，一个是思想或者说是意蕴。有的标题是一语中的，道出新闻内核和价值所在。比如《青海“隐形首富”：祁连山非法采煤获利百亿至今未停》《贺兰山生态环境整治后　大批野生动物重回家园》《美在南海的军事挑衅注定徒劳无功》，等等；有的是语言形象、生动、有趣，具有艺术魅力、给人以美的享受。比如，《上山第一步　世界一大步》《发现不了问题就是最大问题》。再比如我们集团的获奖作品《警惕“专家观点”成为“利益俘虏”》《民生实事莫沉迷于“数字突破”》《警惕“精致的形式主义”》，等等；有的是内涵深刻，引发人们思考，表达丰富情感。比如《在抓落实中重“绩”留“心”》《告别“同命不同价”！》《任何挑战都挡不住中国前进的步伐》《屹立在喀喇昆仑之巅》，等等。值得一提的是，互联网作品的标题可以更加开放洒脱。例如获奖作品《独家视频丨游客：“彭麻麻呢？”》《创意海报丨这些痕迹，刻在你脸上，痛在我心里》《燃燃燃燃燃！一张长图带你攀登“地球之巅”》等标题，恰当使用情感词汇和符号，增进与用户的交流和共情。在标题制作中，一定要反复斟酌打磨，突出新闻内核的同时，力求表述精准、精巧、精妙，这对冲奖而言将起到事半功倍的作用。

机遇偏爱有准备的头脑

以上我分享的，是在新闻生产中需要下功夫的几个技术层面的问题。从精品生产的组织上说，还有几点需要引起大家注意：

一要把“四力”建设作为精品生产的基础工程。作品竞争背后，说到底是新闻人才的竞争。而人才竞争，比拼的是基本素养，是我们经常讲的“四力”建设。没有脚力，就跑不到有价值的素材；没有眼力，就发现不了隐藏在大量事实中的新闻；没有脑力，就很难判断和提炼新闻的价值；没有笔力，自然难以将好的内容呈现和表达出来。两周前，我专门就记者、编辑如何练好基本功与大家做了一次分享，谈到了基本功不足的几种表现和练就基本功的具体方法。希望所有记者、编辑在牢固树立精品意识同时，都要从增强“四力”、练习基本功开始起步，绝不能好高骛远、急功近利，总想着寻找冲奖的捷径。荣获大奖有时可能有运气的因素，但说到底还是厚积薄发、水到渠成、瓜熟蒂落的结果。我们研究冲奖并不只为了冲奖，练习“基本功”、增强“四力”虽是冲奖的基础，但其根本目的还在于为广大读者用户生产更多好作品、好产品，为扩大新闻舆论传播力、引导力、影响力、公信力，为加强集团品牌建设和事业发展打下更加坚实的内容基础。

二要注意扬优势、填空白、强弱项、固底板。在历届中国新闻奖评选中，我们在文字通讯、重大主题报道、评论、版面和新闻论文等方面拿的奖项比较多，近年来在融合报道上也获了几个奖，这些方面已经形成一定优势。但是，在消息、漫画、副刊、摄影、直播、专栏、舆论监督、应用创新等方面总体偏弱，有的获奖极少，有的从未拿过，至少在近几年的评选中都是空白点。这从一个侧面反映，我们在内容生产上有长有短，不大平衡。另外，从中国新闻奖评选趋势看，强调突破介质限制，贯通各类媒体设奖，也就意味着在同一个评奖项目上不再有报业和广电等媒体类别之分，竞争将会越来越激烈。我们原本具有优势的项目能否再保持优势，原本处于弱势的项目是否更加弱势，又是一个新的考验。因此，必须大力稳固工作基础，放大已有优势，补足短板弱项，在精品生产上实现全面均衡发展。如果我们在各类评奖项目中每年都有一两件拿得出手的作品，获奖的概率和总量就会增加不少，面向读者用户的精品力作也会面更广、量更大。

三要强化精品生产中的协同作战、美美与共。无论是从集团获得中国新闻奖的作品类别看，还是全媒体时代生产内容精品的流程要求看，团队合作已经越来越成为当今内容生产中必备的流程和机制。我们既要突出主创人员的创意创新和工作积极性，也要强化团体的工作质量和运作效果。从策划、采访到编辑、制作，再到审校、发布，各个环节都要努力做到协同配合、形成合力，特别是对具有冲奖潜力的作品要给予全程呵护、精心培育，每一个环节都要恪尽职守、精益求精，哪个环节出了问题都可能给内容产品带来瑕疵，都可能影响到冲击中国新闻奖。比如，过去我们有过非常看好的作品，就因为一点点差错在评选中被降档或淘汰，教训十分深刻。

四要进一步营造全员参与精品生产的浓厚氛围。精品生产不是少数记者、编辑的事，不是少数骨干的事，更不仅仅是领导的事，而是全体“新华人”的职责和使命。总体上看，集团精品生产的氛围越来越好，但仍然存在着一些不利的因素。比如少数采编人员认为中国新闻奖可遇不可求，在精品追求上不够认真执着；或者简单地认为反正也拿不了大奖，没有必要下多大功夫；少数人对工作没有热情，在精品生产方面心不在焉。因此，接下来还是要进一步引导大家把心思放在新闻报道上，放在精品生产上。集团也将进一步加大激励力度，近期党委会、编委会研究，拟适当修订奖励标准，更好地调动大家的积极性。这里再强调一下，分社作为新闻采编一线的重要力量，掌握着最前端、最原生态的新闻素材，而且分社的团队和力量也在不断增强，各分社社长要高度注意，善于捕捉发现好素材，在中国新闻奖上能有所突破。各子报子刊也一样，大家都要争取在中国新闻奖评选中收获奖项。

最后，我再强调一下：研究冲击中国新闻奖绝不是为冲奖而冲奖，而是为了更好地推动高质量内容生产。因为冲击中国新闻大奖是精品生产的最高标准，平时注意向高标准、高要求对标对表，必然出手就是成品，再加努力就是良品，悉心打磨就是精品，不太可能出现残品和次品。研究冲击新闻大奖，这同狠抓内容精品生产是相辅相成、相得益彰的。正因此，我曾将精品生产对新闻生产的作用归纳为三大效应——对媒体品牌的“溢出效应”，对内容生产的“拉动效应”，对队伍建设的“倒逼效应”。

机遇总是偏爱有准备的头脑。执着地追求精品，不停地默默耕耘，下一个新闻大奖没准就轮到了你。希望各单位、各部门和全体采编人员倍加珍惜来之不易的大好局面，更加主动积极参与精品生产、全员参与精品生产，共同营造推动内容产品高质量发展的浓郁氛围。

（2022 年 11 月 22 日）

一线感言

潘青松，新华日报社交汇点首页编辑部主任，新华云媒科技股份有限公司总编辑、总经理，高级编辑。江苏省“五个一批”人才。新闻作品《拼出我们的现代化》《“宁”聚微光——寻访约翰·拉贝的“中国朋友们”》分别获得第33届中国新闻奖二、三等奖。

“冲”并成长着

中国新闻奖一直是新闻人的至高追求。在冲奖的过程中学习、磨砺、积淀、成长，每一滴汗水都有奔跑的身影，每一个足迹都是奋进的见证。

全员发动、全力以赴——为什么而冲奖？对此，全体新华人形成了高度共识：我们不是为冲奖而冲奖，而是通过树立“冲奖”这个极具挑战性的高目标，确立高标准、锚定高追求，让优秀真正成为一种习惯。我们深知，“冲奖”但不“唯奖”，要坚持“一手抓奖项、一手抓流量”。这样的指挥棒构建起新华人对精品生产更为均衡、辩证、专业的价值观，引领与激励我们“冲”并成长着。

认知提升、技法优化——靠什么脱颖而出？集团多次组织开展对标中国新闻奖、加强精品生产的专题研讨，强调要按照“重、新、问、融、特”的要求打磨精品，为“冲奖之旅”明晰了理路、确立了进路。党的二十大胜利闭幕后，我们率业界之先推出聚焦中国式现代化的大型网络专题《拼出我们的现代化》，展现江苏一域之光，彰显服务全局示范效应，为全国提供江苏实践、江苏样本。立意时心怀“国之大者”，开题前探寻“内在逻辑”，谋篇中强调“融媒呈现”，提升处突显“点睛之笔”，该作品获得第33届中国新闻奖二等奖。

思维创新、“传媒+”发力——持续奔跑的动力在哪里？以冲奖为重要抓手推进精品生产，要想取得全面、实质、长久的进步与突破，离不开思维创新与“传媒+”发力。2023年3月起，我们第一时间顺应劳动课作为一门独立课程正式进入全国中小学课堂的重大政策变化，积极开展“传媒+”探索，率先推出全国首个少先队员劳动教育实践网上平台——“红领巾劳动吧”，短短一年时间开展了100多场活动，平台覆盖了300多万用户，项目获得2023年度江苏省宣传思想文化工作创新奖。

冲奖，鞭策我们变压力为动力，精益求精、追求卓越，争当精品生产的“发光体”；成长，助力我们“心中有大局、眼里有用户、脚下有市场”，努力成为“更好的自己”，与伟大时代同频共振、共同向前。

让优秀成为习惯，让创新成为当然
——关于深化精品生产的思考

又到金秋收获季。今年我们集团又有 8 件作品获得中国新闻奖，在全国所有省级媒体中获奖最多。其中一等奖 2 件、二等奖 3 级、三等奖 3 件，综合起来看是集团历年成绩最好的一次。

对于这届中国新闻奖评选，我一开始还是有点担心的，因为通过初评的作品数量是近年来最少的一次。当时，不少人对今年能不能在中国新闻奖评选中继续走在省级媒体前列，也是有担心的。最终结果还不错，我们取得了新的突破。从担心遭遇滑铁卢，到最终有惊无险、再创佳绩，其中有偶然也有必然，有各种不可控因素可能导致的不确定性，更有精品生产能力提升带来的确定性。可以说，这次是凭实力涉险过关、再创新高。

回顾这几年我们走过的路，可以看到，这是一条集团上下一心谋精品、抓精品、出精品的道路，也是一条在精品生产上佳作频现、人才辈出的道路，其中有不少实践经验值得认真总结。

“一路领跑”带来的新变化

内容生产始终是媒体立身之本，做精内容是媒体人的当然之责。自 2017 年提出“精品生产年”以来，集团党委和编委会高度重视、强化指导，记者、编辑积极响应、身体力行，相关部门协同配合、努力服务，全集团形成持续不断抓精品生产的共识，取得了以前难以想象的成绩。从第28届中国新闻奖到这次33届中国新闻奖，我们将总共40个中国新闻奖收入囊中，其中一等奖10件、二等奖17件、三等奖13件，创造了新华报业历史上最好成绩。无论从哪个维度看，这个成绩在全国报业中都是第一。

通过这几年持续努力，集团精品生产面貌焕然一新，至少在以下几个方面发生了显著的、积极的变化：

制作精品、冲击大奖的意识显著增强。获得中国新闻奖是大多数新闻人从开启新闻职业生涯之时就怀有的梦想，但有梦想不等于就有制作精品、冲刺中国新闻奖的强烈意识。我刚来集团工作的时候，和大家谈起中国新闻奖，不少人经常说一句话：中国新闻奖的题材可遇不可求。这句话不无道理，但话里有一层很多人自己也许没有意识到的意思，就是既然中国新闻奖的题材可遇不可求，那就等着与好题材相遇即可，不知不觉中就陷入了被动等待、消极应对，缺少创新策划、寻求突破、自觉改变的主动性、积极性。说到底，就是制作精品、冲击大奖的自觉意识不强。回头来看今年和近几年集团的获奖作品，可以发现其中很少是等来的好题材，大多是主动谋划、精心制作的精品力作，充分说明了大家生产精品的积极性在显著增强。

生产精品、冲击大奖的能力明显提升。前些年，我们获得中国新闻奖的奖项数量少，捧得中国新闻奖奖杯的记者、编辑人数少。奖项拿得少，根本原因还是生产精品、冲击大奖的能力不够。平时的精品数量不多、质量不高，能够拿出去评奖的作品自然缺乏竞争力。为数不多的获奖作品主要集中在编委会策划指挥的报道。这几年有一个可喜变化，单位、部门策划基础上的获奖多起来了，集团中国新闻奖获奖者群体快速壮大。这说明很多单位和部门策划生产精品的能力得到提升，更多记者、编辑具备了更强的精品生产能力。

媒体融合、跨界破圈的步子持续加快。前几年我们获奖作品主要集中在报纸类，在新媒体奖项上迟迟未有斩获。这几年，报道的路子越走越宽、报道能力越来越全面，获奖项目不断取得新突破，一些以前拿过奖的项目也在获奖等次上更上层楼。《6397 公里的守护》获第 30 届中国新闻奖创意互动一等奖，这是江苏媒体获得的首个融合类一等奖。今年《Home Story in Jiangsu（“家”在江苏）》获得国际传播类的一等奖。今年还获得了新闻纪录片的奖项，《“宁”聚微光——寻访约翰·拉贝的“中国朋友”们》获得了新闻纪录片三等奖。新闻纪录片对拍摄、剪辑、用画面讲故事要求较高，长期被看作是电视台的强项，新闻纪录片奖项也基本被电视媒体包揽。拿下这个奖项，说明我们向视频进军有了一个新的里程碑。

◀ 2022 年 12 月 13 日，交汇点新闻客户端推出《微纪录｜“宁”聚微光——寻访约翰·拉贝的“中国朋友们”》，获第 33 届中国新闻奖新闻纪录片类三等奖

研究业务、创新创业的氛围日益浓厚。精品生产能力的提升，不是凭空而来，也非一日之功，这与我们持续深耕、不断钻研、刻苦奋进是

分不开的。这几年，人人讲精品生产、人人研究新闻业务的氛围，在集团日益浓厚。采前会、编前会的质量越来越高，新闻论文的学术性越来越强，编辑记者对参评中国新闻奖的积极性越来越高……这使得我们的内容生产稳步走在正确的轨道上，更有方向性、针对性。不少编辑记者开始把新闻工作当作学问来做，这是一个很好的现象。

精品生产的“五要诀”

在这里，我还要重申一下：获奖只是我们的追求，从来就不是我们的终极目的，比获奖更重要的是精品生产。这是因为，无论是从媒体履职尽责还是推动自身事业发展看，必须始终坚持内容根本，不断推进精品生产，长期保持优质内容输出。

从媒体职责使命看，我们担负着唱响主旋律、弘扬正能量的时代重任，必须依靠优质的内容产品吸引人、影响人、鼓舞人，为中国式现代化江苏新实践凝聚磅礴伟力。内容是集团事业发展的“根”和“魂”，是媒体的核心竞争力。没有优质内容就无法获得受众和用户认同，就无法把握社会舆论主导权，就无法完成省委、省政府交给我们的任务。

从媒体自身经营发展看，做优做强内容是“铺路石”，是“敲门砖”，只有好内容才会获得大流量、广传播，才能更好地彰显媒体价值、放大品牌影响，才能赢得发展和合作的机会。没有读者用户满意的内容，就不会有媒体发展的市场，就不会有媒体兴旺的机遇。可以说，内容是基础、是关键、是根本，内容优则一优百优，其他的问题都可以迎刃而解。内容质量不行，媒体寸步难行。

从这个角度讲，我们既要看到已经取得的成绩，更要看到如果用更严的标准来衡量、用更高的目标来要求，集团精品生产还存在着比较明显的短板。结合工作实际，我想与大家分享精品生产中的几个核心要素：

一是满满的“正能量”。体现正能量，就要在正确导向上下功夫。政治导向正确，是内容生产的最基本的门槛；政治素质是编辑记者最重要的素质。要坚持“政治家办报”，时时刻刻绷紧政治弦，不断提升政治判断力、政治领悟力、政治执行力，做到心中有大局，笔下有乾坤。但遗憾的是，我们在这方面做得还不够。如果说，以往我对这个方面风险隐患的感觉是如履薄冰，今年则是不断听到冰面炸裂的声响。所谓“一失万无”，在政治方面犯错误、在导向方面出问题，是拿再多中国新闻奖、做出再多成绩，都无法弥补、不能相抵的。每位记者、编辑在日常内容生产中，要把导向要求贯穿在整个报道过程中，从选题、立意、表达、制作、传播等方面进行全面审视，确保每篇报道都经得起推敲。

二是浓郁的“思想味”。在信息爆炸的时代，报纸不仅要办成一张“新闻纸”，还应该是一张“思想纸”。即便是新媒体产品要想出圈，也离不开思想的高度、厚度、深度。新闻作品的思想性，不仅体现在采写要有深度，更体现在思考要有深度，这样才能让报道更具针对性、启发性、思辨性，也才能增强感染力、穿透力、影响力。比如，“浙江宣传”微信公众号的《历史不会浓缩于一个晚上》很有影响，这篇稿件很多人应该都读过。我们为什么没有这样的精品？很多人可能会说出无数条“我们做不到”的原因，但无法否认“我们没做到”的事实。其中，最重要的一条就是缺乏思考问题的深度。实际上，我们很多安排在“深读”上的作品，仔细品味，也没有多少思想含量。因此，所有同志都要做“思”和“想”的奔跑者，思考永不停步，必须考虑比别人深一层，想人之所未想，想人之所难想，这就要求采编人员不断提升理论功底和思辨能力。

三是鲜明的“创新范”。这个新，首先是新闻事实新。因为新闻源于事实，事实新、事实重要、事实有价值，新闻就必然有价值，所以我们首先要善于发现有价值的新闻事实。省记协周跃敏主席曾分析中国新闻奖第一梯队浙江省的获奖作品，讲到浙江是改革沃土，获奖大多是记者从看似普通却别具新意的事实中提炼挖掘出来的。江苏处于我国高质量发展的前沿，关于改革发展的题材，我们虽然有不少获奖作品，但主要靠系列，单篇报道获奖极少，这说明我们发掘新闻的能力亟待提升。除了事实本身，创新还来自多个方面，包括策划、选题、立意、角度、创作（制作）、标题等等。能让人眼前一亮的作品，除了事实新，也包括角度是新的，构思是新的，形式是新的，标题是新的，等等。近几年来，湖南媒体有关十八洞村的报道几乎年年获奖，关键就在创新。有人说，十八洞村在我们这里就好了，但要真在这里，我们能做到年年推出获奖精品吗？我看未必。今后，我们要把创新的意识更自觉地贯穿到策划创意、素材收集、报道构思、标题制作等内容生产全过程。

四是题材的“两头热”。简单地说，新闻报道要具备“上下通达”的特质。回顾推进精品生产这几年，应当清醒地看到，我们虽然大奖多，但爆款少，奖杯多，但口碑弱。尽管报道获得领导和业界、学界肯定，但在影响受众、读者方面做得还很不够，还有很大提升空间。作品再好，如果点击量上不去，阅读数只有寥寥几百、几千，离 10 万 + 目标相去甚远，这些作品的意义就要大打折扣。我们需要的不是影响力出不了朋友圈的精品，不是放在书斋里孤芳自赏的精品，而是同行叫好、传播叫座的精品，是既有正能量又有大流量的精品。好的新闻作品，既要上接天线，又要下接地气；既要胸怀“国之大者”，做到围绕中心、服务大局，又要心念基层群众，做到贴近实际、反映生活。在选取题材、找寻素材时，都要注意相关因素的有机结合，比如既有重大性，又有贴近性；既有时代性，又有长远性；既有厚重性，又有鲜活性；等等。当然，前提是明大局、知实情，吃透“上头”和“下头”，做到“两头满意两头热”。

五是制作的“艺术感”。酒香也怕巷子深，好内容一定要通过好形式来表达。特别是在全媒体时代，有时候形式就是内容。几年前，人民日报一张“军装照”的体验创意让人们记忆犹新。最近，新华日报推出“一带一路”双面绣八连版，引发读者好评和业内关注，有的来信来电要求收藏。以前我讲过，好作品要做到制作精良，包括版面、图片、视频等等，都要精心选择、精心设计，既要有新闻感、时代感，也要有美感、艺术感，做到可读、可视、可珍藏。今天，我想特别强调一下好内容的全媒体、全方位制作问题。大家都知道新闻舆论的主战场已经转移到互联网上，但我们在实际工作中遇到一些好题材、好素材，很多时候只注意为纸媒写稿，所谓的全媒体报道就是简单拍个视频甚至简单做个链接。这不利于传播，也不利于冲奖。从集团今年获奖作品看，制作上也是非常考究的。这一点，在日常报道中一定要高度重视。

◀ 2023 年 10 月 18 日，在第三届“一带一路”国际合作高峰论坛举行之际，新华日报以“双面绣”为意象，策划推出竖通八连版长卷特刊《十年双面绣——一带繁花一路歌》

越是硕果累累，越是表彰先进，越要看到弱项短板。我们要以“行百里者半九十”的自觉自律，正视问题不足、放大优势长处，继续在精品生产的征程上砥砺前行、再创辉煌。

统筹处理好“六对关系”

如何解决存在的问题、进一步深化精品生产，不仅是一个采访报道工作方法、工作技巧问题，也是统筹各方面的关系问题。这里，我还想着重强调一下精品生产中要处理好的几对关系：

“每年冲奖”和“每天报道”的关系。中国新闻奖一年一次，但新闻报道天天都有。我们不仅要每年冲奖力争硕果累累，还要争取每天报道都有精品力作。新闻奖很重要，我们当仁不让地要去争、要去冲，对于好的新闻线索、好作品的苗子，我们要投入足够的人力、物力等资源，确保生产出无可争议的精品、冲击更高层次的奖项。要冲奖的重点产品固然要精雕细琢，每个常规产品也要尽心尽力。对于普通的线索，对于我们每天新闻生产的日常，我们也不能马马虎虎、草草了事，而是要把每一天的新闻报道都当成精品生产的战场。只有做好每天的内容生产，才能崛起精品生产的高原高峰，才能不仅有用洪荒之力打造出来的精品，也有看似信手拈来实则精巧绝伦的佳作。

“获奖记者”和“所有记者”的关系。这些年来，不少获奖专业户、业务骨干拿奖拿到手软，这个我们要表扬，要为他们点赞。但同时，我们也希望中国新闻奖俱乐部的成员不断扩容、多多益善。我不指望每位编辑记者都能拿中国新闻奖，这不现实，但我希望每个编辑记者都是精兵强将，都是精品的生产者，都是精品生产的参与者。集团不断加大对精品生产的表彰力度、奖励力度，为的就是激励大家一起来学精品、谋精品、抓精品。只有人人参与精品生产，才会天天产出精品内容，才能让新华日报这块金字招牌永不褪色。

这里，我要强调一个问题，即记者、编辑岗位锻炼问题。精品生产、能力提升同每个人所负责的条线有一定关系，条线好、写稿多，不仅得到锻炼更多，精品生产也可能更多。有的记者、编辑底子不错、值得培养，但由于条线相对有限，结果时间一长就荒废了；有的表现突出，但长期不轮岗也容易形成思维定式。要打消一个顾虑，就是担心轮岗给事业造成不利，这是一种杞人忧天。比如地方分社，一开始有的同志讲必须是本地人来负责，但我们先后调整了多家分社负责人，搞“外来和尚念经”，结果干得都很好。采编条线也是这样，不要担心离开了谁条线就跑不好。总体看，现在条口固化现象比较严重，不仅新华日报，其他子报子刊也存在这种现象。要以新华日报打头、其他媒体跟进，进行条口的再分配，包括我们提拔使用干部也要进行交流。这种调整归根到底是为大家长远的、全方位的发展负责，锻造全媒型、复合型、创意型队伍，而不是做单一技能的手艺人。大家要服从安排，尤其是年轻记者要放长眼光。

“工作能力”和“工作作风”的关系。今年中国新闻奖通讯类的一等奖，农民日报的《“小田变大田”引出“农田四变”——安徽马鞍山改革记》，调查了马鞍山从“小田变大田”的探索实践，反映了“小田变大田”“闲田变忙田”“差田变良田”“蟹田变稻田”的系统创新。稿件调查的深入性、讲故事的细致性，都值得我们努力学习。《经济日报》头版头条刊发长篇调研《耕地问题调查》，对如何守住耕地数量和质量红线进行了深入报道，引发相关部门和专家学者的关注，同样获得了这届中国新闻奖一等奖。这里想跟大家强调的是，既要注重能力，也要改进作风。我们许多重磅报道，许多题材不错的报道，同这些获奖作品比较，“颗粒度”还不够细，问题抓得还不够准，调查研究还不够深入。以前我讲到采访中存在“‘键对键’代替‘面对面’”的问题，现在不少编辑记者还是没有扑下身子、沉到一线、深入探究，导致不少作品看上去像模像样，但总是欠点火候，还差一把劲。所有采编人员一定要扎扎实实过好深入采访关、深入思考关，做到既要能力强，也要作风硬。

“千帆竞渡”和“协同协作”的关系。这几年，集团各单位、部门都憋着劲你追我赶，都想要出精品、拿大奖，每个人都想做“新华发光体”，每个人都全力以赴展现“新华拼”，形成了集团内容生产千帆竞发、精品迭出的生动局面。希望大家继续保持这样的精气神，人人都是嗷嗷叫的小老虎，同时，还希望大家在竞争中合作，在合作中竞争，既讲竞争竞赛，也讲协同协作。当今的新闻内容生产，早已超越了个体户时代，进入社会化大生产阶段，完成很多重要报道，要靠多兵种协同，必要时还要大兵团作战。要更多一些协作协同的意识，更多一些协作协同的艺术，同时相关部门也要努力营造有利于各部门、各单位、各团队高效协同的大环境和小环境。如果需要集全报社之力，就要从全集团抽调精兵强将。

“融合创新”和“看家本领”的关系。“周虽旧邦，其命维新”。融合创新是当代主流媒体的使命担当。这些年我们在融合创新上取得了很大进步，当前正处在爬坡过坎关键期，要坚定不移地走融合之路，一往无前地深化媒体融合。但这并不意味着可以放弃传统优势，放弃报人长处，那同样是自毁长城。有同志反映，有些记者不会写消息，几百字短消息写不好，反映出有些记者基本功不过关。通讯类作品，说起来是新华日报的强项，在江苏省内处于领先地位。但我们的通讯作品，如果和获奖的通讯比，尤其是获得一等奖的作品比，差距还是明显的。写消息、写通讯、写综述、写评论，是我们的看家本领。如果看家本领丢了，新花样、新套路玩得再顺溜，也走不远、红不久。

新闻产品“好车”和“好路”的关系。如果把新闻产品比作汽车，那么平台就是让车跑得更快、跑得更远的路。泥巴路、砂石路上，再好的车也跑不起来。我们既要造好车，还要造好路。抓精品生产，不仅要抓精品生产本身，还要同时抓好精品生产的传播平台。如果没有足够的发行量，就不会有报纸作品的一纸风行；如果没有影响力巨大的新媒体平台，10 万 + 就可能永远只是一个难以实现的遥远梦想。平台建设是一个复杂的工作，不仅依靠内容，也要跳出内容抓运营、抓渠道，对于新媒体平台来说，每天都要抓运营，都要为日活量、点击率、新增下载量而努力。

新闻人永远“靠作品说话”

我以前多次说过，从梦想到实现就是从头到脚的距离。一个人无论干什么工作，都应当有一个标杆和追求，然后通过实际行动去努力实现它。干一行、爱一行、精一行，是值得倡导的职业道德。

新闻是一个历史悠久的行业，曾经涌现过众多技艺精湛、作品精致的名家和大家。“靠作品说话”过去是、现在是、将来也是这个行业坚韧的价值传统。多出优秀作品、能出精品力作应当是每个新闻从业者的职业目标。

我们生在一个伟大的时代，服务于一家光荣的报社，站上了一个崭新的平台。希望大家在精品生产的征途上，绷紧政治弦、擦亮新闻眼、迈开铁脚板、挥洒生花笔，努力呈现出更多有分量、有影响力的精品力作，让优秀成为习惯、创新成为当然、精品成为日常。

（2023 年 11 月 10 日）

一线感言

王璟，扬子晚报副总编辑、新华少年志工作室主任，主任记者。江苏省“333高层次人才培养工程”培养对象、新闻出版优青。新闻作品《少年志·青少年强国学习空间站》获第32届中国新闻奖新闻专题类二等奖。

新闻奖可“遇”也可“求”

新闻奖可遇不可求，持有这个观点的同行不少。但一次中国新闻奖的得奖经历，让我改变了看法。

2020年的记者节让我印象深刻。作为江苏新闻奖《少年志·e成长》新闻作品的主创，我得以在集团记者节活动上发言。就在我喜滋滋地从讲台上走下来时，耳边传来一个洪亮的声音：“今天我们集团共获得6件中国新闻奖，上台分享的代表中5人是中国新闻奖获奖代表，还有一位是江苏新闻奖代表。像少年志这样的立意，也应该要有获中国新闻奖的志向。”连板凳都还没坐热的我就像被电击了一下，当时暗下决心：不吃馒头也要争口气，少年志一定要拿一次中国新闻奖！

自从树立“得大奖”的目标，少年志工作室的小伙伴就跟打了鸡血一样，天天找线索、议选题。2021年伊始，有关空间站的新闻热度持续上升，激发了青少年科技创新的热情。在一次重点选题策划会上，一个打造《少年志·青少年强国学习空间站》（以下简称“《空间站》”）新闻专题的创意应运而生。我们决定紧扣庆祝中国共产党成立100周年等年度大事，策划推出一系列全媒体新闻采访和青少年思政主题活动，这样《空间站》新闻专题的内容就能突出重大主题，既有厚重感又有针对性。

2021年5月30日，习近平总书记回信勉励淮安市新安小学少先队员。一听这个消息，我们十分兴奋，巧的是那一时间段少年志正在进行“童心向党　少年有志”青少年融媒体征文活动，而新安小学给总书记写信的孩子们也纷纷参加了征文。我们找出孩子们的作文，并配以采访，推出《习爷爷的回信》专栏，第一时间在《空间站》新闻专题中展现。此后，《空间站》新闻专题题材不断拓展，形式更加多样，在青少年群体中形成现象级传播，成为爱国主义教育的鲜活样本。

《空间站》新闻专题获得了第32届中国新闻奖二等奖。我在想，如果一直对获奖抱着想“遇”不想“求”，不积极策划，不主动作为，那就不可能有这个奖！新的挑战来临，更需未雨绸缪。我越来越深刻地领悟到：比获奖更重要的，是让优秀成为习惯、创新成为当然、精品成为日常。

以匠心成就精品
——让新闻作品“亮”起来

今年中秋节和教师节“双节”期间，我和大家一样，收到了不少问候短信，其中有一些涉及报社工作，这里跟大家分享一下。

在短信中，一些老领导、老同志谈到新华日报近几年影响越来越大，涌现出不少好作品；有的同志对新华日报进一步做好新闻报道提了一些建议，比如现在头版头条的空间大了，对办好一版挑战更大、要求更高；有的同志谈到全国专精特新企业发展大会在江苏召开，建议我们汇集隐形冠军企业的系列报道合集，期望我们多关注经营主体，多推出些提振信心的报道；等等。

可以看出，大家都比较关心新华日报的内容生产，期待报社的新闻作品更“亮”起来。这些都让我受到很大的鼓舞和鞭策，也促使我想重点跟大家谈谈新闻报道如何“亮”起来的话题。

盛誉之下，尤需清醒

从总体上看，社会各界反映新华日报记者素质高、稿件质量高、办报质量高，中国新闻奖的获奖成绩也连续多年位居省级媒体前列，但我们自己要有清醒的认识，越是盛誉之下越是要对标找差，在看到成绩的同时更要看到不足。

对照更高追求，我们的新闻报道还要更“亮”一些；对照更高标准要求，当前我们新闻报道中还存在着一些问题和不足。主要有几个方面：

报道精品有待高原上出高峰。目前大路货稿子还是偏多，压版的重头稿比较少，有时候甚至难以很好支撑版面；能在较长一段时间内叫得响、被人记得住的爆款作品还不多。

好稿的创新性有待加强。即使是一些大家公认写得不错的稿件，在立意和形式上沿袭常规的操作多，有创新、有创造的并不多。

头版稿件的新闻性有待加强。头版上规定动作多、工作报道多、服务性稿件多，但真正吸引人的新闻比较少。会议报道也很少写出特点和亮点。

服务性稿件质量有待提升。有些反映部门、地方工作、活动的报道，只讲服务不讲质量，只求服务到、不求服务好，在新闻化的处理方面还有很大提升空间。

评论视野需要进一步拓宽。选材不够丰富，有时跟在别人后面炒冷饭，有时简单在网络上找话题，具有强烈新闻性、针对性的题材不多，需要以更宽视野、更高站位抓选题。

深读版的稿件亟待真正“深”下去。深读版报道从总体上说质量和数量还不够，不少稿件存在不够深、不耐读问题，有些稿件只是字数多、块头大，但思想不深、剖析不深、挖掘不深。

周刊质量参差不齐。周刊与周刊之间的质量不平衡，办得相对较好的周刊中亮眼的作品占比还偏低。不少老同志反映，办周刊的路子是对的，但步子要实，希望主办者能够像培养自己孩子一样用心培育周刊。

地方观察质量与主报相比还有差距。有的地方观察一期中挑不出一篇好稿，甚至一两个月都未必挑得出几篇高质量稿件。南京、苏州的观察版办得好些，但有“亮点”的好稿还要更多些。

标题制作尚有较大提升空间。日常见报稿中大多数标题能够做到表达准确、有信息含量，但生动传神的，让人回味悠长、过目难忘以至于拍案叫绝的好标题不多。

有些稿件存在硬伤。有的表达有瑕疵，有的背景关系交代不清楚，有的事实经不起推敲。这是最不应该出现的现象。

作品不“亮”，根源在哪

上述问题，体现在新闻作品上只是表象。深挖背后的原因，我认为主要集中在以下几个方面：

一是思想认识。不少编辑记者是有工匠精神的，他们热爱新闻、热爱业务，但也有些同志只求把工作完成即可，任务意识重，精品意识轻；还有的同志心思不在新闻报道上，缺少业务上精益求精的追求。

二是能力水平。十个手指有长短，编辑记者能力水平有高低。这也是正常现象。刚入职时能力低点不可怕，但长时间能力得不到提升就要高度重视。在同等的条件下，每个人都要努力成为“最好的自己”。今后我们要对全媒体部门的人员作进一步优化。

三是工作作风。好新闻是跑出来的，但有的记者习惯于在材料上挑挑拣拣、删删改改，或者电话里、微信上简单问问、即兴聊聊，或上网随便搜点内容，或参加会议拿第二手材料，拼拼凑凑写稿子、拉拉杂杂凑篇幅，无鲜活素材，无独到观点，无写作巧思，显然出不了好作品。

四是组织管理。有些部门善于搞策划、带队伍，部门员工进步快、好稿多；有的部门对这些方面不重视、不擅长，就好比一条跑冒滴漏的流水线，很难生产出高质量的产品。

五是服务方式。我们仍然是传统纸媒思维，经营拓展对报纸版面依赖过大，导致报纸版面越来越不堪重负，稿件质量参差不齐，纸张印刷成本也相应增加。

何为“亮”，何以“亮”

狠抓精品生产这项系统工程，还有待我们长时间持续下功夫。今天，我仅从内容产品的生产流程来谈谈，如何把稿子写得“亮”起来。

一看主题是否顶天立地。从这个角度来看，好的新闻作品无非有三类：或接天线，或接地气，或既接天线又接地气；二看内容是否富有启迪，一篇新闻作品读者看后无动于衷，没有启发、没有思考，这样的作品肯定不是好作品；三看观点是否准确新颖，有些新闻作品需要呈现鲜明的观点，经得起推敲，同时又让人有眼前一亮、耳目一新之感；四看布局是否严谨别致，新闻作品的布局是丰富多彩、千变万化的，好的新闻作品谋篇布局富有特色，既科学严谨又别具一格；五看表达是否清晰流畅，好的稿子往往具有短、实、新的文风，表达自然流畅、生动活泼；六看传播是否广泛有效，一般情况下好的作品能够广为传播甚至流传久远，会产生较多流量。

可以说，把稿子写得“亮”起来，不同体裁有不同要求，有些侧重这方面，有的突出那方面，但总体上是有一些共通的因素，大体上需做到以下十个方面：

——议题要精准。写稿的第一步是确定选题。除了会议、突发新闻等即时性新闻外，党报上的大多数稿件都需要事前想透议透。题材如同“1”，选题不好，后面的“0”再多都意思不大。新闻报道要“亮”，选题要注意三个方面：一是符合大局大势。只有抓住大局大势找选题，稿子才能写到点子上、写出价值感。二是符合读者需求。要紧扣读者关心的、感兴趣的话题抓报道，特别是找准党的政策和群众利益的契合点。三是符合传播特征。参与性、互动性是互联网传播的一个显著特征，要善于抓这一类选题，提升稿件的传播性。

比如中国江苏网获得第32届中国新闻奖的消息《“辣笔小球”犯侵害英雄烈士名誉、荣誉罪一审被判有期徒刑8个月》，不仅群众对此类事件十分关心，而且人人都能够、也愿意就此事发表点意见，参与性、互动性都很强，报道浏览量累计达 2184 万。

——采访要深入。写稿好比烹饪，采访好比备菜。材料越新鲜、越丰富、越独家、越典型，做出来的新闻大餐就愈加香甜可口。一是身体在场。要克服“成本观念”“懒惰思想”，养成现场采访的良好作风。二是思维在线。采访要全方位获取信息，就要保持高度的注意力，注意多维度思考、多角度提问、多形式采访、多渠道采集，获得更多第一手素材。三是情感在地。采访要真正到位，情感就要融入基层大地，与人民群众打成一片。采访获得的不只是信息和事实，还有思想和情感，只有感同身受，讲故事才能更好地还原、具有较强的感染力。

比如，内参部有篇稿子《为“两病”患者办实事不能一厢情愿——医保增支买好药，群众为何不领情》，采访就十分深入。医保增支本身是件好事，如果不到现场、不体会群众的感受，就很可能写成表扬稿，而不是监督稿。比如，陈炳山和部门同事策划的“国旗漫卷，初心永恒　我们的五星红旗”大型融媒体行动，8 组 16 路记者一个多月奔行

▲ 2019 年 8 月 20 日，新华报业“国旗漫卷，初心永恒　我们的五星红旗”采访小组在酒泉卫星发射中心采访

5万多公里，采访扎实、内容详实，有的地方评价相关稿件是历年来对他们报道“最感人肺腑，也是最贴地气的”。

——视角要独特。“文似看山不喜平”，文学作品是这样，新闻稿件也是这样，这是阅读体验的共通之处。怎么才能做到视角独特，关键是创新变化、不落俗套。比如我们经常说的“全国性事件的地方视角”“重大事件的平民视角”“事物发展的局外人视角”，等等，都是视角变化的一种具体体现。我觉得在视角变化创新上，要培养出“三种境界”：第一种看山是山，好比“横看成岭侧成峰，远近高低各不同”，善于从不同角度观察事情并切入报道。第二种看山不是山，就像“山重水复疑无路，柳暗花明又一村”，即敢于对看到的事物、事情多一些质疑和反思，寻找新的视角，提出新的认识。第三种看山还是山，如同“不畏浮云遮望眼，自缘身在最高层”，即站位高、思考透，看得清事物的本质，从不同视角都能顺利自然地切入主题。

——结构要精巧。即对整个稿件内容的安排，先写什么后写什么，重写什么轻写什么，等等。结构之于文章，犹如身段之于人体，只有认真构思和设计，稿件才能成为匀称优美、协调统一的有机体。一要善用主题主线“搭框架”。“美人在骨不在皮”，没有筋骨，文章就没有力量。所有内容都必须紧扣并突出我们想要表达的主题主线。二要善用内在逻辑“串珍珠”。有的稿件比较凌乱，一个重要原因就是逻辑层次不清晰。如果说丰富生动的材料是颗颗珍珠，那么内在逻辑就是串起珍珠的金线。三要善用起承转合“粘合剂”。有的稿子比较生硬，关键在缺少必要的连接语。只有注意起承转合无缝衔接，读起来才能流畅舒服。四要善用矛盾冲突“造惊喜”。当前，业内常常用“讲故事”来表述“写新闻”，就是说要善于突出矛盾、写出情节，借用故事手法让稿件更耐读。

比如，前年扬子晚报的通讯《阿 sir 的婚礼照，我们包了！》，一方面选题好，另一方面稿子本身写得也好。事情本身并不复杂，但是稿子写得比较扎实，以一张特别的婚纱照为切入点，通过暴乱与婚礼的强烈对比，还原特殊时事背景下港警维护香港的大爱以及两地警民心心相连的感人故事，让人读后不觉得拖沓冗长。

——选材要精当。在深入采访、获得大量素材的基础上，哪些能用，哪些不能用，哪些要重用，哪些一笔带过，对稿件质量也十分关键。一是选材要重独家。“独家”是一篇报道的重要加分项。采访到有价值的独家内容，毫无疑问一定要用上去。二是选材要重典型。善于挑选那些最容易说明问题本质、最容易突出人物特征的素材。三是选材要重细节。细节最能说服人，细节也最能打动人心，细节往往决定稿件的成败，又能为稿件锦上添花。

比如，文化新闻部获得第29届中国新闻奖的消息《纪念马克思诞辰200周年的一份珍贵献礼——马克思原始手稿国内首次亮相》，在准确报道新闻事实的前提下，善于捕捉新闻细节，深刻阐释了马克思珍贵手稿的历史意义与思想价值。

——表达要到位。所谓“言之无文，行而不远”，没有文字的活力就没有传播的张力。新闻写作也体现语言艺术，写什么当然重要，怎么写同样重要。只有适应话语体系的变革，做到表达到位，好题材才能写出“好味道”。既要大众化又要个性化。新闻作品具有公共性，应该用大众喜闻乐见的语言和方式来表达。但新闻的表达并非千篇一律，好的新闻稿往往也有着独具个性的叙事风格。一是既要“新闻范”又要“故事范”。新闻用语要平实朴实，但在当今传播生态下，还要追求“故事范”，尽可能把稿件写得鲜活，比如多用动词、适当描写、适当修辞、保留采访对象个性化语言，等等。二是既要规范用语又要“网言网语”。互联网传播形成了更加轻松活泼的新闻语境，在规范的前提下适当运用一些耳熟能详、约定俗成的网络语言，可以让稿件更接地气、更近网民。

前几年《新华日报》刊登了反映典型人物王继才的通讯《荒岛上，苦楝树开出大美的花》，文章的开头至今读来依旧让人受到感染。除了文字表达，现在更要重视全媒体表达，比如交汇点推出的“听·见小康”“‘长江大保护　绿色共成长’行动计划”等大型融媒体行动，都选对了表达方式，取得了很好的报道效果。

——意蕴要深刻。一般的新闻写作技巧，编辑记者经过一段时间训练都能掌握得“八九不离十”，业务上能不能走得远，比拼的其实是思想深度。思想深度体现在哪呢？一是体现在问题意识上。问题是时代的声音，要善于发现问题、分析问题、推动解决问题。有些稿件读来不痛不痒或感觉隔靴抓痒，往往就是抓不准问题或写不出问题的解决之道，让人感到作者是在硬做文章。二是体现在开掘深度上。给人一杯水，自己先要有一桶水。稿子要想写出深度，材料的占有一定要丰富，对问题的思考一定要深刻。如果立意不高、开掘不深，稿件就必然平淡、平庸。三是体现在辩证思维上。马克思主义哲学的一些基本观点，比如运动发展的观点、普遍联系的观点、对立统一的观点等，都体现了辩证看待客观事物的思维方法，对我们采访写作新闻稿件都很有启发。

比如，新华日报记者杭春燕获得第28届中国新闻奖二等奖的消息《省政府首次提起环境公益诉讼》，思考就比较深，在获得庭审内容同时延伸采访，发表后产生很大影响。比如，最近《乡村干部报》上有篇稿子，题为《牛养少了，牧民却更富了》，光看标题就很有意思，其实里边也蕴藏着辩证思维。正常的想法是牛多了才更富，牛养少了怎么会更富呢？文章围绕这个疑问展开，既能让人阅读下去，也能够给人以启发。

——标题要亮眼。俗话说“题好一半文”，标题是新闻的眼睛，也是思想的窗户。专门强调标题，不仅是因为标题好能抓人，也因为大小标题制作本身，就是对稿件内容的一次整合与提炼，对稿件构思的一次总结与提升，于整个稿件的写作极为重要。好标题的标准有几点呢？一是做到“一语中的”。无论大标题、小标题，都要用最简洁的文字将新闻中最有价值、最有特点、最生动的内容提示给读者，即所谓“立片言而居要”，才能更好地适应互联网时代传播需要。二是力求“过目难忘”。不做“标题党”，但要标题亮。主标题要让人目不转睛，小标题要让人耳目一新。可巧用比喻、比拟、对偶、对比等修辞手法“活化”标题，也可适当使用网络热词，紧跟时尚节拍。三是兼具“颜值内涵”。标题除了告诉读者事实，还要力争写出思想、写出美感、写出感情，做到“言有尽而意无穷”，让读者有所思、有所悟、有所获。

纵观获奖新闻作品，大部分标题都很“出彩”，一眼扫过即可掂出作品含金量。例如《警惕“专家观点”成为“利益俘虏”》（获第 16 届中国新闻奖一等奖）、《在抓落实中重“绩”留“心”》（获第 29 届中国新闻奖一等奖）、《警惕“精致的形式主义”》（获第 31 届中国新闻奖一等奖）等等。在这方面，我们还要多向央媒学习，日积月累以求突破。

——成稿要打磨。“文章不厌千回改”“佳作常自改中来”，一篇文章只有反复推敲琢磨，经过“精加工”“深加工”，才能像艺术品一样精美。一要看主题是否明确。可整体速读几遍，看核心观点是否鲜明正确，能不能在逻辑上立得住，在价值观上经得起评判。二要看结构是否缜密。要注意有没有逻辑不清、衔接不紧、结构松散、详略不分的情形。三要看材料是否贴切。该用的材料是否都用了，不该用的是否都去掉，视情况及时作补充或删减。四要看表达是否到位。对文字的修改力求更加准确、简练、优美。

——找错要细致。有时候一个字、一个词、一句话甚至一个标点符号方面的小瑕疵，就能让一篇好稿在冲击大奖中功亏一篑、失之交臂。过去我们有过这方面的教训，要引以为戒，认真校对、找错，力求完璧无瑕。

“匠”就是要“斤斤计较”

前阵子，我看过两部纪录片，讲的是匠人如何以匠心成就精品，看后留下了很深的印象。

大家都知道，笔墨纸砚是文房四宝，其中笔以浙江的“湖笔”最受推崇，纸以安徽的“宣纸”久负盛名。那么它们是怎么制作出来的呢？毫不夸张地说，靠的是工匠精神、精湛技艺。例如，制作一只湖笔，就需要 128 道工序；制成一张宣纸，也需要 108 道工序。从精心选材用料，到严格遵循工序流程精工细作，最后到认真检查、剔除瑕疵产品，保证出手的都是臻于完美的作品，可以说生产的每一步、每一个细节都灌注着匠心、彰显了责任。

何为“匠”？全国人大代表、中车南京浦镇车辆有限公司电焊工孙景南有个很好的解释：“工匠的‘匠’字就是在专业领域中对自己‘斤斤计较’一点，历经磨砺方能实现突破。”这位“东方女焊神”的一席话，值得深思。

以匠心成就精品，我们的新闻生产也是这样。让新闻作品“亮”起来，首先要求记者、编辑人人树立精品生产的意识，个个负起精工细作、严格把关的责任，从选材、定题开始就坚持高标准、严要求，并将这种匠心追求延续到新闻生产的每一个环节、每一处细节，直至将优质产品送达目标受众。这还没有结束，我们还需要及时搜集用户反馈，借此改进我们的内容生产、产品服务。可以说，精品生产的追求永远在路上，永远无止境。

这里我还要强调一下，要让新闻作品“亮”起来，编委会一班人也要下功夫。编委会是新闻生产的“司令部”，也是精品生产的“质监站”，对于新闻作品的“品控”发挥着至关重要的作用。在新闻生产上，编委会一要鼓励内容创新，通过考核和制度引导让大家把心思和精力放在精品生产上，放在钻研业务上；二要加强组织管理，经常性组织和督促各部门加强新闻策划，加强队伍建设；三要带头精研业务，多出题目、多磨内容、多改标题，以上率下、以身作则；四是严格发稿要求，不好的稿件不发，写不到位的稿件要求反复修改；五是倡导合作互助，让先进帮后进、老手带新手，在团队作战中共同锤炼新闻业务。

（2022 年 9 月 13 日）

一线感言

王拓，新华日报全媒体经济新闻部副主任。江苏省“紫金文化人才培育工程”文化优青，省“333 高层次人才培养工程”培养对象。新闻作品《国旗漫卷，初心永恒　我们的五星红旗》获第 30 届中国新闻奖文字通讯与深度报道类二等奖。

记者“深”下去，作品“亮”起来

好的新闻作品反映的内容不同，关注点各有侧重，类别丰富多样，但都有一个共性，它们都是记者蹲下去、深下去的产物，都能让读者共鸣、共情。

2019 年是新中国成立 70 周年，新华日报记者兵分 8 组 16 路，历时一个多月、行程 5 万多公里，完成了《国旗漫卷，初心永恒　我们的五星红旗》报道。我所带领的其中一队远赴新疆红其拉甫。那里平均海拔 4 300 米，年平均气温 0℃以下，被称为“生命禁区”“死亡雪海”。8 月盛夏，出发时还是艳阳高照，但转眼间就可能雪花漫天、寒风刺骨，含氧量不足 48%。我们背着几十斤设备采访，备受煎熬，但始终坚信“越接近现场，越有好新闻”。后来，这组报道获得了第 30 届中国新闻奖二等奖。

现场，是新闻报道永不枯竭的源头活水。大到选题立意、逻辑框架，小到行文造句、标题制作，都离不开记者亲临现场的用心感悟。

2020 年初武汉突发疫情，我主动请缨，奔赴抗疫前线。到了武汉写什么？怎么写？一路上思考的这些问题，变成了“脚力、眼力、脑力、笔力”八个字。我们跑遍了江苏支援武汉的十一个批次的医疗队驻地，十多家医院和方舱，甚至深入最危险的“红区”（ICU），每天行程都达到了 100 多公里，一对一采访了 200 多人。在现场，我们目睹温暖的场景，亲耳聆听鲜活的话语，第一时间获取感人的故事。这些场景、话语、故事，正是构成一篇篇新闻作品的“血与肉”。

至今记得，到武汉后第二天天刚亮，医疗队早班人员就集合出发，我注意到很多人没有吃早饭。再一问，有的队员从前一天晚上八点钟开始就不吃东西了。有队员说：“吃早饭容易上厕所，每去一次洗手间出来，必须更换防护服，舍不得。”一个班 4 个小时，所有医护人员基本一口水都不敢喝。尽管如此，上班戴个“尿不湿”几乎是标配。我迅速写成了一篇报道《清晨上战场，他们为何不吃早饭？》，在朋友圈里刷了屏，很多人留言只有两个字：感动！

新闻是历史的初稿。优秀的新闻作品之所以能打动人心，背后往往是记者讲述的一个个亲历、亲见、亲闻的鲜活故事。

从“大有可为”到“大有作为”

——做强做优国际传播

最近，《华人时刊》杂志由省委统战部划转并入驻集团办公，为集团外宣工作增添了新力量。《华人时刊》是经新闻出版总署批准的涉外综合性期刊，是全省唯一可以直接向境外发行（国内并发）的外宣刊物，1990 年 1 月份正式出刊，到现在已走过 34 年。我们要紧紧抓住这一契机，打造国际传播矩阵，进一步做强做优国际传播工作。

应当说，过去一些同志对国际传播存在着片面认识，认为国际传播主要是中央媒体来做，地方媒体缺少这方面力量。但是通过这几年实践，省级媒体也开始广泛参与进来，并且国际传播已经越来越成为省媒，特别是像江苏这种经济相对发达的东部地区主流媒体的重要职责。在我们集团内，做好国际传播不只是新华日报全媒体国际传播部的事情，而是需要从集团层面作出总体谋划和部署，动员全集团方方面面积极参与。

因此，今天新年第一会，我想跟大家交流下如何进一步做好国际传播的问题，也是释放一个信号：大家要凝聚共识、群策群力，进一步做优做强国际传播。

省媒为何要参与国际传播

省级主流媒体为何要参与国际传播？对这个问题，我们可以有四个观察维度：

从全球看，数字化的快速发展，营造了做好国际传播的时代“风口”。现代科技发展，已经让全世界成为一个“地球村”。尤其是互联网广泛应用、智能手机全面普及、社交媒体大行其道、语言转译技术广泛运用、人工智能快速兴起，等等，已经让全世界范围的信息交流变得十分便捷。每个国家、每个民族都有更好的机会了解别人、展现自己。在这个过程中，主流媒体的作用是十分重要的，因为其权威性、专业性、时效性都很强，更能赢得广泛关注。前几天，我的一名学生跟我聊到一个情况，过去抗战期间，美西方一些媒体，不少都是通过《新华日报》了解中国共产党的抗日主张和积极作为的。过去尚且如此，现在更是如此。实际上，我们每件作品都有在国际社会传播的可能，每件作品都可能被国外的受众所关注、利用。这为我们参与国际传播提供了无限可能，也是我们做好国际传播最为有利的条件。

从国家看，中华民族伟大复兴的发展大势，要求省级媒体积极参与国际传播。国际话语权是衡量一个国家综合实力和国际影响力的重要指标。过去我们常讲，“落后就要挨打，贫穷就要挨饿，失语就要挨骂”，现在挨打挨饿问题已经发生了根本性转变，但挨骂的问题依然存在，中国依然存在“有理说不出”“说出传不开”“传开叫不响”的话语困境，目前西方国家许多民众对中国的印象依然偏于负面。当今世界正经历百年未有之大变局，中国正在以中国式现代化全面推进中华民族伟大复兴，与世界的关系正发生历史性变化，迫切需要进一步增强国际传播能力，提升国际话语权。党中央高度重视国际传播，习近平总书记强调：“加强国际传播能力建设，全面提升国际传播效能，形成同我国综合国力和国际地位相匹配的国际话语权。”前不久，总书记又对宣传思想文化工作提出“七个着力”要求，明确强调要“着力加强国际传播能力建设，促进文明互鉴”。习近平总书记要求，各级党委（党组）都要把加强国际传播能力建设纳入意识形态工作责任制。可见，省级媒体参与国际传播也是题中应有之义。近三年来，省（市）一级国际传播中心增长约 30 家，光是在 2023 年就增加 15 家。在 2023 中国新媒体大会国际传播论坛上，中国记协发布新时代国际传播《马栏山倡议》，中央媒体和地方媒体形成共识，携手共同做好新时代的国际传播工作。

从江苏看，我省独特的省情，赋予新华报业做好国际传播的重大责任。开放是当代中国的鲜明标识，也是江苏发展的突出优势，备受国际社会关注。截至目前，江苏省实际使用外资连续第六年保持全国第一，进出口总额站稳 5 万亿元台阶，《区域全面经济伙伴关系协定》签证出口货值居全国第一。站在对外开放潮头的江苏，正凝心聚力建设具有世界聚合力的双向开放枢纽。与此同时，最近习近平总书记在我省考察时，又赋予江苏“在建设中华民族现代文明上探索新经验”的重大使命。省委提出“着力把江苏打造成为习近平文化思想的生动实践地、中华民族现代文明建设成果的重要展示地”。可以说，中华民族现代文明内涵丰富、意义重大，不仅仅局限在文化建设，也是中国式现代化成果的集大成式体现。江苏要建设中华文明的“重要展示地”，就要向世界展现在江苏这块土地上，中国共产党带领人民全面推进中国式现代化建设的生动实践和巨大成就。而最重要、最直接的“展示”就是新闻宣传。从这个意义讲，做好新时代的国际传播工作，江苏媒体大有可为，也一定会大有作为。

从集团看，传媒生态的深刻变革，需要我们在国际传播中更广泛链接资源。做好国际传播既是我们必须履行的职责使命，是集团不可或缺的工作板块，也是事业发展的新机遇、新赛道。在互联网时代，媒体的功能不仅仅是传播资讯，而是更广泛地搭建关系、链接资源。大家看得到，集团在做好对内宣传、服务中心大局过程中，与社会方方面面建立了密切联系，积聚了大量社会资源，有力推动了自身事业发展。所以，大家更加坚定了精品赋能、服务赋能的发展战略。但是，在国际传播上我们思想还不够解放，往往简单认为，做国际传播是单纯服务，对事业发展帮助不大，收入产出也不对等。实际上，我们迎来了国际传播“风口”，完全可以在工作中更广泛地搭建关系、链接资源，开辟事业发展“新赛道”。只是现在这片丰沃的土地还没有被开垦，或者说未被有效开垦，还需要去探索、去开掘。比如，在助力中国企业、行业走出去，在帮助国外企业进入中国市场，在争取国家和省国际传播项目资金扶持等方面，都有着大量发展机遇。成功往往属于有准备的头脑，只要我们在国际传播方面做出成效，未来也一定能从中获得回报、获得产出。

综上所述，省级主流媒体参与国际传播既有其重要性、必要性、紧迫性，又有可行性、操作性和有益性。

把脉“六音”查短板

解决问题的前提在于发现问题。近几年来，我们在国际传播中加大工作力度，无论是内容产品的质量形态、人才队伍的选拔培养，还是平台渠道的建设拓展，都取得了新的成效。特别是 2022 年 6 月率先在全省成立江苏 Now 国际传播中心（JICC），国际传播作品连续多次获得中国新闻奖，《Home Story in Jiangsu（“家”在江苏）》去年获国际传播类一等奖，是本届唯一获此殊荣的地方媒体作品。

但是，对照中央和省委要求，对照新华报业的使命任务，我们的国际传播工作还存在明显不足。当然，有些问题不光存在于我们集团，也是整个媒体界面临的共性问题，我结合起来做一些分析。如果把媒体国际传播工作比作协奏曲，主要存在“音符不够亮、音调不够准、音量不够大、音色不够美、音域不够宽、音律不够齐”六个方面的问题：

音符不够亮。音符是组成乐曲的基本符号，音符不亮指的是主动进行议题设置的能力不强，我们要弹奏的曲子在国际舆论“大合唱”中，不容易被关注、被接受。当前在国际舆论场上，只有找到共同关注的有较高兴奋点的关键议题，才能引领国际舆论的走向。然而，我们在国际传播实践中，往往是疲于应对各类负面报道，力图澄清事实、宣告真相，较少“主动出击”，难以掌握国际舆论主动权和话语权。未来，我们必须克服议题设置能力不强的短板，围绕国际关切与中国发展实践来积极点亮我们自己的音符。

音调不够准。这指的是国际传播的精准度还欠佳。长期以来国际传播部门有关同志自认远离中心工作，对世情、国情、省情缺乏深入了解和把握，从站位、内容和传播方式上都不同程度偏离“靶心”。同时，面对不同国家、不同民族在历史传统、文化积淀、语言表达、风俗习惯等方面的差异，缺乏分众化、互动化和有针对性的传播。可以说，只有研究国外不同受众的习惯和特点，有的放矢，对症下药，才能事半功倍。

音量不够大。这指的是传播主体影响力的不足，声音不够响亮。尽管近年来参与国际传播的主体和投入的资源不断增多，但许多内容产品还很难进入海外主流传播渠道，很难被国际主流社会所关注，很难真正在国外民众中落地。即便落地，也容易因打上“中国宣传”的刻板标签，其公信力、感召力、影响力仍然不够理想。此外，国际传播力量分散、规模偏小、合力不够、资源统筹不足等问题也同时存在。

音色不够美。这指的是对外话语创新性不够，故事讲得不够动听，吸引人的内容产品供给不足。面向海外进行国际传播时，相关内容需要及时转换话语体系，把中国的文化、理念、价值观更好地融入国际语境中，通过故事、影像、数据等载体以及丰富表现形式加以包装和加工。然而，不少国际传播作品仍是“自顾自地说”，存在照本宣科、简单直译、内外嫁接等问题，没有根据海外受众习惯进行“转译”，自然难以实现“愿意听、听得懂、能相信”的传播效果。虽然重点作品多次获得中国新闻奖，但日常内容生产还需提升。

音域不够宽。这指的是国际传播内容覆盖面不足，传播内容选材存在局限。目前大都还是以中华美食、中国功夫、非遗传承、特色民俗等层面的题材为主，核心层面的中国之路、中国之治、中国之理相对较少，宣传阐释能力也较弱。中国国际传播既要做好软性内容，更要以清晰、理性的声音做好硬性报道，充分展示中国共产党领导中国人民在方方面面取得的发展。

音律不够齐。这主要是指国际传播中容易出现各种噪声和杂音，特别是互联网上传播的一些非主流观点甚至有害的声音，影响到中国形象，干扰到中国声音。这虽不是我们集团的问题，但也提醒我们在传播过程中，一定要站稳中国立场，自觉与党中央看齐，自觉与中央和省委对标对表，把握统一口径，防止在宣传中走偏、走样、走形。

以上这些问题，在我们集团都有或多或少或轻或重地存在，但归结到一点，还是我们在国际传播上缺少系统谋划和整体推进，这需要从集团层面加大工作力度，也需要全集团方方面面积极参与。

如何打造国际传播精品

国际传播涉及的范围很大、内容很广、手段很多，有活动组织、人员交往、学术交流等等。对媒体而言，最重要的还是做好内容产品，靠产品说话。围绕讲什么、怎么讲和谁来讲的问题，要做到七个结合，打好组合拳，推出有温度、有品质、有亲和力、有穿透力和感染力的国际传播精品。

一是讲道理与讲事实相结合。鲜明有力的事实才能说服人，具有思想含量的道理才能影响人。讲道理是讲中国的想法，用中国理论阐释中国实践；讲事实是讲中国的做法，用中国实践升华中国理论。当前，习近平新时代中国特色社会主义思想是“最大的道理”，江苏如何贯彻落实习近平新时代中国特色社会主义思想和总书记的指示要求就是“最亮的事实”。

在具体宣传中，道理要讲深讲透讲活。理论说服是一大难点，面向海外进行传播时，要着力构建融通中外的中国话语和中国叙事体系，把中国文化、理念、价值观更好地融入国际语境中，重在把道理讲清楚、讲明白，方便海外受众理解和接受。比如，中国新闻社推出重磅栏目《中国共产党的“十万个为什么”》，包括“为什么中共党员要定期交党费”“中南海正门，影壁上为什么刻的是这五个大字”“入党誓词几经修改，这两个字为何始终不变”等问答，把中国共产党为什么能、马克思主义为什么行、中国特色社会主义为什么好等重大问题，细化为一系列具体、具象、细致的“为什么”，在解疑释惑时润物细无声地弘扬了中国共产党的价值取向。

事实要讲真讲细讲全。新闻不是写小说、拍电影，必须确保真实全面准确。谈到中国，基辛格曾经很直率地说，你们其实做得不错，但你们表达得太过完美，谁会相信世界上存在没有缺点的国家？因此，在对外宣传中，尤其要注意把真实情况讲客观讲全面。特别是在一些述评性文章中，要注意理性分析。比如，讲过去十年的历史性成就宣传，要注重场合感和分寸感，不说过头话，既讲我们取得的发展成就，又讲我们需要解决的困难和问题，引导国际社会全面客观看待中国所处的发展阶段。

道理和事实要结合成故事去讲。讲故事，是国际传播的最佳方式。在德国出版界有一句流行的话，叫“故事驱动国家”，意思是一个国家的故事传播得越广，世界对其了解就越多，因为故事能搭载着国家在世界“旅游”。对新闻媒体而言，会讲故事非常重要，它就是要生产大量既饱含事实、又蕴藏道理的新闻产品，既充分展示我们的成功做法和发展成果，又讲清楚发展背后的理论逻辑、制度逻辑、文化逻辑。比如人民日报前不久推出的《共建“一带一路”·“小而美”惠民生》栏目，从小切口讲述“一带一路”上的小而美故事，就很好地实现了这个目的。

二是讲传统与讲现代相结合。中国是历史悠久的文明古国，这一点是得到全世界公认的。但中国近现代的发展道路十分曲折，中国探索现代化的历程充满艰辛，中国共产党带领人民创造了历史奇迹，这些内容却不容易被国际社会真正了解和接受。开展国际传播，就要想办法讲清中国发展的基本脉络，讲清中国发展的历史逻辑，讲清中国式现代化根植于中华优秀传统文化，充分阐述好“第二个结合”的深刻内涵和历史必然。因此，必须建立传统与现代、历史与当下协调统一的叙事体系，坚持古为今用、推陈出新，将文明古国与现代化强国的形象紧密结合。

善于讲好中华优秀传统文化。中华优秀传统文化源远流长、博大精深，但不能一讲传统文化就只讲盐水鸭、讲雨花茶、讲苏绣、讲昆曲，更要多讲“天下为公、民为邦本、为政以德、革故鼎新、任人唯贤、天人合一、自强不息、厚德载物、讲信修睦、亲仁善邻”等中国人民的宇宙观、天下观、社会观、道德观，讲我们江苏的“天下兴亡、匹夫有责的家国担当”“重商致用、兴利济民的经世之风”“求实创新、与时俱进的开拓精神”“崇文尚教、儒雅博学的精神追求”等等。中国江苏网的《古韵新声》栏目，通过梳理、阐释、解读习近平总书记引用过的古代人物、历史典故、典章制度等，还有交汇点推出的《习近平点赞的古代人物》，探讨马克思主义同中华优秀传统文化相结合，这些产品都很好，国际传播要善于运用这些资源。

善于讲好中国的奋斗历程。特别是要讲清楚中国共产党的诞生、初心使命、性质宗旨、奋斗历程，讲清楚历史和人民为什么选择了中国共产党，讲清楚中国站起来、富起来、强起来是我们党领导全国各族人民在长期探索和实践中历经千辛万苦、付出巨大代价取得的结果。

善于讲好新时代的中国故事。把深入宣介习近平新时代中国特色社会主义思想作为重中之重，这是新时代中国发展进步的“密钥”，是了解中国理念、中国制度、中国道路的“宝典”。深入宣介推动构建人类命运共同体、全球发展倡议、全球安全倡议、全球文明倡议等主张，让中国主张、中国方案深入人心。

当然，最重要的是要把传统与现代结合起来讲，真正让中国故事具备完整性，让中国故事更好地被世界人民所理解。比如，央视的《非遗里的中国》《我在故宫修文物》《了不起的匠人》，上海广电的《何以中国》、江苏广电的《中国智慧中国行》、湖南卫视的《当马克思遇见孔夫子》等节目，跨越时空来阐释中华文明、讲好中国故事，都值得好好学习。

三是正面讲与反面驳相结合。国际舆论的斗争长期存在，特别是中国全面推进强国建设、民族复兴，国际反华势力势必加强国际舆论的围追堵截，加大攻击和中伤力度。要么唱衰中国，要么宣扬中国威胁论，并不断抛出地缘政治扩张论、过剩产能输出论、债务陷阱论等论调。江苏处在改革开放前沿阵地，必不可少地会受到攻击抹黑。现在我们正面宣传做得比较多，但反面批驳做得还不够，要加大这方面的工作力度，多向央媒学习，一方面要做好正面报道，加强有关信息的深度阐释，增信释疑；另一方面也要发扬斗争精神、增强斗争本领，巧妙设置国际性议题，该反驳的时候要有力驳斥，破除一些西方媒体的话语霸权和有色眼镜，赢得国际舆论话语权。

善于发现西方话语的漏洞。“以子之矛，攻子之盾”，从细微处拆解其话语陷阱。比如，有一次新闻发布会，讲到涉疆问题的时候，外交部发言人特地播放了一段视频，让大家看看一个曾经的美国官员，是如何谈论美国对中亚和我国新疆的战略意图。对照美国政府的实际行动以及围绕新疆的各种言论，就能揭露美国政府编造的谎言。再如，新华社推出的《直面质疑：还原一个真实的“一带一路”》《“新殖民主义论”可以休矣》《“一带一路”为何赢得广泛欢迎》《“一带一路”建设拒绝“黑箱操作”》等报道，都值得学习。

善于在细节中发现薄弱点。西方媒体善于在细节中“发明”论点，找一些“个例”进行栽赃。驳斥这种含沙射影的新闻叙事，需要经过扎实调研，找准其逻辑链条中的薄弱点，打到其七寸。比如新冠肺炎疫情期间，一份被冠以哈佛医学院名义的论文在西方媒体上流传，该论文通过对武汉医院附近停车场的车流量进行分析，认为新冠病毒可能于2019 年 8 月末就开始在武汉传播。环球时报记者进行深度调研后发现，相关报道“巧妙”利用卫星图片的光影得出假结论，且论文提到的湖北妇幼保健院根本没有面向成人的呼吸内科。

巧用漫画讽喻。恰当的政治漫画一目了然、一针见血，在嬉笑怒骂中表达了立场，传递了观点，更适合在奉行“眼球经济”的社交媒体时代扩大传播半径。比如，中国日报社《北约军刀》作品获第 33 届中国新闻奖，漫画以沾满鲜血的军刀为喻，揭露以美国为首的北约假借捍卫自由之名，在世界范围内行战争之实的伪善本质。《新华日报》的“漫说快评”栏目办得也很有特色，已经打响品牌，可以延展到国际传播。

四是抓节点和抓品牌相结合。我们抓内宣有一条重要经验，即“逢重大主题报道必创新”。重大主题报道在什么时候开展？基本上都是重要节点，这时候的宣传最引人注目，传播效果也最好。外宣工作也是这样，要紧紧围绕世界瞩目的时刻抓报道。比如，去年亚运会时，国际传播部推出“Z 世代看亚运”（Jiang’s Vlog）双语短视频 19 集，海外传播量总计超 800 万次，在全国名列前茅，获得中宣部对外传播局表扬。我们还抓住国家公祭十周年这一重要节点，推出《一个美国青年的金陵寻访》《时间证人》等融媒体产品，取得比较好的宣传效果。2023 年，江苏举办的大型活动非常多，包括中欧班列国际合作论坛、第五届中美友城大会、2023 两岸企业家峰会 10 周年年会、第三届江苏发展大会、2023 全球滨海论坛会议、2023 世界智能制造大会等等，有的节点我们及时跟进做了一些外宣报道，但总体上力度还要进一步加大。事实上，只要抓到这些节点进行浓墨重彩的宣传，就能起到比平时更好的、事半功倍的效果。

与此同时，还要善于抓标志性品牌做宣传，比如江苏的大运河文化、长江文化建设、太湖之美、水韵江苏、昆曲之韵、文学之都、美食之都等等，都是很具知名度的重要品牌，要以这些标志性品牌为载体，反映我省人民在中国共产党领导下建设“强富美高”新江苏的新进展、新故事。近两年，网红小吃柳州螺蛳粉从路边特色小吃成为大产业，远销至欧美、东南亚、中东、非洲的40余个国家。柳州日报在习近平总书记考察柳州螺蛳粉之际，专门推出《粉红天下——一碗中国米饭的逆袭》，获得境内外200多家媒体转载，不仅宣扬了地方特色，也充分展示了改革发展的生动实践和巨大成就。这就是善抓品牌宣传的典型做法。

五是自己讲和别人讲相结合。“一手独拍，虽疾无声”。“以我为主”是我们对外传播的主体性和立场根基，但我们想讲的和国外受众想听的往往并不是一回事，如何用好自己的麦克风，又善于借用别人的麦克风，通过合唱放大声量，是当前国际传播能力建设的重点。这既需要我们认真修炼内功，打造具有较强国际影响力的外宣旗舰媒体，又需要我们广交朋友，不断扩大国际舆论朋友圈。这里我重点讲讲内容产品本身的借嘴说话。从心理学角度看，有一种“亲和效应”，即在人际交往应酬中，人们往往会因为彼此之间的某种相同或相似之处，而让彼此感到更加亲近。在国际传播中，可以通过借外国人嘴说话的方式，进一步增强亲和效应，增强传播的说服力和可信度。这两年，我们获得中国新闻奖作品《在中国，看Frank打开长三角“盲盒”》《Home Story in Jiangsu（“家”在江苏）》，都是利用外籍人士作为故事的叙事主角，实现了比较好的传播效果。要高度重视发挥港澳台同胞、海外华侨华人、海外中资企业、国际友人、洋网红等的作用，引入“他者”视角，帮助境外读者更加深入了解中国国情，熟悉中国文化，感知中国发展，推动他们成为中国故事的见证者、中国声音的传播者、中国形象的推广者。

◀ 2020 年 8 月，新华报业精心策划实施“在中国，看 Frank 打开长三角‘盲盒’”大型互动式融媒体行动。相关作品获第 31 届中国新闻奖国际传播类三等奖

当前，要重点用好“洋网红”，助力其形成网络“意见领袖”，客观描述中国治国理政理念和改革发展实践，有效提升传播内容的说服力，促进海外公众对中国的理解与认同。比如，以色列人高佑思在北京大学留学期间创立的视频自媒体“歪果仁研究协会”，迄今已吸引粉丝数百万、全球播放量达数亿次。像高佑思这样的“洋网红”越来越多，成为讲述中国故事不可忽略的一支新力量。再如，中国国际电视台（CGTN）邀请外国青年“网红”拍摄真人秀《党员初体验—外国“网红”体验基层党员的一天》，实现“破次元壁”的跨文化交流，节目全球累计观看量超 500 万人次。我们要注意培养落户江苏的外籍人士当网红，他们沉浸式体验了新时代的中国，感悟了中华文明的独特魅力，更能积极传播好中国和江苏大地的美好感受。

六是传统手段和新媒体手段相结合。当下，传统手段和新媒体手段并用并存，国际传播也要用好两种方式、两种手段，进行互补互促。要充分利用新媒体传播迅捷、覆盖面广、呈现丰富、互动性强的特点，赋能传统媒体、传统渠道，提高国际传播的覆盖率、到达率、亲和力和实效性。要善于利用新技术、新手段、新理念，加强音频、视频、图示等手段的综合应用，突出 AI、H5 等新技术，实现信息产品的数字化、智能化、虚拟化，增强用户黏性、扩大舆论影响。

比如，新华社主播“国社小姐姐”根据迪士尼歌曲《后妈茶话会》进行歌词改编，以英文歌唱形式向国际社会介绍了中国在新冠肺炎疫情防控与社会治理中的成功经验与巨大成效，有力回击了美西方国家借新冠疫情对中国的无端指责与抹黑。再比如，为迎接党的二十大，中国日报精心打造《中国这十年》XR 创意视频，结合两位美籍记者在中国多年工作、生活的经历，搭建 5 个定制化 XR 场景，让动画特效和 XR 场景设计完美呈现了主题意境，创造出跨越时空、虚实结合的全新叙事空间，让观众沉浸式地感受中国过去十年在脱贫攻坚、高质量发展、科技创新、生态文明建设和大国外交等领域的发展变化。

有些重点手段要格外重视和运用。比如直播，靠画面说话，真实性和现场感十足，我们去年在“文化和自然遗产日”到来之际，邀请非遗传承人在海外社交平台上开启非遗“云”课堂，带领海内外网友在线感受非遗魅力、展现中国文化之美，传播效果就很好；比如短视频，处于当前传播风口，具有较强的传播性能；比如 AR、VR、MR 等各类“R”，具有很强的体验感；比如动漫，能够有效唤起 Z 世代、网络原住民的接受偏好；比如虚拟人，能够有效淡化种族之间的刻板印象；比如互动，能够更好地交流情况、沟通思想，增强互信包容，等等。

当然，我们重视新媒体手段，也不能放弃传统手段，因为世界不是整齐划一的，有阅读习惯的问题，也有互联网发展阶段先后的问题，在有的国家或地区报纸还是主流，有的人也更习惯于读文章。要根据实际情况，把这两方面有效结合起来。

七是共理与共情相结合。共理是指人类的共同价值，共情是指人类的共同情感。共理方面，我们要积极宣介中国致力于推动构建人类命运共同体，弘扬和平、发展、公平、正义、民主、自由等全人类共同价值的使命与担当，获取国际社会普遍支持。共情方面，则要抓住人的情感共通处、情绪契合点，将心比心、触类旁通，打开传播对象心扉。有时候，“有理说不开”，往往首先在于没有引起情感共鸣，因为道理是理性的，而情感是感性的，人们对待有偏见的事物或者国家、民族等，很容易因情感战胜理性。一个负面案例是，美国记者克里斯汀·吉尔伯特一家三口来中国游学，因为一个寒冷冬日被出租车司机拒载，她在《母语》一书中写道，“司机看着我丈夫，歪着头，然后朝我们挥了挥手，像是在弹走一只臭虫”。虽然这只是一个偶然事件，但经由作者出版的书籍而传遍全世界，造成了不好的影响。正面宣传，也只有把“陈情”和“说理”结合起来，找准传播对象的话语共同点、情感共鸣点和利益交汇点，讲述有情感、有温度的中国故事，才能拉近距离，增强传播效果。在这方面，习近平总书记为我们作出了示范。他到许多国家演讲，都注意引用当地谚语。2014 年 3 月，习近平总书记在法国引用拿破仑的话提出了“新狮子论”，强调中国是一只“和平的、可亲的、文明的狮子”，巧妙反驳了“中国威胁论”。

在共理共情宣传中，要注意找好叙事角度。传播是人与人的交流，是心灵的沟通，不单纯是讲述事实。即便是重大时政报道，也要注意亲民的角度、交流对话的角度。比如，围绕 2023 年 11 月习近平主席美国之行，中新网创新报道叙事方式，“习言道”等栏目策划推出系列观察报道，这些报道在海外落地稿件近千篇次，总阅读数超 5 亿。《面向美国人民，习近平从叙“旧”开始》《从“我”说起! 第一人称读懂习近平在美演讲》等传播产品，将习近平主席在美演讲内容融合阐释，获得海内外网友热烈互动。

此外，还要注重普通人的个体叙事。让更多普通人成为“中国故事”的主人公，我们的报道才会更接地气、更易被接受。比如，优兔

（YouTube）上播放量过亿的“李子柒视频”，就唤起了海内外民众对乡村恬静生活的向往。比如，由国务院新闻办公室监制、英国知名导演柯文思执导的纪录片《柴米油盐之上》，聚焦普通民众生活实景的脱贫故事，对内对外讲述中国人民逐梦小康的寻常但鲜活的百姓故事。本集团媒体推出的《我的十年九宫格》《了不起的小店》等普通人的故事，也是很好的国际传播题材。

在这里我想强调一下，打造国际传播的内容精品，归根结底还在于加大策划创意的力度，真正把我们想讲的和国外受众想听的结合起来，做到中外融通、生动温暖，让中国故事和中国声音更好地走进世界人民的心坎。比如我们的获奖作品《Home Story in Jiangsu（“家”在江苏）》，“家”以汉字拼音“JIA”和甲骨文“家”为主体设计，巧用新闻意象创新创意生产，让主题 IP 形象破圈传播。杭州亚洲运动会期间，习近平主席祝愿中外友人“在诗画浙江度过难忘的时光，在亚运会圣火下留下美好的记忆”，我们策划制作了双语短视频《看！流动的〈富春山居图〉》，巧妙体现亚运会江南韵中国魂，在海内外取得良好的传播效果。

▲ 2022 年，新华日报推出重磅国际传播融媒体产品《Home Story in Jiangsu（“家”在江苏）》，获第 33 届中国新闻奖国际传播类一等奖，是本届唯一获此殊荣的地方媒体作品

渠道不拓展，说话就不灵

“酒好也怕巷子深”，这句话用来形容我们的国际传播，可以说切中要害、抓住关键。

应当说，国外民众不了解中国，很大程度上是因为他们缺少了解的渠道。欧美媒体长期主导和垄断国外民众的信息接收方式和渠道，他们的报道框架直接塑造了国外民众对中国的印象和倾向。站在这个山头，只能看到这些风景。换个山头，才能看到新的风景。媒体行业移动化、平台化、智能化大潮势不可当，以社交网络为代表的跨国数字平台正在推动国际传播的渠道更新、格局变革。作为主流媒体，我们要抓住这个契机，加快推进媒体融合，发展和壮大国际传播平台、渠道，形成立体化、强联动、高效率的传播矩阵，打破西方主流媒体的垄断与限制，为中国声音、江苏故事直达海外受众提供更多的可能。不大力拓展渠道，我们说话就不灵。

——强化平台建设。平台就是阵地，也是渠道。只有强平台，才有强传播。对地方国际传播来说，就我们集团实际情况而言，既要“造船出海”，更要“借船出海”，借助高知名度的传播平台，才能取得事半功倍的效果。

重点打造集团所属对外传播平台。目前，集团自有平台主要是中国江苏网“Jiangsu Now”英文网站、交汇点“苏声”频道、“Jiangsu Now”微信公众号。说实话，以现有人员力量，做好这几个平台已经不错了。但要看到，这几个平台的影响力还远远不够。最近，集团又新增了《华人时刊》杂志，外宣力量进一步加强，要在集团层面加强统筹，持续办好报、网、端、微、刊等端口平台，集中精力打造有影响的国际传播平台。这方面，要向先进单位学习。比如 2018 年 3 月，湖南广电在全国率先搭建“自有、自主、自控”的海外新媒体平台——芒果 TV 国际版 App。目前，该平台海外用户数超 3 100 万，今年改版更新后，拥有 1 500 部节目，共计 15 万小时内容库存，涵盖综艺、剧集等十多个品类，支持 18 种语言字幕切换，面向全球“Z 世代”传播上，成为讲好中国故事的重要平台。我们要根据自身实际确立发力方向，既加大投入，又量力而行。

团结“友媒”加强合作。集团与欧美一些华人媒体有合作，曾经与韩国有关媒体也有合作，良好的合作关系要继续保持，还要借助国家有关部门以及江苏驻外机构、驻外企业加强联系，扩大对外合作渠道。实际上，欧美媒体也并非都是铁板一块，对于那些相对真实客观报道中国的媒体，应该主动接近、加强合作，扩大国际传播的朋友圈。特别是对世界上主要大国、关键国家的主流媒体，也要想办法建立联系，以适当方式开展合作。进入西方主流媒体发声或“喂料”，这也是加强国际传播的一个很好的方式。

加强国际社交媒体的传播创新。这几年集团加大这方面工作力度，在推特（Twitter，后更名为“X”）、脸书（Facebook）、优兔（YouTube）、照片墙（Instagram）等海外主流社交媒体平台建立了 11 个机构和垂类账号，总体形成“机构账号—垂类账号—个人账号”三级圈层，曾获中央网信办表扬。要持续精心运作，既要做好主力账号 Jiangsu Now，也要做好各种垂类账号和个人账号，形成各具特色、富有活力的社交账号体系，让好内容更好地抵达国外受众。

——强化精准传播。世界上有 200 多个国家和地区，2 500 多个民族和多种宗教，这要求国际传播有的放矢、分层分类，在“造船出海”“借船出海”的同时，要注意“看海行舟”，内容生产和传播分发都要精准适配，对什么人、在什么地方、在什么时候，要讲什么话、怎么讲话、怎么分发，都要做到心中有数。一味地搞“大水漫灌”“千稿一面”，这种“眉毛胡子一把抓”、不分重点、没有层次的传播方式，很难达到理想的效果，有的甚至还会产生负效果。

如何做到精准传播？要注重分域传播。主要是在区域上、文化上、语言上的区别对待，这是基础，不同地区差别很大。比如，在对“一带一路”合作伙伴的宣传中，面对那么多国家不同的政治、经济、文化和社会环境，没有差异化传播、精准化传播，必然影响这些国家民众对“一带一路”倡议的理解和接受。要注重分层传播。面对每个国家和社会的不同社会分层，媒体应使用符合其特点的不同话语表达方式，从而实现国际传播话语构建的层级化。要认真研究精英阶层和普通老百姓对内容的接受程度，实现各取所需、有的放矢。要注重分类传播。主要是国际受众感兴趣的内容各不相同，互联网的发达导致普适性传播产品日渐式微，基于算法的定制化传播产品兴起，可充分借助传播手段与平台的多元化，实现畅通的渠道、有效的手段和合适的平台的有机融合。比如江苏 Now 国际传播中心加强垂类账号建设就是很好的探索。要注重分群传播。分群传播，就是把人群分得更细，更加突出用户思维。这里特别要注意加强针对年轻群体的传播，因为以“Z 世代”为代表的年轻人的国际观关乎国际关系走向，是创造长期利于我友好国际舆论环境的关键要素。这方面，中国日报社打造“少年会客厅”“Z 言 Z 语”等双语新媒体矩阵，搭建全球青少年交流平台，发起“Z 世代唱享中国”等活动。中国网充分利用 Facebook“热点中国”账号等海外社交平台，打造“两会青年谈”系列原创视频，围绕大气治理、交通发展、女性权益等热点话题，邀请英国、西班牙、澳大利亚等多国青年，比较和讨论其在中国的亲身体验与各自国家的不同，向全球青年介绍中国国情与中国道路。这些都将对未来发生积极作用。

——强化效果评估。虽然我们在国际传播方面拿了三个中国新闻奖，但实际传播效果到底如何？有没有激起一些浪花或涟漪？这是要打个问号的。国际传播不能自娱自乐、自说自话，不能“空转”。比如芒果 TV 国际 App 通过调研发现非洲儿童特别“想知道雪是什么样子”“如何在雪中玩耍”，及时创作原创动画《卡卡冬奥行》，介绍北京冬奥项目和场馆，讲述中国人的冬奥故事，效果就比较好。必须开展科学合理的国际传播效果评估，构建高标准、规范化、可操作的评估指标体系。

在评估主体方面，可引入第三方机构，组建用户分析团队，发挥其专业性和独立性优势，提升国际传播效果评估的客观性、公正性和科学性。在评估对象方面，要加强用户调查，分析海外用户需求，适时调整传播策略。在评估路径方面，要加强与国外媒体机构的交流与合作，克服国外数据采集、受众调查等方面的困难。可根据媒介融合背景下不同媒介形态国际传播特征，利用大数据、人工智能等技术，构建国际传播效果数据采集、整理、反馈和应用体系。在传播效果评估方面，江苏广电比我们更有优势，浙报集团“媒立方”在传播效果评估方面有很好的技术支撑，都值得学习。如果我们在这方面不能有所突破，那就如同“盲人摸象”，不可能真正做好国际传播，只能是自娱自乐甚至带来负面影响。

国际传播要放稳“三脚架”

国际传播和对内宣传一样，都需要一定的人才和物质基础作保障。具体看，三个方面最重要，即由人才、技术和机制构成的“三脚架”：

一是建设适应新时代国际传播的人才队伍。外宣与内宣既有相同的一面，又有不同的地方。某种程度上讲，外宣工作比内宣要求更高，除了掌握内容生产的知识技能外，还要外语过硬，并且要掌握外宣工作的规律。现在我们成立了国际传播中心，但总体上人员力量还不够多、不够强，今后条件成熟要加大引进力度。现阶段，要着眼于现有人员的培养和调配，在外语能力、新闻业务和国外文化上积累沉淀，培养成国际传播的能手、高手。现在有种说法，叫“第三文化人”，是指那些在不同文化之间穿梭自如的人，包括能够用双语自如表达的Z世代。比如杭州亚运会，由Z世代年轻记者蒋楚嫣前往杭州进行播报，推出“Z世代看亚运”（Jiang's Vlog），效果就较好。这方面人才要加强引进培养。与此同时，要加强外宣人才和内宣人才一体化建设，既要从内宣工作抽调一批业务“尖子”，又要将外宣人才放到内宣岗位去锻炼深造，通过双向培养、双向互动发现和造就一批国际传播人才。必要的时候，可以聘请一批外国人加入外宣团队，聘请一批专家作为国际传播顾问，切实壮大和做强国际传播队伍。

◀ 2023年杭州亚运会开幕之际，新华日报策划推出《Z世代看亚运（Jiang's Vlog）》，记者用轻快活泼的Vlog短视频带网友和读者探访亚运会

二是打牢引领国际传播能力的技术底盘。互联网的发展为国际传播提供了很好的渠道，而以人工智能为代表的新一轮科技革命和产业变革正在深刻重塑国际舆论格局。在新媒体时代，加强国际传播应充分利用技术创新成果，不断提升媒体自身平台的智能化水平，切实提升国际传

播效能。可以说，在全媒体内容的生产、传播、反馈中，有许多方面需要技术赋能。比如通过大数据分析，能够更好地掌握国外人士最关心中国和江苏什么方面的内容，从而有针对性地生产相关内容；比如，在生产过程中，可以通过人工智能技术抓取素材、组织初稿、转译语言等等，切实提高工作效率，而不是一味依靠人工劳动；再比如，分析外国人士从什么渠道获取中国和江苏内容，可以有针对性加大该渠道分发力度，等等。集团在加快技术建设的过程中，要注意加强国内传播和国际传播需求的统筹，适当增加有利于国际传播的技术投入。

三是建立共奏国际传播协奏曲的工作机制。国际传播工作由于地域距离之差、媒体平台之差、语言文化之差，远非对内传播这样便利，单靠媒体的力量，或者单靠一家媒体的力量，都很难有效做好工作。只有更多更好地利用各类资源，才能共同做好外宣工作。

从集团内部看，各媒体之间要整合资源。集团建立和畅通以新华日报全媒体国际传播部（江苏 Now 国际传播中心）为主体的传播体系，集团其他媒体国际传播资源要主动向国际传播部门靠拢，在产品制作、渠道分发方面要加强统筹，各部门各媒体可以用协作会议方式进行定期不定期碰头，在国际传播资源方面进行分享和合作。需要强调的是，做好国际传播绝不仅仅是国际传播部的事情，各单位、各部门都要积极参与，像前面我们提到的一些优秀作品，包括《古韵新声》《习近平点赞的古代人物》等栏目，都要主动向国际传播部推荐。

从集团外部看，要充分用好各类资源，包括省委宣传部、省外办、侨办、台办等主管部门，在苏外国领事、外籍人士、外企机构，我省驻外机构、驻外企业，包括各个大学和研究机构、智库专家，以及全国兄弟媒体外宣平台，等等，都要保持密切的联系，通过战略协议等方式建立密切合作，经常性开展头脑风暴，策划组织创新产品制作，相互转发重点内容，必要的时候也可以有针对性地在目标受众中组织或参与相关线下活动，强化宣传传播效果。与此同时也要走好外宣工作的群众路线，让我们的平台、渠道汇聚更多人的力量。比如，由上海市委宣传部、市委外宣办主办，澎湃新闻全面建设运营的IP SHANGHAI，是首个数字化城市形象资源共享平台，以鼓励“人人创作、人人展示、人人分享”为核心理念和运营目标，旨在探索以数字化的内容众创、IP孵化与共享为主要特色的产品运营之道，被视为上海城市形象国际传播领域的重要抓手之一。这种方式值得我们借鉴。

总之，我们要合力奏响国际传播“协奏曲”，做到音符更亮、音调更准、音量更大、音色更美、音域更宽、音律更齐，为全面推进强国建设、民族复兴伟业，为中华文明与世界文明交流互鉴作出更大的媒体贡献。

（2024年1月2日）

一线感言

沈峥嵘，新华日报全媒体国际传播部、江苏Now国际传播中心主任，高级记者。江苏省“四名”人才（名记者）、省新闻出版行业领军人才、省“五个一批”人才、省“333高层次人才培养工程”培养对象。新闻作品四次获得中国新闻奖，其中《Home Story in Jiangsu（“家”在江苏）》获第33届中国新闻奖国际传播类一等奖。

当好故事遇上好意象

2018年7月的一个周末，报社领导给我打电话，说有个急活儿：在不出国的情况下，抓紧策划制作“一带一路”五周年特别报道。情急之下，灵感闪现，第二天，我忐忑地将“漂流瓶”这个创意向领导汇报，没想到立即得到回复：“脑洞大、非常有创意，好好做！”

于是，《“嗨，你有一个来自江苏的漂流瓶”》以“漂流瓶”这个富有网感的新闻意象，连接“大道同行”的新闻故事，连接线上线下的虚实空间，也实现新华日报社首个国际传播类中国新闻奖的新突破。2020年，我和团队完成的《在中国，看Frank打开长三角“盲盒”》国际传播融媒产品中，英国人Frank探寻长三角地区一体化发展密钥的过程，也犹如打开“盲盒”的闯关之旅，而“盲盒”代表“未知”的天然属性又巧妙地映照中国经济发达地区日新月异的发展速度。

2022年10月，党的二十大召开前夕，我们推出《Home Story in Jiangsu》，以外国建筑师团队学术调研独特视角，观察讲述十年间的百姓“家”故事，真实展现中国式现代化图景内涵，在重要节点向世界展现可信、可爱、可敬的中国形象。“家”不仅是由篆书变化而来的中国意象，更是具有融媒交互功能的创意IP，汉字“Jia”和深层中华传统文化全方位对外宣介，也作为世界共通载体引发中外共情。

新闻意象不仅在国际传播作品中闪现，2018年，我和同事合作、获得江苏新闻奖的文字通讯《荒岛上，苦楝树开出大美的花——追记全国“时代楷模”、灌云县开山岛民兵哨所原所长王继才》，也因鲜明的新闻意象，有了别样的感染力。

无论传播技术如何迭代，好故事始终是新闻作品最坚实的内核，而好故事一旦遇到与新闻内涵自然适配的好意象，可谓“御风而行扶摇万里”。当然，好意象也是可遇而不可求的，我们不必执着于它，我们得不断地喜欢点新的东西，不带功利地喜欢，用生活的兴趣涵养自身、反哺工作，只有这种自然而然又不放弃，才会触类旁通、水到渠成。

Chapter 4

Aim at Absolute Perfection

第四辑

止于至善

确保“发射器”产生正效应

——防止报道引发舆情

新闻媒体是社会舆论的发射器，也是社会舆论的放大器。新闻媒体每天报什么、不报什么，是这样报还是那样报，往往会产生不一样的效果。只有把握好原则和分寸，新闻媒体才能当好“发射器”“放大器”，充分发挥新闻舆论团结稳定鼓劲的正效应。

这里要特别强调，不管是在日常工作中还是开展重大主题报道，大家都要严防报道引发舆情、产生负面影响。可以讲，这是我们须臾不可疏忽的功课。今天我想结合一些具体案例，跟大家交流一下如何修好这门必修课。

从“干部骑车进山收税”说起

先说一个故事——

某地税务局干部骑自行车到深山收税，道路不通，只能扛着自行车走过。税务系统的宣传稿本意是表现税务工作者的尽职，网民却不领情，批评“连自行车都去不了的地方，竟然还好意思收税”。

这就是一个关于报道引发舆情的典型案例，不少同行都引用过。大家不妨思考两个问题：其一，我们会做类似的“正面报道”吗？其二，遇到报道引发舆情时，我们应当如何处置？

全媒体时代一个显著特点就是信息传播高度发达，这体现在内容生产的海量、呈现形式的多样、表达方式的多元、传播渠道的丰富。与过去相比，同样一个内容演化出的信息产品数量被几何级放大。进入网络时代，价值观念多元，人人皆可发声，加上各种炒作，几乎每天都有各种各样的舆情事件发生。作为主流媒体，新闻报道、内容生产要高度重视舆情问题，不能成为负面舆情的“引爆点”和“发酵场”。

要充分看到舆情的复杂性和不可控性。全媒体时代舆情易发多发，这本身就是需要注意的事。更重要的是，许多舆情事件经网络传播后迅速发酵和扩散，一经炒作传播，如同覆水难收。特别是舆情的参与方具有多重特点，有的是群众不了解实际情况、盲目跟风；有的是好事看客有意起哄、不怕事大；有的是怀着不可告人的目的，煽风点火、唯恐天下不乱；有的是相关势力跟进参与，操弄舆论、暗藏祸心。因此，无论是降温灭火，还是正面引导都要花大量时间和精力。这就要求社会各方，包括媒体，尽可能把负面舆情严控在初始阶段，消除在萌芽状态。

要充分看到负面舆情对社会的巨大危害性。无数事实一再证明，不当舆情犹如洪水猛兽，对社会造成巨大伤害和危害。比如损害党和政府公信力。一旦某个事件有关部门回应稍微迟缓或者处理稍有不当，往往就会受到网民的质疑和攻击。比如引发群体性事件，有的不明事理的群众在受到舆情蛊惑后，会在线下聚集讨要说法。又如危害正常的社会治理，有的正常的基层工作经过网络舆情发酵后，不得不暂停或放弃，或以其他方式去解决。再如冲击社会主流价值，多年前媒体报道南京发生的“彭宇案”，引发老人倒地该不该扶的大讨论，至今仍在人们心中留下阴影。有的舆情与媒体直接有关，有的与媒体关系不是很大，但无不可以看出舆情问题对社会主流价值观、对改革发展大局造成的严重而恶劣的影响。

要充分看到处理舆情的艰巨性与高难度。在全媒体生态下，负面舆情发生后很快在全网传播，牵涉到与方方面面打交道、做工作，无论是政府部门还是新闻媒体，应对和处理起来都不容易。所谓“事非经过不知难”，一起负面舆情从产生到引爆全网速度很快，但要平息下去，可能需要相当长时间，有的还会留下难以消除的“后遗症”。因此，最好就是不要发生此类负面舆情。

要充分看到舆情对媒体自身的危害性。往小里说，媒体把自己陷进舆情后必须花大力气去灭火，影响自己的事业发展，影响到相关人员的职业发展甚至前途命运；往大里说，可能就是灭顶之灾，因舆情问题导致媒体关门整顿或直接停刊的，也有此类惨痛教训。总之，由媒体引发负面舆情是一着不慎、满盘皆输，不可不重视、不可不认真，必须采取坚决措施严密防范、尽力化解。

舆情是怎么“烧”起来的

舆情像火，星星之火可成燎原之势。

舆情的爆发有着各方面原因，有媒体报道的原因，也有社会心态、社会情绪的因素。结合我们所处的大局大势和媒体生态环境，容易引发舆情的情形主要有以下二十种：

正面报道过头引发舆情。这类问题往往出自脱离群众感受，特别是反映成绩成就的报道，说了过头话，结果成了好心办坏事。比如一些数据反映城乡居民收入较高时，往往就有人提出被平均、被富裕、被幸福的说法。有媒体报道 2021 年某地城镇非私营单位就业人员年均工资达 194 651 元，不少网友调侃自己又“拖后腿”了。

“低级红”“高级黑”引发舆情。即看似正面报道，实际是不当报道。通常有两种情况：一是无意为之，手法低级、脱离常情常理、用力过猛，让人生疑生厌。二是有意为之，通过表面的“红”引起受众反感，以精心策划但又不易察觉的方式达到“黑”的效果。比如“91 岁老奶奶在轮椅上坐了 3 年，伴随一首熟悉红歌竟站起来跳起了舞蹈”“副市长吃上了自己掏钱买的月饼”等报道，或内容扭曲夸张，或把本属于正常事情进行刻意报道，结果让读者产生反感。

舆论监督不当引发舆情。媒体在舆论监督的过程中出现有偿新闻、有偿不闻、敲诈勒索、媒体审判、媒体网暴等权力滥用现象。比如某报和一家品牌矿泉水之争，连续一个月动用 67 个版面刊登 76 条相关报道，对其水质量标准进行质疑，令公众怀疑报纸报道动机，严重损害了媒体公信力。

热点跟风不当引发舆情。我们进入了“后真相”时代，一个热点在引爆时轰轰烈烈，隔一天便漏洞百出，发生“翻车”与反转，已经不足为奇。比如前段时间刷屏的“二舅”视频，最后被证明，这条播放量达 3 000 万的“新闻故事”竟然有不少虚构的成分，部分卷入较深的媒体，公信力不可避免地受损。

挑战公序良俗引发舆情。这类报道并不是媒体本身有错，但如果在报道中选边站队、表达失范，很可能引火烧身或造成不良舆情。比如前面提到的“彭宇案”，在事实没有调查清楚前，有的媒体就在报道中有意无意地偏向彭宇，结果带偏了节奏。这方面，广告领域的案例更是数不胜数，需要高度重视。比如某网红脱毛仪品牌在多个小区电梯投放“没有蓝宝石，我不脱”的广告，被公众质疑“低俗”。

违背民族情感引发舆情。这种感情可能是爱国主义、英雄主义，也可能是民族宗教情感，都是人民群众的集体情感、集体意志，新闻报道对此一定要心中有数。比如前段时间某寺庙供奉战犯牌位事件，还有早些年某影星穿军旗服等等，在舆论场引起滔天大浪。比如 2020 年微博大 V“辣笔小球”公然发文侮辱牺牲烈士引发无数网友愤怒举报，被判处有期徒刑八个月。

违背事实报道引发舆情。有的报道有夸大成分，有的是事实虚假，有的“只见树木不见森林”，还有的是消息源本身就存在问题。报道失实是新闻媒体的大忌，一旦在重大消息中出现虚假新闻，牵动网民神经，媒体形象就会遭受严重冲击。比如2021年袁隆平院士逝世前，多家媒体就抢跑发稿，历经两次反转，引爆全网愤怒。又如一个关于儿子牺牲后婆婆送媳妇改嫁的段子，经媒体翻新加工后被当成一条新闻进行报道，这条没有时间、没有地点、没有人物介绍的“新闻”，居然被一百多家媒体争相转发。

脱离社会认知引发舆情。这种情况发生在某类事件超出群众认知范围或者接受程度，或媒体以自身感受来度量社会公众感受，往往也会导致舆情发生。比如东北某地景区被网友爆料烤肠15元一根，结果官方媒体却指责质疑物价高的公众是想给当地抹黑，没有设身处地站在消费者立场上去感受物价到底高不高。

报道不够主动引发舆情。这种情况往往见于突发事件。一些地方发生突发事件后，官方通报姗姗来迟，却大讲各级领导如何“高度重视”“作出批示”“紧急部署”等，事件本身却是只言片语、语焉不详、遮遮掩掩、闪烁其词。有的可能与媒体本身无关，但媒体难免跟着受累。

专家观点偏颇引发舆情。媒体采访专家引用其观点，或者发表专家所撰文稿不细心加以审查，就可能忽略其中不当言论，引发舆情事件。比如有的微信公众号引用某研究机构观点，说新冠病毒感染和死亡率比流感低，就引发了有关舆情。

关联利益群体引发舆情。这类问题常见于社会治理和民生诉求领域的报道，诸如医疗卫生、文化教育、就业养老以及购车购房等方面。涉及公平公正问题、特定利益群体问题，容易造成认知反差从而引发舆情。比如有关媒体关于教育“双减”的讨论，就引发了是否全面叫停校外培训机构的争论。

泄露秘密引发舆情。把不宜外传的信息、资料公开发表，是犯错甚至违法之举，还容易造成舆情事件。这种案例较少，但影响却不小。比如某媒体工作人员根据涉密资料撰写新闻宣传稿，在官方微信公众号发布，立即被多个自媒体公众号转载、解读、炒作，并在社交媒体平台上引发网友讨论。

曲解国家政策引发舆情。国家政策是媒体关注的重点，特别是直接关系国计民生的政策，也是群众十分关心的话题，这方面一定要准确。如果曲解政策，或吊高群众的胃口，或影响群众的诉求，或引发群众恐慌等不当反应，也会掀起重大舆情。比如2021年11月商务部例行文件提到："鼓励家庭根据需要储存一定数量的生活必需品"，所谓"关键信息"经有的媒体刻意放大突出处理后在网上迅速扩散，其中"担心粮食不够"等误解误读信息引发了群众非理性消费。

涉及敏感人物引发舆情。名人受人关注，媒体通常乐意报道和邀请名人参加活动。但如果只看到一些所谓名人的光环，却对其政治立场和背景情况不甚了解，产生舆情风险的可能性极大。比如有媒体报道侮辱雷锋的某名人应央视春晚剧组邀请出任喜剧语言类节目顾问，该新闻立刻引发大量网民质疑。

报道不合时宜引发舆情。新闻报道讲究时、度、效，有的报道本身并没有问题，但时机不对就容易引发矛盾。比如新冠肺炎疫情期间，有家媒体报道基层对外籍人员特殊对待的消息引发社会舆论一片哗然。比如2022年3月东航空难发生后，事件还没过去24小时，官方还没有出遇难者名单，某期刊已经采访了遇难者亲属写起了背后的故事，被网友批评是"吃人血馒头"。

挑动社会情绪引发舆情。有的时候，社会情绪积累到一定时候，一根头发丝都可能引发舆情，遇到媒体的一点点火星都能爆燃。比如2022年某地在疫情吃紧、很多人看不上病的情况下，当地一家医院在政务新媒体上发文讲述如何动用资源救治一位外籍人士。比如某地疫情"封控"期间，在群众买菜难、吃菜难的情况下，竟然有媒体在党员干部中开展"晒晒我家蔬菜包"活动，惹怒了物资匮乏的群众。

报道乱贴标签引发舆情。好的新闻标签能够起到信息分类、情感共鸣的作用。相反，有的新闻标签断章取义、以偏概全、歪曲事实、误导受众，给矛盾煽风点火。比如2018年“重庆万州公交车坠江事件”中，“女司机”成为被谴责对象，虽然后来真相水落石出，轿车女司机本身也是事件受害者，但“女司机”无疑强化了“马路杀手”的印象。现在，“年轻人”“大学生”“宝马女”“富二代”等标签已经成了万能流量公式，但这种做法也引起了公众反感。

报道出现差错引发舆情。我以前讲过，哪怕是一字之差也可能引发舆情。这方面的情况林林总总，千奇百怪，一定要严加防范。比如，2021年某媒体在报道三孩生育政策公布时，海报中“育”少了一个“点”，写成了“肓”，有网友炒作“这是让我们少生一点”。

图文搭配有误引发舆情。插图应警惕事实性差错、传播导向差错、图片使用侵权等多种问题。新闻是严谨的，插图和文字一样重要，决不能重文字轻图片。否则，舆情事故就会在不经意中发生。比如对某地公安局局长贪污犯罪的报道用了公安英模的配图，这还只是事实性差错。比如大连海域曾发生空难，当黑匣子被打捞出来后，多家媒体刊登了这样一幅照片：潜水员捞出第一个黑匣子显得十分高兴，在场工作人员情不自禁地鼓掌。这种很明显缺乏人文关怀的图片，就容易导致导向问题。

版面编排不当引发舆情。我们强调版面编排也是政治语言，极易引发人们联想。比如某院士去世的新闻紧挨着“手舞足蹈蹦蹦跳跳”的新闻。再比如有的新媒体页面将“见义勇为人员高考加20分”和“制止家暴符合条件可认定为见义勇为”两个话题排在一起，就有误导的倾向。

可以说，引发舆情的情况林林总总、不一而足，以上也只是粗略概括，值得我们举一反三、引以为戒。

战略上“强基”，战术上“慎防”

鉴于舆情发生原因的复杂性，防止引发舆情也是一件十分复杂的系统工程，我想从战略和战术两个层面来谈谈这个问题。

从战略层面讲，根本在于打好工作基础，做到五个方面“强”：

政治强。提高政治站位、站稳政治立场、把准政治方向，这是确保正确舆论导向、妥善处理舆情问题的“定海神针”。集团新闻岗位的所有人员都必须切实提升政治判断力、政治领悟力、政治执行力。

责任强。责任到位工作才能到位。无论是记者、编辑还是把关值守的主任、编委、总编，都要把防范和化解舆情风险的责任担起来。编辑把关除了把事实、把文字、把结构、把标题，很重要的是把立意、把观点、把导向，从根本上消除舆情发生的可能。

能力强。媒体发生舆情问题，许多来自知识局限，来源于能力欠缺。既要补知识，更要补能力。某种程度上，涉及报道内容的知识可以临时恶补，关键是提升综合判断能力，拿到一篇报道，就能立即确定从哪些方面、用什么方法、通过什么途径判断有没有问题，会不会发生舆情。这就需要日积月累，练就过硬功夫。

作风强。作风问题不是小事，事关大局和全局。写稿、编辑、把关各工序都要严肃认真、从实从细，不搞似是而非，不搞大致可以，不搞勉强还行，不搞走马观花，不搞击鼓传花，对待自己手里的工作必须有工匠精神，经得起推敲，经得起回溯，确保万无一失。

纪律强。坚决遵守各项工作制度和工作纪律，特别是严格遵守“三审三校”制度，要坚决杜绝“层层把关、层层把不住关”的情况发生。

从战术层面，要对内容进行严谨、审慎、有针对性的把关，做到五个方面的“慎”。

慎舆论监督。舆论监督本身就容易抓人眼球，引发人们关注，需要高度注意的是背后“传播链”深不见底。此外，被监督方也容易想方设法去补救，如果碰上一些偏激对象，更会针对媒体去搞事，最终把媒体拖进舆论旋涡。

慎敏感话题。敏感话题种类很多，容易引发舆情的很多类型都属敏感话题。敏感话题不是不要报，关键是要稳妥地报，要报出建设性，报出主流媒体的温度、厚度和思考。这方面，要把握两组“关键词”，一组是“时、度、效”，这方面大家都有体会。另一组是“情、理、法”。中国社会是一个融情、理、法于一体的社会，有时光讲理不讲情不行，有时光讲法不讲理也不行，一味突出某方面容易让媒体陷入冷血、官僚、高高在上等泥沼中，引发舆情。讲“情”，既要顾及当事人的情感，又要重视读者用户的情感；讲理，既要以理服人，也要考虑民情风俗、社情民意，避免空洞说理、脱离群众感受说理；讲“法”，既要依法说事，又不能挟法压人、咄咄逼人。要认真揣摩受众认知方式，力争做到入情入理、合法合规、情理法交融，最大限度地凝聚社会共识。

慎热点跟风。新闻热点，包括重大的突发事件，与敏感话题一样，本身就是舆情中心，既是关注焦点，也是危险领域，对媒体而言是把双刃剑。热点报道要注意三个字：准、正、平。“准”，就是准确。新闻报道不准确势必立不住脚，对于热点事件必须认真进行采访，不能当假新闻的二道贩子，这是媒体的底线。“正”就是正面。要始终从正确的政治方向、舆论导向、价值取向去思考问题、组织报道，做到“身正不怕影子斜”。“平”就是平衡。针对热点事件的报道、议论和引导，要解疑释惑、客观分析，做好观点的平衡，引导公众理性客观地去看待舆情事件，不能在某方面过于偏激，防止媒体自身成为靶心。

慎报道内容。无论是何种报道，都必须认真对待报道内容。敏感和热点话题要慎重，一般性的报道也要注意。一要认真核实所报事实。单一的事实相对比较好核实，这里特别要提醒的是：正确对待个别真实和总体真实，把握好主流和支流、全局和局部的关系，不把点上的问题说成面上的问题，不把个别的问题说成整体问题，不把局部问题说成全局问题。二要仔细推敲报道观点。稿件随意表达观点，或表达观点失之偏颇，容易招致是非、引发舆情。凡是报道中涉及观点表达的，包括文章中间的观点，或者整个文章反映的倾向或者立意，都要认真推敲。这里顺便说一下，新闻报道中记者本人一般不宜直接针对新闻事实发表议论，但可以采访相关人士，借他人之口发表评价性意见或观感。尽管这样，有时候也要注意平衡呈现不同观点的原则，不应给人偏向一边、只说“一头理”“一面理”的印象。三要切实加强标题打磨。我反复强调标题重要性，这是因为全媒体时代的阅读特点，读者用户第一眼看的是大小标题。标题也往往是一篇报道的立意、观点最重要的体现，务必精心打磨、反复斟酌。

慎刊前预判。有的报道看似事实本身没有问题，但是容易给人想象空间，也容易引发关联舆情。因此，报道推出后可能产生什么样的传播效果，要做全方位的估算和预判。怎么预判是个“技术活”，不能拍脑袋、想当然，必须基于当前实际和工作要求。一要深刻把握大局大势。就是我们常说的“国之大者”，我们的报道有没有与改革发展的中心工作、发展目标和未来走势大相径庭甚至背道而驰。这是第一位的预判标准。二要稳妥把握舆情环境。看看当前群众关心的热点、焦点是什么，网民的注意力在哪里，还有哪些方面需要特别注意，网络水军可能会对哪些问题进行攻击和放大，等等，要统筹考虑分析，切实加强舆情研判。三要深入分析报道的延展性。看看报道涉及的相关领域、相关人物、相关问题是不是会引起连锁反应，会不会产生蝴蝶效应。这要求我们对更多背景资料加以挖掘了解。

最后我再强调一下，在平时的报道中特别是在重大活动、会议报道期间不出舆情问题是我们重大政治任务，也考验我们的智慧。只有切实提高政治站位，不断提升能力、改进工作，我们才能对各类舆情隐患做到准确预判、有效预防，也才能把主要精力集中在围绕中心、服务大局上，集中在强化服务、加快发展上。

（2022 年 10 月 8 日）

一线感言

戴军农，中国江苏网副总编辑，主任记者。新闻作品4次获得中国新闻奖，10余次获得江苏新闻奖、江苏好新闻奖。参与创办的新江苏客户端智媒平台，荣获江苏省新闻出版政府奖。

想一想　问一问　等一等

一段时间以来，与媒体相关的负面舆情一再发生："巴黎丢失寒假作业""全面禁止网游""全国政协委员建议统一掼蛋英文名"……这些舆情虽说各有各的成因，但媒体只需稍微多些思考与核查，审视报道的时、度、效，就不会让自己陷于被动。

有个常识，老司机开车越开越胆小，因为在经历、见过各种事故后，你会发现原本以为的"人车合一"境界根本不存在。从事新闻工作近30年，我是越来越谨慎，每时每刻都"惴惴小心，如临于谷；战战兢兢，如履薄冰"。因为，你以为筑牢的层层防线，随时会被"洞穿"。

曾经一位编辑选用央媒的一个重大新闻视频，经值班编辑、主任审校后，送我终审。地点没错、环境没错、画面风格没错，但细一看，会场里的人都戴着口罩，一想，不对劲，让等一等。一问，是编辑搜索到了前一年同样的"主题内容"，想当然地以为是现在的。两个"久经沙场"的把关人，也想当然地认定三个"没错"，而且是央媒来源，于是顺手批签。这条视频一旦发布出来，后果很难设想。

类似的险情虽然被及时排除，但仍时不时发生，让人后背发凉。我们强调"三审三校"不可谓不严格，但为何还是会犯错误？而且很多错误都由小得不能再小的"疏忽"引起的。反躬自省，我们长期处在一线，见过太多五花八门的问题，处理多了，对多年积累的"经验"越来越自负，相信"习惯性判断"，相信人家能发我就能发，开始缺少定力、敬畏，从而层层失守，以至于引发负面舆情，这方面的教训不可谓不深刻。

刚参加工作时，有位老领导语重心长地嘱咐我："不要迷信你的上一个审核人，也不要把纠错希望寄托在下一个人身上。"全媒体时代，舆论环境复杂，把关任务繁重。防止新闻报道产生负面舆情，就是要在战略层面做到"五强"、在战术层面做到"五慎"。作为把关人，面对经手的稿件，要想一想，立意立场是否理性、稳妥、合宜；要问一问，事实细节是否真实、准确、完整；要等一等，自己签发键按下后，会不会引起歪曲误解、点燃舆情。三思而后行，是为了防患于未然，也是提高自己的定力和眼力。

一起把眼睛瞪得大大的

——杜绝差错“跑冒滴漏”

防范报道差错不仅是精品生产的要求，也是“固底板”的一项十分重要的工作。应该说，近几年我们高度重视内容生产安全，进一步完善内容生产风险防控机制，落实“三审三校”制度，还将采编环节发现的差错每周编发成《差错摘录》，帮助采编人员提升业务能力，总的来看至今未发生重大安全刊播差错。但是，日常工作中仍有这样或那样的差错险情，千奇百怪、五花八门、防不胜防，有的问题甚至难以想象。

有人觉得，新闻报道出错在所难免，完全不出错是不可能的，甚至讲不用太在意，不用心理负担太重。但是，面对当前的新形势新要求，我们绝不能自我减压、自我放松。我们要认真想一想、查一查，为什么会出错？为什么屡错屡犯？怎样才能少犯乃至不犯错？如何才能做到绝不出现政治性差错？某种程度上，这对新华报业这样的党报集团来说是生死存亡的重大问题和事关发展的战略问题，是当下必须解决的紧迫问题。希望通过今天的探讨，我们能够把眼睛瞪得大大的，在宣传报道中严防差错“跑冒滴漏”，确保不发生任何政治性差错，尽可能杜绝其他各类差错。

报道出差错，媒体“伤不起”

有位出版家坦言，做出版近 40 年，有两件事最能让他血脉偾张：

一件是好书得到权威好评并大卖，另一件是自己编辑的图书出现质量问题。一个大喜，一个大悲，都是导致血流加快、心情难以平静的事情。

我们干新闻这一行，何尝不是这样？差错对于新闻工作，就如同疾病对于人体，是一种非正常状态。出了问题要治疗，更要在问题发生前“治未病”。防范差错的重要意义可以从几个方面来认识：

关乎守好阵地把好导向。意识形态工作是党的一项极端重要的工作，新闻媒体是意识形态的前哨阵地，党报又是其主阵地，可以说责任重大、使命光荣。这样的使命担当不允许我们在新闻舆论工作方面犯错误。

关乎围绕中心服务大局。新华日报是省委的“眼睛”，也是省委的“嘴巴”，一切工作都要围绕中心、服务大局，把中央的大政方针、省委的决策部署宣传好、贯彻好。这个角色定位也不允许我们犯错误。

关乎服务群众回馈用户。读者花钱订阅我们的报纸，客户花钱购买我们的广告，双方是一种契约关系，我们有责任有义务为他们提供高质量、无差错的产品和服务。这是对用户和客户的承诺。为了这个承诺，我们也要减少差错乃至杜绝差错。

关乎扩大影响做强事业。让读者更多一点，让用户更多一点，让事业发展的步子迈得更大一点，这是新华人的期盼，也是我们既定的发展蓝图。很难想象，一个差错频频的媒体能把发展壮大的蓝图变成现实。为了这个蓝图，我们也要减少差错乃至杜绝差错。

关乎全体员工切身利益。报社一切发展都是为了员工，让员工有更多的获得感、幸福感和安全感，这是报社上下的共同追求。发生差错既影响到与之直接相关的员工的前途，也给其他员工蒙上心理阴影。无论从哪方面讲，报道一旦出现差错，媒体都“伤不起”，必须尽一切可能防范差错。

报道出错，“病灶”何在

新闻报道里的差错千奇百怪、错得花样百出，表现为不同形式，归纳起来大致有政治性差错、事实性差错和技术性差错三个大类。

第一类是政治性差错。这是最要命、最伤不起、最要不得的，也是首先要极力避免和杜绝发生的。常见的政治性差错有以下几类：

党和国家领导人姓名、职务的表述不当。撰稿时凭印象和习惯，而不仔细核实，草草了事，或是“手滑”多字、漏字、写错字，这些都要不得。国家领导人的名字必须完全正确，不能用符号、拼音等代替，不能多字、漏字、有错别字。如“中央军委主席”在有的稿件中表述为“国家军委主席”，这就犯了错误。

重要表述与固定提法有出入，包括引用习近平总书记的原话一个字不能错，而且必须是央媒报道中出现过的，使用场景还不能有不同。如“以习近平同志为核心的党中央”，写成“以习近平总书记为核心的党中央”就不对了。比如“中国共产党领导下的多党合作和政治协商制度”，应表述为“中国共产党领导的多党合作和政治协商制度”，正确表述中没有“下”字。“邓小平南巡讲话”规范的提法应为“邓小平南方谈话”，即“邓小平视察南方谈话”的简称。

不按规矩报道领导人活动。领导人的活动要不要报，以及报道的规格、领导人排名的先后，都要严格按照规矩来。该报的漏报、不该报的擅报、不按规矩错报，都是严重的政治性差错。

有关国家领土和主权完整问题上表述不当。包括对港、澳、台的表述不当，不称“香港政府”“澳门政府”，而应称为“香港特别行政区政府”“澳门特别行政区政府”；地区不能和国家直接并列，比如将“中国”与“港澳台”并列、将一些国家与港澳台并称“等国”。这些都是红线，大家都要注意。例如，经常有媒体出现“在日本、香港等地受到热捧”“来自国内和宝岛台湾 400 余名选手角逐奖项”这类错误表述。

有的媒体在台湾地区选举结果出来以后，在头版大篇幅刊发相关稿件，还刊登当选者照片；有的媒体所用中国地图上九段线缺失，关于中印边界区域的地名误用，等等，都是不应当发生的错误。

涉及民族与宗教表述不当。比如把“广西壮族自治区”误写为“广西省”，把“新疆维吾尔自治区”误写为“新疆维吾尔族自治区”“新疆省”，等等。

涉及敏感外交问题的立场、表述错误。如将“朝鲜”写作“北朝鲜”，“韩国”写作“南朝鲜”。

观点导向差错或偏颇。在重大问题上与主流观点唱对台戏，或者搞一些“低级红高级黑”的表扬报道。比如2020年武汉封城期间，有些媒体刊发抗“疫”先进典型报道，写的是怀孕九个月的医护人员上一线，年轻护士流产后10天就上岗；再比如“大白天点着马灯学党史”“新婚之夜抄党章”等类似报道，有违常理常情，都是要不得的政治性差错。

第二类是事实性差错。真实性是新闻的生命，事实准确是一条底线，在事实表述上出现差错，就是失实报道。概括起来，事实性差错表现在：

虚构事实。这些年来假新闻屡禁不绝，报道中摆拍照片、导演新闻场景时有所闻。有的记者不去新闻现场，把过去的稿子直接改一改现场，还有记者没采访到专家，直接把专家的话拿来用。这样的教训不能忘记。

新闻要素不准。新闻“五W”不对是常见的事实性差错。常见的事实性错误有：地点有误、时间有误、数据有误，机构写错、职务写错、人名写错，往往屡见不鲜，成为影响报纸声誉的“罪魁祸首”。报社每周差错整理，编辑校对都能发现大量的新闻要素不准的案例。比如，把“省政协副主席”错成“省政协副主任”，把民主党派负责人的“副主委”写成“副主席”；再如，把“2008年汶川大地震”发生的时间弄成

2009 年。所幸经过严格把关，这些差错都被拦下了。

知识性差错。这类差错主要是由于记者、编辑知识储备不够造成的。这方面差错更具隐蔽性，涉及政治、经济、文化等多方面，可谓包罗万象，涵盖多门学科、多个领域。比如史实出错，有篇文章讲“秦始皇罢黜百家、独尊儒术”，实际上文中的“秦始皇”应当是“汉武帝”；有篇文章讲“李白出蜀仗剑远游，第一次到达湖南登上黄鹤楼时”，实际上黄鹤楼不在湖南而在湖北。有的稿件中讲到“常州宜兴市也被纳入我省首批引领区试点范围”，事实上，宜兴市属于无锡。再如有的稿件说“去年江苏粮食总产量达 749.2 亿公斤，再创历史新高”，其中的“公斤”应当是“斤”。

第三类是技术性差错。主要包括错字、别字，语法、文法上的差错，前后文不连贯、逻辑不通，标点误用、格式不对等等，这是稿件中最常见的差错之一。《中国新闻奖评选办法》中规定，对存在差错的作品限制获奖等级，每年都有不少参评作品因此被降级或落选，对此我们要引以为戒。

在报纸编排过程中，有时还会发生重稿、漏稿、转文衔接有误、有导读无正文、图文不符等技术性失误。在行业内，有一条不成文的“最低要求”就是标题不能出现任何差错，文内不能出现重大差错。但有的稿件题文不符，发生标题内容与稿件内容不一致、不符合，甚至自相矛盾的现象。有的图文不符，如某媒体有篇报道讲的是某市公安分局领导受贿，配图却是公安部表彰的英模，在社会上造成了十分恶劣的影响。

这里要提醒一下，技术性差错并非可以忽略的“小错误”，一些不小心导致的技术性差错，有时候直接成为影响恶劣的政治性差错。比如，有的媒体将“不忘初心　牢记使命”错成“不忘初心　忘记使命”，“学史明理”写成“学史明礼”，“走在全国前列”成了“走在全国全列”，“人类命运共同体”错成“人类命运同共体”，“强富美高”误写为“富强美高”。再比如，前些年某报在美国前总统克林顿访华之际，在一篇稿件中将“克林顿访华”写成了“克林顿反华”，这是打字失误和校对疏忽造成的重大政治性差错。

还有一个容易忽视的问题，就是版面安排。版面也是政治语言，对党和国家领导人的活动报道在版面上安排不当，也可能引起误解或联想，造成政治性问题。不同内容在不同版面的安排，相关内容在同一版面不同位置的安排及其所用标题、导语、字体、字号，图片与文字之间的搭配，特定内容与版面环境的协调，都要处理得当。

针尖大的窟窿也不放过

报道里出现差错，如果听之任之、不管不问，就像我们以前所说的“冒泡”“缝隙”“窟窿”等几种现象，就必然由小错酿成大错，最终造成难以弥补的大祸，波及面之广、危害性之大，可能是我们无法想象的，正所谓“一失而万无”。这里列举报道出现差错的几个明显的危害：

危害意识形态安全。作为党媒，一旦出现明显差错，很可能就会在舆论场形成风暴，对意识形态安全带来难以估量的负面影响。即便是细小的偏差和失误，都可能被迅速放大、扩散，由小错成公害、事故变事件，形成舆论风暴，对意识形态安全带来难以估量的负面影响。

损害党和政府形象。中国共产党宣传思想阵线的卓越领导人陆定一曾这样说过：“报纸出了错误，容易损害党的威信，就是出现错字也有损党的形象。”比如某报曾经出现“全市村级组织活动场所建设主要由贪污和受贿部牵头”的错误表述，一时舆论哗然。一些自媒体不放过机会炒作，说中国出了个“贪污和受贿部”（实为“市委组织部”之误）。这对党和政府形象是无声的损害。

破坏媒体品牌形象。比如某媒体有着悠久的办报历史，近几年在媒体融合等方面也成绩斐然，但在 2020 年初抗击新冠疫情的报道中，因为屡屡出错，一再引发舆情。前几年，我省有家网站的编辑把“送戏下乡”写成“送死下乡”，造成了不良影响，当值编辑后来被辞退。我们报纸上出现错别字，经常会有读者打电话来指正。这些都说明，读者对新闻报道里的差错是非常在意的。

拉低新闻产品质量。差错的发生，最直接的伤害是作用于新闻产品本身。出现明显差错，报道写得再好，也很难说是合格产品，读者不认可。因为一个错别字、一个病句、一个不当的表述导致作品错失中国新闻奖的事，每年都在发生。

连累行业抽检评价。对于报纸内容质量、编校质量、版面质量，国家新闻出版署有明确规定，比如报纸编校差错率不能超过万分之三，超过万分之三质量为不合格。报纸质量不合格的，要责令改正，给予警告；情节严重的，责令限期停业整顿，或由原发证机关吊销出版许可证。试想一下，如果《新华日报》在上级抽检中被判定为不合格，我们怎么向主管部门交代，怎么对得起 80 多年的光荣历史?

误导受众认知。主流媒体在大众心目中的权威地位是无可替代的，党报的信息、观点和态度对受众的影响巨大，老百姓经常会说，这事肯定没问题，党报上都登了。报纸上关于一个字、一个标点、一个句子的用法也经常会被老师和学生拿来作为标准答案。我们如果出现差错，就是对认知的误导，会对公众的知识体系造成不必要的扰乱。

不利采编队伍成长。某电视台纸馅包子事件之后，从台长、总编辑到副总编辑、部门主任、制片人、编辑都受到处分，多人被免职、解除劳动关系。出现明显差错，造成恶劣影响的，相关责任人要承担相应的后果，这会对一大批管理和业务骨干造成负面影响。

影响经营业务拓展。我们曾经在一个广告版面的处理中，误删一个人的头衔，导致第二天专版见报后，广告客户大为光火，表示拒付款项。虽然问题最后圆满解决，但造成了不必要的麻烦。报道中差错连连就是对品牌形象的损害，必然连累经营拓展。

正因此，针尖大的窟窿也要坚决封堵。我们必须以“万无一失”的追求坚决杜绝“一失万无”的局面。

报道出错，“病根”何在

报道中之所以出现差错，有的是思想认识上的问题，有的是能力水平的问题。只有找出出现差错的原因，才能更好地减少差错、避免差错。报道出错主要有以下几个方面的原因：

一是政治不敏锐。部分记者、编辑政治素质不过硬，对中央和省委的重要文件重要精神学习不到位、不深入，对重要表述不掌握、不熟悉，采写和编辑稿件时往往就少了政治这根弦。比如中央领导同志到访香港、澳门应称为“视察”，不得称为“出访”。中央有关部门负责同志到访香港、澳门应称为“考察”或“访问”。2001 年美国“9·11”事件发生后，有的媒体头版刊出纽约世贸大厦起火的图片，而边上就是领导同志为第九届全国运动会火炬点火的照片。这两张图片本身都没有问题，但放在一起，就容易让人产生联想，从而造成严重的政治性错误。这就是典型的思想上不重视、政治敏锐性不够。

二是责任不明晰。在策、采、编、发每个环节，都要把自己当作最后把关人。有的记者在把关问题上松松垮垮，只管采不管核，只管写不管校，认为只要把稿子写出来就行，其他的都是编校人员的事；有的编校人员责任主体意识不强，不安心本职工作，不注重知识学习和问题研究，有的明知稿件可能存在问题，也不愿意核实验证；在不同工作流程中，一些同志存在严重的依赖心理，把本应在自己环节解决的问题推到下一环节；而到终审环节，有的值班编委认为编校责任主要在前面，自己主要把控大方向，从而也疏于审核。如此一来，差错就很容易从眼皮底下滑过，最终上版、见报也就不难理解了。

三是作风不踏实。有的记者不到现场、不到一线、不核查事实，必然容易出错。比如，我们每年春节前后都有个栏目叫《新春走基层》，这里三个关键词，一个是“新春”，一个是“基层”，一个是“走”。但少数记者坐在家里根据通讯员的材料写出来“新春走基层”稿件，实际上本人根本没有沉到基层，更没有走起来。写稿子靠道听途说，用二手甚至三手材料，出现差错，一点不意外。有的在使用拼音输入法或五笔输入法过程中出错，归根结底都是作风不细致、不认真的问题。

四是采编不细致。有的记者虽然到了现场，但采访不细，看得不全，问得不多，甚至出差两三天就带回来一篇干巴巴的短消息，且隐藏差错。有的年轻记者把别人的职务写错，采访对象很有意见。比如有篇报道《让城区河道生态活起来》一文中提到“全国政协委员、九三学社省委副主席”，“副主席”应为“副主委”。因为各民主党派只有中央的领导称主席、副主席，省市地方领导均称主委、副主委。有的编辑、校对，虽然也从头到尾把稿件过了一遍，但不走心、不细心，让差错从眼前滑过去。

抄袭稿件、虚构新闻事实，一味追求“独家”和“轰动”，根源在于相关人员新闻观有问题，在于其职业道德和个人道德不过关。党报不追求轰动效应，把关比较严，总体职业道德比较好，但在这方面也不是完全没有问题。我们稿件里会有“在苏南某企业工作的小王同学”“去年刚刚入职的白领张女士”诸如此类的表述，这个小王、张女士，为什么不出全名，为什么没有更多准确信息，是不是子虚乌有？有的记者稿件整段材料和更早见报的其他媒体稿件内容基本一样，这是不是有抄袭之嫌？

新闻采编过程就是一个信息的“输入—加工—输出”的过程，在加工处理信息的过程中必须要有较强的逻辑思维能力。如缺少批判性思维，采访时采访对象说什么，记者就记什么，稿子里就写什么；编辑在处理稿子的时候，记者写什么，版面就登什么。这样就容易得出绝对、片面的观点，说过头话。

有些记者、编辑在新闻采编中经常出现差错，不是他们不尽心尽力，而是业务素养确有欠缺，新闻专业能力水平不足，新闻“四力”不过关。

五是知识不全面。新闻报道包罗万象，记者、编辑应当上知天文、下知地理，通晓古今、兼修中西，一不小心说了外行话就要闹笑话，甚至造成政治差错。比如，有稿子里提到参加中共一大的13位代表时，说他们都有着坚定的革命信仰，将一生献给了中国的革命事业。事实上，中共一大代表里后来有人叛变，有人脱党，并非人人都有坚定的革命信仰。

六是流程不规范。有些差错的发生，是因为上级要求传达不及时、不到位；策、采、编、发各个流程不科学、不规范。不是没有制度，而是没有严格按照制度规定的流程执行，这是导致新闻差错多发频发的重要原因。回顾我们集团发生的不少差错，在这个方面教训尤为深刻。

七是奖惩不严格。我们这两年对于新闻报道中出现差错的处理制度逐步建立，也在逐步完善，但长期以来对出现差错都是宽大为怀，能不处理就不处理，能从轻就不从重。这不利于压力传导，也不利于建立起守土有责、守土负责、守土尽责的预防差错的严密防线。

瞪大眼睛，严防差错

要减少乃至杜绝新闻报道差错，不是一朝一夕能做到的，需要从编辑记者的政治站位、业务能力和报社的制度建设等方面全方位推进、一体化提升，要在以下几个方面全力以赴、久久为功：

讲政治。要堵住思想上的“漏洞”，将讲政治贯穿于每一篇稿件。这几年，我们反复强调要正确处理好讲政治和搞业务的关系，反复强调懂政治才能精业务。党报新闻宣传工作，政治性、政策性特别强，党报记者、编辑要始终绷紧政治弦、睁大政治眼，不断提高政治判断力、政治领悟力、政治执行力，用高站位、系统思维、底线思维来履行新闻宣传工作的政治责任，切实肩负引领正确舆论导向的使命担当。举凡与社会制度、国家体制、方针政策、党政机构、立法司法、法律法规、国防军事、民族宗教、涉外关系、国内舆情以及历史问题等相关的稿件及表述，都要格外小心、格外用心。

守纪律。执行上级要求，我们要令行禁止，来不得半点含糊，不能有丝毫马虎。在传导环节和执行环节，坚决不触碰各种红线，执行好各种指令和要求。还要时刻紧绷保密之弦，增强保密意识，严守保密纪律。涉及秘密内容的，要严格执行送审报批制度，防止失泄密问题的发生。在我国泄密案件中，有很多都是通过出版物发生的。从出版物中获取情报历来被情报机关视为“最经济、最安全、最可靠、最迅速的途径”。涉及国家事务的重大决策，党的文献档案，国防建设和武装力量情况，国家外交政策和对外宣传工作，国民经济和社会发展中的统计资料和数据，尖端科技、科技成果及资料，等等，各类不宜公开的重大事项，都要严格执行送审报批制度。

抓责任。强化责任意识是防止差错的关键所在，这和记者、编辑的工作实效、工作作风是紧密联系在一起的。毛主席在著名的《对晋绥日报编辑人员的谈话》中指出：“报上常有错字，就是因为没有把消灭错字认真地当作一件事情来办。……报上有了错字，就把全报社的人员集合起来，不讲别的，专讲这件事，讲清楚错误的情况，发生错误的原因，消灭错误的办法，要大家认真注意。”记者、编辑要切实增强主人翁意识，做到人人担当尽责，培养严格、认真、踏实、细致的工作作风。值班编委、值班主任在终审版面、签发大样时要有敏锐的发现能力、正确的判断能力、果断的处置能力，切实履行责任，切实做到万无一失。

抠细节。采编过程中只有抠好每一个细节，才能保证整条新闻的真实性，才能保证新闻内容没有问题。核查新闻真实性，需要采编各个环节共同努力、同向发力、形成合力，记者精心、编辑尽心、检校细心，不放过任何一个差错。抠细节上要努力做到“三个不”：一是不迷信，各方面各环节都要质疑求证，以“鸡蛋里挑骨头”态度兜住底、兜牢底；二是不盲信，对“这稿子审过的”“这一篇领导看过了”“前面已经核过了一遍”这些话得反着听，多问一句、再过一遍，防止漏网之鱼。三是不过于自信，对自己采写的稿件、编排的版面要做到“回头看”，自己看不到要主动请他人再看一看。特别提醒一下，值班领导要注意把前后版面连贯起来看，防止前后脱节、重复报道甚至相互矛盾等问题，确保内容产品刊播安全。

重流程。新闻采编的流程比较成熟，不管是报纸还是新媒体产品，策、采、编、发、校各环节已形成一个比较完善的系统，只要严格按照流程走，各个环节认真负责，新闻报道的差错就可以降到最低。尊重流程，要把好“六个关”，也就是策划关、采写关、编辑关、校对关、终审关、印前关。各个关口，缺一不可，务必守土尽责，切忌互相依赖。

强队伍。应该加强对编辑记者知识水平和专业素养的培训。对年轻人培养，各单位、各部门不仅要抓业务能力培养，还要抓作风、抓管理。从集团层面来说，我们要打造一支政治坚定、业务精湛、作风优良、党和人民放心的“新华铁军”。各单位、部门“一把手”要认识到位，努力打造出一个认真、勤勉、踏实、专业的团队，让记者成为“专家”，让编辑成为“行家”，让校对成为“杂家”，让采、编、发、印等各岗位人员都炼就一双发现差错的“火眼金睛”。这样，采编过程中犯错误的可能性就会大大降低。

讲方法。坚持人防为主，还要辅以技防，做好“人机协同”，在人工校检程序走完之后以智能检校系统辅助校正一遍，最大限度压缩差错的生存空间。

严奖惩。要做到令行禁止，制度就要长牙齿，就要奖罚分明、奖罚到位、绝不姑息，既要罚得让人心痛，也要奖得让人眼红。这里再强调一下，是谁的责任谁就要切实担负起来，比如交汇点的首页内容由首页编辑部负责，全媒体部门管理的频道就是全媒体部门负责，地方分社频道就是分社的责任，出了问题分管领导带头承担责任，带头作检讨。当然，奖罚不是目的而是手段，目的是压实每一个人、每一道岗、每一个环节的责任。不出错、没有处罚，才是我们最终要达到的目标。

像第一次办报那样认真

“像第一次办报那样认真”，这是我在2018年提过的一个观点，也是自我反思和警醒。

至今清楚地记得，那年的8月13日，《新华日报》在头版竖头条位置刊发了一篇《南京：以大担当布局高质量发展》的重点报道，开篇第一句就错了：“地区生产总值、一般公共预算收入双居全省第一……”文中漏掉了两个“增速”，居然连过几关都没被发现，见报后造成不良影响。第二天的采前会上，我说：“第一句话出错，很容易引起大家注意，影响比较大。这个责任，归根结底还是在我。我是这篇文章的总把关人，也署了名。我也要跟大家一样，自罚500元，并做出深刻检讨。”我还强调，精品生产永远在路上，认真的追求永无止境。

这件事情，历历如昨；当年的话，言犹在耳。

不出差错，是作为新闻人、新华人必须坚守的“底线”，也是不可逾越的“红线”，是不能触碰的“高压线”，是媒体生存发展的“安全线”，怎么强调其重要性都不为过。我们要常怀“时时放心不下”的责任感，以十二分精力守牢阵地，确保不出政治性差错，严格防范一般性差错，积极稳妥做好各项报道工作，以更多更“亮”的内容产品，向受众交出一份优异的答卷。

（2022年9月27日）

一线感言

韦伟，新华日报社交汇点首页编辑部主编。江苏省新闻出版优青。新闻作品《听·见小康》获得第31届中国新闻奖融合创新类一等奖。

最不想上的“榜单”

在新闻媒体行业，人们常将校对人员比作“啄木鸟”，他们有敏锐的洞察力和细致的作风，能快、准、精地查找出字里行间隐藏的“害虫”，守护着文字“森林”的健康。

对于校对人员来说，避免差错是职业生涯的“必修课”，而这堂课的修习，须臾不可荒废。在我初涉校对岗位时，身边的前辈传授经验并谆谆教诲，做校对一定要认真仔细，要勤学多看，校对工作绝非纠正字词那么简单，它更是对个人知识底蕴和生活经验的考验。回顾自己从校对“小白”逐步成长的过程，我曾犯下过各类大大小小的差错，当时部门每天有一个差错汇总表，我屡次上榜。再回首，正是这一次次难堪的经历，让我深刻体验到了这个职业给我带来的成长与蜕变。经历过差错，才能更好地避免差错，这些宝贵的工作经历犹如警钟，时时催人警醒。

校对人员需要丰富的知识储备，最好是集“杂家”和“专家”于一身，这样才能不说外行话、不漏过各类差错。新闻报道包罗万象，往往涵盖许多个人未曾涉足或不甚了解的领域，这就要求校对人员积极跨界学习，涉猎各行各业的知识，成为一名“杂家”，炼就一双能洞穿差错的“火眼金睛”。有一次校对一篇新媒体报道，其开头写道：“金秋十月，风吹麦浪。”如果没有相关生活经验，就不懂农作物的生长规律：江淮地区的麦子在春末收割，金秋时节又何来“麦浪”？如果让错误传播开，那“金秋麦浪”就将贻笑大方。此外，在选择图片和制图过程中，还有不少编校人员对如小麦、大麦、燕麦等作物分不清，因此而造成的差错也层出不穷。这就要求校对人员要做生活的“有心人”，在工作中能够结合自身生活经历和社会阅历，对新闻报道进行全面立体审视，确保传播的内容切合生活实际，符合常规。

其实校对工作说难也难，既要把握全局又要关注细节，在浩瀚的文字海洋中找出差错。这项工作说简单也简单，只要认真对待，日积月累，总能迈过一道道“险峰”。慎终如始，温故常新，将经历过的差错不时进行“反刍”，便能引以为戒，避免重蹈覆辙，这样才能不上差错“榜单”，少些难堪和遗憾，多些成就感与获得感。

“自省自律”不能流于形式

——发挥评报风向标作用

最近，新华日报创新评报方式，推出每天上午采前会“1+3”评报新模式，即每月第一周，由值班总编带头示范评报，余下三周由部门主任轮流评报，全体记者、编辑也每日同步轮流评报。每天，值班总编、部门主任和记者、编辑的评报意见，与评报时大家的讨论意见，均原原本本实录，上传内网“新华风”，供全体记者、编辑浏览研讨。同时加大对记者、编辑每日评报的考核奖惩力度，每月评选“优秀评报意见”予以奖励。这样做，可以倒逼大家天天关注产品、日日研究业务、时时不忘反思，促进评报与办报互补互促、共长共进。

内部评报，是媒体加强自我审视、自我完善、自我提高的业务交互机制，也是加强采编质量管理的常态化手段。新华日报改革评报方式，旨在更好地发挥评报工作“风向标”“校正仪”“助推器”作用，以评报促办报，营造以上率下、上下结合、全员研学业务的氛围，锻造政治坚定、业务精湛、精益求精的采编队伍，促进新华日报内容生产质量更高、融合度更紧、传播力更强、引导力更大。

网络时代，为何还要评报

现在，常听到业内外疑惑的声音：“互联网时代，纸媒式微，看报纸的人少了，还需要评报乃至每天评报吗？”回答当然是肯定的。我们通过反思认识到，纸媒读者之所以转向网络、手机、视频等新媒体阅读，除了媒体生态变化等客观因素外，还有纸媒故步自封、自身不足导致的读者流失，如内容生产呆板空洞、不够鲜活，表达方式陈旧老套、千篇一律等，无法同话语清新、态度亲和的新媒体争夺受众。

传统媒体要收复“失地”，关键是做好媒体融合文章，在坚持正确舆论导向前提下，把传统媒体内容做得同新媒体一样好看。那么，谁来评判内容优劣？首先当然是读者受众，其次是媒体自身，在内部以自省自律的专业精神进行自我评价和监督，通过融合创新、精进内容，赢得更多受众。而内部评报，就是刀刃向内、自我革命、自我提高的有力有效手段。特别是党报作为主流媒体，要把提高办报质量作为讲政治的落脚点，通过评报等自我检视、自我完善的方法，比优劣、知得失、寻对策、明目标。实践告诉我们，越是互联网时代，越要强调内容为王、精品立报，越要重视发挥评报职能，把全员评报作为打造精品力作的配套工程，始终抓在手上，并且只能加强不能削弱。对网络时代开展评报的重要性，我们有必要进行重新审视：

——评报是开展业务自我批评的“老传统”。早在20世纪50年代初，人民日报就开内部评报之先河，成立由总编辑邓拓兼任组长的地方报纸组，专门研究地方报纸与《人民日报》的差异特色。有次评报，邓拓毫不客气指出，“用稿重复、标题不妥、电头等新闻用语不统一，出版时间迟”，并提出解决办法。报社其他领导评报也曾批评过“稿子片面性、形式主义的配合”等。1955年，地方报纸组撤销。1956年起，又在总编辑室设立报纸研究组，专司评报。每天，研究组阅读当日首都其他报纸和前几天省报，同《人民日报》作比较，写成书面评报意见，贴在编辑部走廊评报栏，供大家阅读留言。

党的十一届三中全会以后，人民日报还约请部分省报总编辑上门座谈，面对面评报，交流宣传办报经验……不仅人民日报，像光明日报、经济日报等央媒都非常重视评报环节，并将其作为开门办报、业务研究的有机组成部分坚持下去。近些年来，我们新华日报也把全员评报贯穿于开展崇德敬业教育、组织精品生产的始终，多年不辍，常抓常新。

——评报是舆论导向正确与否的“观察哨”。党报是舆论引导主阵地，各类报道必须坚持正确政治方向、舆论导向和价值取向，把政治家办报要求落到实处。评报的首要任务是评报纸导向。如果一张报纸导向不明，或者采编人员不注重宣传导向，必然迷失政治方向，甚至站到党和人民的对立面。

我们之所以坚持部门主任轮流评报特别是社长、总编带头评报，旨在让舆论引导作品化、宣传导向版面化。尤其通过社长、总编示范评报，让记者、编辑及时了解每一阶段宣传重点、政策取向和报道口径，提高政治站位，做到胸有大局、笔下有“谱”。通过联系稿件实际评报，可以将导向要求、引导技巧等渗透到采编业务中，润“人”细无声，有效提高新闻作品的引导力。通过全媒体比较评报，可以更加明晰新闻报道中要处理好哪些关系、把握好哪些分寸，哪些内容需要突出强化、哪些需要淡化处理，哪些需要主动设置议题着力引导，哪些需要进行技术性处理和技巧性表达等，让记者、编辑每天有收获、有长进，在坚持正确新闻志向中不断提高业务水平。

——评报是媒体知不足而后进的“仪表镜”。一张报纸，经过记者、编辑、总编辑等层层编审把关，照理说能够保持相当高的水准。但具体到某篇作品、某张照片、某个版面，与上级、同级、同城媒体相比，则很难做到“篇篇精彩、天天精彩”。而稿件见报后，记者、编辑、部主任等大多抱着“大功告成”的“翻篇”心理，不愿或无暇再对自己经手稿件、版面作比较、回头看，甚至本能地认为“自家孩子好”。久而久之，难免将自家报纸质量估价偏高，甚至盲目自信、文过饰非。

为防止“自说自话”，就需要内部评报——相当于独立“第三方”，跳出本报，在全国各类全媒体中审视本报，对标找差；需要超越“同事欣赏”，从受众角度，客观评估新闻作品的社会价值；需要避免“就稿说稿”，对“策采编发”全流程优化或“打补丁”。所以，评报不仅仅是评稿，还要评立场态度，评采编流程、管理机制和队伍作风，能“透过报纸看问题”，及时指出办报短板和不足，预警采编风险，增强全员业务危机感，达到立评立改、举一反三效果，这才是对报纸质量负责的真评报。

近年来，新华日报办报质量稳步提高，中国新闻奖获奖数一直名列全国省报前列。正因为如此，我们更需要居安思危，发挥评报“清醒剂”功能，主动对标找差，通过多媒体互鉴、同题竞技比较等方法，知无不言评报、闻过则喜整改，放大评报效应。只有以不放过毫末之差、三省吾身的态度办报，才能保持和发扬本报荣光，永远立于媒体竞争不败之地。

——评报是促进媒体深融的“黏合剂”。媒体融合已经快有十年了，主力军全面挺进主战场，新型主流媒体不断做大做强。但对照中央加快推进媒体深度融合发展的要求，我们在传统媒体内部、新旧媒体之间，还存在各自为战、物理隔离、浅融辄止、合而未融等问题。如同一主题，新旧媒体各自策划、各自采写、各自呈现，至多一稿两投、“一鱼多吃”，内容生产和传播方式并未真正实现“融为一体”。即便评报评网，也是新旧媒体内部各自操作，鲜有跨界评议。

此次加强和改进评报，我们在顶层作了设计，要求评报：不仅评纸质媒体，还要评全媒体；不仅评内容质量，还要评融合度；不仅评文字转载量，还要评客户端、公众号和视频号等平台上的播放量、点赞量、评论量和转发量。我们反复强调：媒体融合要体现在融合评报上，新旧媒体不能各评各的。要通过改进后的评报，每天把“非融”“浅融”产品“挑”出来，逐个整改提高，进一步优化采编流程，提高融合报道一体化的规模和水平，加快解决传统媒体与新媒体之间“两张皮”问题。

——评报是营造人人研讨业务的“大平台”。本报每天采前会第一个议程就是评报，足见重视程度。评报，是参与度最高的新闻业务实践活动。试想，值班总编、部主任和记者、编辑每天评报，一年要评说多少作品、产生多少互动意见？总有一条能触动你吧，谁能置身事外？评报，就相当于为每天报纸设置议题，为业务研讨“引流”，促进采编互动、采编相长，形成浓厚的业务研究氛围。

业务评报不讲究年龄资历，不要以为评报是经验丰富的老记者的专长，要鼓励年轻记者大胆思考、勇于发声，包容他们哪怕稍有偏激、片面的观点，培养他们自觉评报和主动研究业务的习惯，日积月累打好新闻业务的根底。资深的记者、编辑则要追求评报深度，多做总结性、规律性思考，注重现身说法，多给年轻记者、编辑业务启发，帮助他们开拓业务视野，提高综合素养及打磨精品能力，重点是规避风险、减少差错。通过评报“传帮带”，培养务实严谨作风，加速他们政治成熟、业务成长。

拿“七个不够”照照镜子

长期以来，报社持续开展评报工作，形成良好的业务研究机制和氛围，取得不少经验和成效。但评报中也存在马虎懈怠、肤浅同质等“七个不够”的问题，需要重视和解决：

一是敷衍应付了事，投入精力不够。有的部主任和记者、编辑对评报不够重视、不当回事，看报一目十行，评报挂一漏万。有的不提前阅读和研究，仓促上阵、突击评报，往往即席发挥、不着边际。有的把评报当作“额外负担”，临时看报，简单说几句完事，不求评报质量。评报是双向互动过程，你评别人作品，人家评你的文品。有的评报之所以流于形式、走过场，一方面说明评报者对评报促进业务自省和提高的重要性认识不够，缺少认真负责、严谨细致的工作态度；另一方面也暴露出评报者职业危机感不强，存在“啃老本”、不思进取等内因，甚至

"江郎才尽"，只能老生常谈，已评不出新意、说不出新话，这应当引起评报者警醒。

二是重业务轻政策，政治站位不够。办报要胸怀"国之大者"，围绕中心、服务大局，评报亦然。目前多数评报还是就稿说稿，多局限在文字、事实、逻辑三个维度，很少评说稿件的思想含量和引领导向，作为省级党报，仅业务评报、文字挑错远远不够。不能把评报等同于文字"校对"，要从政治属性第一、新闻属性第二的高度，跳出业务圈子、着眼大局评报。比如，不仅评稿件文笔是否流畅，而且评稿件与中央和省委中心工作贴不贴近、与国家重大战略和人民期盼合不合拍，还要评刊后是否有利于营造"坚定信心、鼓足干劲、勇挑大梁"的干事氛围，实现讲政治与促业务有机统一。政治站位，决定内容质量和稿件分量。站位不高的文章，必然缺少灵魂；同样，站位不高的评报，也必然苍白无力、于事无补。

三是表扬多批评少，客观公正不够。有的奉行"好人主义"，评报一团和气，只栽花、不拔刺，通篇空洞叫"好"，甚至过度溢美，但不给一个理由，名不符实。有的部主任对稿件中的明显不足，或视而不见，或轻松带过，生怕"得罪人"。有的记者、编辑也上行下效，评报回避差错、不愿较真，廉价吹捧。有的评"人情报"，以个人亲疏定稿件质量，关系好的，即便明显差稿也要牵强附会凑几条"优点"；关系差的，明明好稿也故意"挑骨头"，不能出以公心。有的对本部门稿件过度偏爱、一味表扬，甚至强词夺理、文过饰非……以上种种，都有违自我监督、自我提高的评报初衷。

四是空话套话概念化，现实针对性不够。有的评报泛泛而论、空洞无物，既不提出问题，也不分析矛盾，既不赞成什么，也不反对什么，观点不明。有的评报就像是"内容简介"，把各版头条稿件标题一路念下来，逐一介绍各版刊登几篇稿件，啰唆琐碎，让人生厌。有的评报不联系稿件实际、不列举事实，而是概念化评报，满是大话空话套话，几乎每篇稿件都是“主题鲜明、意义重大，采访深入、事实生动，层次分明、语言流畅……”说来说去就是这几句话，缺少个性化读后感和语言呈现，更没有事实针对性，让人感到空洞无物。评报是评报者再学习的过程，要端正学风和“评风”，反对形式主义。对于以上言不由衷、空洞无物的评报，毛主席早就在《反对党八股》中批评过，认为这样做是“幼稚的、低级的、庸俗的、不用脑筋的形式主义的方法”，“必须揭破它”，将其“彻底抛弃”。

五是缺少调查研究，反映民情准确度不够。新闻来自一线，如果评报者不谙基层情况，又缺少基于实践的判断经验，全凭“感觉”评报，难免误评误断，失去评报公信力。此种表现有以下三种情况：一是将稿件中的事实误判为虚假。如苏南调地种植水稻和适度规模养猪，评报者武断认为“不真实，编的吧”，理由是“我去苏南采访从没见过”，结果贻笑大方。二是将稿件差误视为真实经验推广。有记者轻信承包农民浮夸，写农民养蟹种稻的 60 亩地，亩均综合效益达 4 万元。评报者不经求证，就大加赞扬，认为“找到致富新模式”，进一步以讹传讹。三是不接地气、站在“道德高地”提评报建议。如指责农民“没有安全意识，购买使用电动三轮车，应禁用”；如埋怨老年种地农民“缺少市场意识，跟风调整种植结构，造成农副产品周期性卖难，自食其果……”尽管这些评报建议出发点是好的，但严重脱离“三农”实际，高高在上，不体恤农民，甚至伤害农民感情，也让听者无所适从。因此，今后还要研究出台评报纠偏机制，借此应对不准确评报建议的扩散。

六是单一报纸思维，全媒体评报意识不够。有的同志评报，只评报纸不评新媒体，只评文字稿件不评图片视频，只评采编前道不评后道，没有覆盖内容生产“全流程”“各环节”“多形态”，没有立足媒体融合来开展融合评报。融合评报，要具备系统思维和跨界意识，不仅评新闻终端产品，还要打破部门、条口和媒体形态界限，向全媒体采编前后两端延伸。如从线索梳理和稿件策划起始阶段，就要树立全媒体采编意识，通盘设计投放内容，既考虑报纸传播要求，又兼顾微博、微信、抖音、视频、客户端等呈现效果。作为评报者，自己首先要提高融合意识，能够围绕“一体策划、一次采集、多元生产、多媒传播”的全媒体生产传播方式开展评报，以精准的评报建议，促进采编内容和人员融合转型。

七是评报与考评脱节，挂钩奖惩激励不够。全员评报是报社考评小组专业评报、计分计酬机制的重要补充，也是业务质量监督的有效手段。从理论上讲，评报环节公认的“好稿”或“差稿”，在考评环节会相应“加分”或“减分”。但由于评报与考评环节尚未真正打通，评报意见很少进入考评程序，并与稿分评定和稿酬计算挂钩。有的新闻产品事实上存在评报归评报、考核归考核、考评不看评报或流量的“两张皮”现象，以致对采编人员正向或负向激励不到位。为此，要探索建立评报与考核互动机制，让合理评报意见第一时间嵌入考核计酬环节，进一步奖优罚劣。也要通过技术创新，使评报与考评互动成果及时公开呈现，接受全体记者、编辑监督。通过评报加持的以质定酬杠杆，让采编好稿者多得奖金，促进记者写好稿、编辑编好稿，也让评报者“说了有用”“说了见效益”。

评报究竟“评”什么

实行全员评报，不等于对每天报纸上百篇稿件、十余万字，逐字逐句评点。评报是项需要训练的业务技能，既要抓住重点、详略得当“快评报”，又要观点鲜明、及时准确“善评报”，切忌事无巨细、主次不分，把评报当成通篇“读报”。评报究竟评什么？按照集团制定的“改进采编工作、提高办报水平、多出内容精品、服务中心大局”的原则，评报应侧重以下几个方面：

评导向。导向是旗帜方向。评报道内容是否胸怀“国之大者”，坚持正确的政治方向、舆论导向和价值取向，做到爱党、护党、为党。评宣传贯彻中央、省委重要决策部署是否迅速及时、组织有力、重点突出、不折不扣。评是否站稳群众立场，深入基层采访，自觉把“人民至上”作为宣传报道的最高理念。评是否坚持团结稳定鼓劲、正面宣传为主，做到正面宣传与舆论监督辩证统一。评是否讲究时、度、效，不论采写动机，着重看宣传报道的社会效果……总之，要以政治家眼光来评报。

评策划。新闻策划第一要义是出新，创新是策划的生命。评策划，首先是评“人无我有”的独家性和原创性，不能把“改进”“模仿”“拼凑”视为“创意策划”。策划是项系统工作，评策划不能光评“眼球吸引度”，还要评主题深度、报道角度、语言温度和社会热点引导力度。即便再新奇的策划，也不能触碰党媒政治底线。策划要坚持客观真实原则，防止新闻策划变为“策划新闻”，罔顾事实人为制造“卖点”和轰动效应。评报者要秉持“先有事实、后有策划”的评判标准，善于去伪存真，识别虚假策划，也要防止自己“看走眼”“被策划”。

评内容。内容生产是新闻媒体高质量发展的关键。内容是否真实，又是评报的“关键”。正如新闻学者丁柏铨所说，“内容建设之所以重要，是因为它是新闻传播活动之魂。如果内容缺失，那么新闻传播就只能是摆弄形式，只能是仅剩躯壳而已；如果内容贫乏，那么新闻舆论传播依然不可能产生强大传播力、引导力和正向影响力；如果内容错误，那么新闻舆论传播所传递的只能是负面的能量，产生的只能是负面的影响”。评报者要以高度的责任感，对见报稿的新闻事实求证核查，努力去伪存真，防止虚假不实新闻出现。在当前互联网时代，内容与平台、技术、多学科叠加裂变，呈现跨界融合新态势。评报时，要注意从原来评“媒体内容”，向评全媒体“内容+平台+技术”的“超级内容”转变，充分挖掘“内容为王”新内涵，压减信息贫乏内容，杜绝负面错误内容。

评构思。构思是新闻写作的核心环节，重在务实精巧。有的记者为了“抢发”，往往不构思、少构思，不假思索写稿，常常是“自我表达”或记流水账，结果离题万里。《晋书·文苑传》有记载，左思写《三都赋》，“构思十年，门庭藩溷皆著笔纸，遇得一句，即便疏之”。尽管我们在写作时经常时间较紧，但也不能“无意识”写稿。对此，评报者要直言不讳，提醒记者对文章进行整体性思考，推敲提炼文章主题，寻求最佳表现方式。评构思，可重点评三项：切入角度巧不巧、逻辑结构新不新、内容表达精不精。在当前“快餐新闻”时代，心有定力，培养自己构思布局能力尤为重要。

评版面。版面是吸引受众的视觉竞争力。目前评报，一是很少评版面；二是不知道怎么评，常以“今天版面很好看”一带而过。评版面，主要是评版面内容和形式的结合度和创新度。如版面图文内容集中呈现后，是否有鲜明的标识性和导向意义，满足多层次受众阅读需要；二是版面语言和风格是否具有美感和视觉冲击力，并与版面内容相契合，做到思想性和艺术性相统一。需要强调的是，版面如何编排，如何选择字体、字号、颜色、线条、饰纹等，其中都有政治考量，都要系统思考、谨慎对待，严格防范版面安全风险。

评融合。当媒体融合已上升为国家发展战略时，媒体人要切实增强政治敏锐性，切莫掉以轻心、等闲视之。要树立加快融合的紧迫感，只争朝夕促深融。要自觉地写融合稿、评融合报。现在，谁都说自己的产品是融合产品，但如何判断是“假融”还是“真融”、是“浅融”还是“深融”？一条重要标准是看融合后内容是否有所增值。在生产环节，看报、网、端、微是否打通，实现融合策划、融合采集、融合加工，以降低内容生产成本，提高内容生产力；在传播环节，看信息内容经过数字化处理，是否形成多媒体融合传播和裂变，催化融合质变，实现内容“溢价增值”。内容增值越大，说明融合度越高。如果内容仅“保值”

甚至“贬值”，说明媒体融合黏性不够、增值不足，评报者应及时亮出“黄牌”加以警告。

评规范。少数记者写稿重“快”不重“准”，行文不讲究文法、修辞、逻辑，表达不准确、不周密、不规范，常常上下文不衔接、错字病句皆是，说东指西、歧义尽出。如有的标题只做两个字，无法覆盖全文；有的标题长达40多字，无法排版；有的标点符号乱用混用，有的一“逗”到底……评报要重点聚焦这些“马虎记者”，一针见血地指出来。

1951年6月，胡乔木在修改人民日报社论《正确地使用祖国的语言，为语言的纯洁和健康而斗争》时，添了这段话：“学习把语言用得正确，对于我们的思想的精确程度和工作效率的提高，都有极重要的意义。很可惜，我们还有许多同志不注意这个问题，在他们所用的语言中有很多含糊和混乱的地方，这是必须纠正的。”毛泽东同志经常强调语言文字规范，要求“必须注意各种词语的逻辑界限和整篇文章的条理”，文章“开头、中间、尾巴要有一种关系，要有一种内部的联系，不要互相冲突”。作为评报者，要带头倡导严谨文风，自觉规范评报，不能敷衍塞责、应付了事。

评差错。内部评报不是“评功摆好”，主要是找差错、评差距。社长、总编不仅鼓励评报者大胆挑错，重奖差错发现者，还带头承担较大差错的领导责任，主动交纳问责罚款，这已成为本报严格业务管理的特色之一。集团出台《关于严肃内容差错责任追究规定》，按照“有错必究、有责必问”原则，对发生的每一起较大差错，均明确责任人并处罚追究到位，为全员评报大胆“揭短”创造条件并提供制度保障。近几年，本报编辑中心、出版校对和评报环节发现的较大文字差错有上百起，累计经济处罚金额十余万元，相关责任人受到纪律处分，有的还到集团警示教育大会上公开检讨。有错必纠、从严处罚，显著增强了采编人员的责任心。如今，集团各媒体编校出版质量大幅度提升，正向“零差错”高位目标努力。

让评报与办报“双向奔赴”

评报与办报虽然一脉相承，但二者也是一对矛盾。专业地、建设性地评报，评报与办报就相得益彰、彼此促进。相反，二者就可能对立内耗、激化矛盾，使评报与办报俱损。这里，我想跳出业务层面，从新闻认识论和方法论角度，对全员评报提点希望，力争做到“六个一”，促进评报与办报辩证统一、双向奔赴：

——立足“一个高度”。评报者要有政治高度、思想深度，胸怀“国之大者”，站在党报立场评报，努力为人民代言。要“围绕中心、服务大局”，树立正确的评报导向，坚持在大局下思考、在大局下评报，以坚守和提升主流舆论品格、巩固和壮大主流声音为标准，敢于对杂音噪声说“不”。旗帜鲜明讲导向，将政治判断力、政治领悟力、政治执行力贯穿在评报始终。

——本着“一份坦诚”。评报者要敬畏新闻规律，尊重新闻真实性，以对同事、对业务负责态度，实事求是、光明磊落、开门见山地评报，好就是好、差就是差，真诚表达、真挚提醒。既不夸大其词，也不遮遮掩掩，心底无私天地宽，以真情实感让人信服、赢得信任，寓消灭差错于坦诚交流之中。

——坚持“一把尺子”。评报者要有业务定力，公正自律，在业务评价上做到“一把尺子量到底”。一量是否符合精品生产要求，坚持优质内容为王；二量是否达到媒体融合要求，以壮大主流新闻舆论传播力、引导力、影响力、公信力为根；三量是否有导向性错误，以“一票否决”为准。要坚持心有准尺，只量稿不“量”人，不搞多个“计量”评价标准，一碗水端平。

——练就“一双慧眼”。评报者要有问题意识，眼观六路、明察秋毫。擦亮政治慧眼，锤炼“既见人之所见、亦见人所未见”的眼力。培养洞悉社情民意的锐眼，评报要“力透纸背”，见微知著，体察基层疾苦，一枝一叶总关情，及时校正稿件“准星”，促进记者贴近一线、为群众排忧解难，推动社会进步。

——用好“一张铁嘴”。评报者要铁面无私、知无不言，坚持真理、敢于揭短，不“抹稀泥”。但要讲究评报方式方法，注重摆事实、讲证据，以理服人。要耐心听取和吸收不同意见，平等交流，不武断定性和下结论，不固执己见搞“一言堂”，评报留有余地。如果评报有出入、有失误，要公开承认检讨，修正错误。要与人为善，评报不能讽刺挖苦、上纲上线，直接或变相搞“人身攻击”。不能抓住一点，不及其余。

——营造“一种氛围”。倡导“业务面前人人平等”的良好风气，让评报者敢于面对面批评、记者敢于交锋讨论、值班编委敢于反思包容、同事敢于交流辩论，充分发扬评报民主，引导记者、编辑在报纸高质量发展和媒体融合中把自己摆进去，怀着责任感自觉钻研业务，增强全员评报效果。其中，值班编委是关键，要以闻过则喜的宽容态度对待评报，不能把“辣味”评报意见一概视为“找茬”“冒犯”。要从谏如流，心胸开阔，听得进评报者刺耳的话，并主动吸收其中合理部分，优化相关工作流程，使内容生产管理形成闭环。

新闻舆论工作是一个实践、回顾、改进，再实践、再总结、再提升的过程。“办报—评报—办报”的过程，也是再实践、再总结、再提升的过程，并且是螺旋式上升过程。我们要站在马克思主义新闻观的哲学高度，充分认识“以评报促办报”的重要性、紧迫性，要以此次值班总编带头示范评报为契机，推动全员评报工作进一步规范化、融合化和高效化，促进媒体内容生产精益求精、提质增效，创作更多无愧于时代、无愧于人民的精品力作。

（2022 年 8 月 23 日）

一线感言

林培，新华日报全媒体内参部主任，高级记者。戈公振新闻奖获得者。与陈道龙合作的新闻作品《学生午餐费，咋变成老师泡脚盆》《一纸推广证，几多“生意经”》分别获第24届中国新闻奖深度报道类二等奖、第27届中国新闻奖调查性报道类二等奖。

评报须有疑

明代大儒陈献章说：“前辈学贵有疑，小疑则小进，大疑则大进。疑者，觉悟之机也，一番觉悟，一番长进。”诚哉斯言，评报亦然。近几年，我视评报为被动学习、自我觉悟过程，以疑为径求取真知，既精进业务，又享受其乐。

海鸥夜里飞翔吗？“深夜，大量海鸥盘旋着飞向天空。”评报读到此句，顿生疑窦。百度说，海鸥夜里不飞，但无依据。我辗转联系华东师范大学生命科学院唐思贤教授，他很快答复：“海鸥为昼行性鸟类，白天活动，夜间休息。只有在迁徙季节，偶尔会日夜兼程飞往繁殖地，但不会深夜集结盘旋。”他的权威解答，终结了海鸥“失眠”的“合理想象”。

“为所有老年读者购买人身意外伤害险。”写的是南京图书馆。每年进馆老年读者至少十多万人吧，南图负担得了？我电询南图领导，对方大吃一惊，连忙纠正：“我们购买的是公共责任险，而非人身意外伤害险。前者适用对象为企事业单位、公共场所及相关行业，后者仅适用于个人。两个险种不可混淆。”我建议南图追溯信源，竟来自几年前网文。对方迅速处置，防止以讹传讹。

2023年9月，有篇“三农”报道说，“传统农民是城乡对立中弱势存在”。现在城乡对立吗？我联系中国矿业大学（北京）郭旭红副教授，她引经据典：“马克思和恩格斯在《共产党宣言》中就提出‘把农业和工业结合起来，促使城乡对立逐步消灭’。城乡关系从对立到逐步融合，进而实现城乡发展一体化，是马克思主义城乡关系理论的科学概括。新中国成立后，就无城乡对立，称之为城乡二元结构。”这让我疑虑尽释。

“63岁的他即将步入老年。”读到这句，料定年轻记者轻信网上“世卫组织重新划分年龄段”传闻——“45岁至59岁为中年人，60岁至74岁为年轻老年人”。随即，采访世界卫生组织驻华代表处，答复：“没有重新划分年龄段。”始于1956年“三个年龄段”划分的国际通行标准，仍然在沿用——0到14岁为少儿人口，15到64岁为劳动力人口，65岁以上为老年人口。评报后，多位记者庆幸没有轻信。

从无疑到有疑，再到无疑，几年评报，“一番觉悟，一番长进”，让人乐此不疲。

以优良文风彰显党报品牌

——关于改进文风的几点思考

古今中外，自有文章起，莫不重视文风问题。刘勰在《文心雕龙》中说："结言端直，则文骨成焉；意气骏爽，则文风清焉。"好的文风，让我们的表达更受欢迎，让我们的文字更有力量。新闻工作者要成为"文章高手"，具备好文风是应有之义。在全媒体语境下，好文风不仅体现在文字上，也反映在各类媒体形态中。

对党报来说，文风体现的不仅是编辑记者的文字水平，也是媒体的影响力、引导力。近日，全国重点党报主流舆论阵地建设专题培训班在中国浦东干部学院举行。学习期间，学员们围绕如何创新话语表达、改进党报文风、巩固主流舆论阵地进行了深入研讨。大家普遍认为，当前党报文风的主流是好的，但也存在一些问题，导致党报与读者不够亲近，有人甚至认为党报已经"被边缘化"。业界一些专家最近也提醒，部分媒体的编辑记者新闻业务能力呈退化趋势，不良文风在主流媒体以及新媒体平台不断滋长。

党报应倡导什么样的文风，如何改进文风？结合新华日报自身实践，我想就文风问题和大家作一些交流，主要谈四个方面。

文风之重：表面是"文"背后是"风"

视野宽度决定着行动力度。文风表面看是文字表达、写作风格，深层次反映的则是思维认知、理念价值、素养作风。从无产阶级新闻事业发展史来看，文风问题从来就不是一件小事，连着党风、政风、民风，关乎新闻宣传事业的成败。

马克思、恩格斯很早就注意到话语方式对宣传效果的重要影响，一开始就强调话语的通俗性以“悦”大众。标志着马克思主义诞生的《共产党宣言》，文中就使用了“幽灵”等通俗鲜活的词汇，《资本论》《哥达纲领批判》《反杜林论》《家庭、私有制和国家的起源》等马克思主义经典名篇，光看书名，就尽显简约而又深刻的文风。马克思在主编《莱茵报》时提出，要少发些不着边际的空论，少唱些高调，少来些自我欣赏，多说些明确的意见，多注意一些具体现实，多提供一些实际的知识。马克思认为，革命报刊的文风应当是不拘一格、丰富多彩的，内容和形式相统一的，有利于探讨和宣扬真理的。为改进自己的文风，恩格斯在一段时间内曾专门研究了文风。他认为，“现代风格包括了文风的全部优点：言简意赅，一语中的，同长长的、平铺直叙的描写相互交织；简洁的语言同闪闪发光的形象和迸发出耀眼火花的妙语相互交织”。

毛泽东同志历来高度重视文风问题，一贯倡导“生动活泼新鲜有力的马克思主义文风”，旗帜鲜明地反对窒息革命精神的“老八股”和“党八股”。这样的文风，从青年毛泽东为湖南第一师范“工人夜学”写的一则招生广告中就可见端倪——“列位大家来听我说句白话。列位最不便益的是甚么，大家晓得吗？就是俗语说的，讲了写不得，写了认不得，有数算不得”“所以大家要求点知识，写得几个字，认得几个字，算得几笔数，方才是便益的。虽然如此，列位做工的人，又要劳动，又无人教授，如何能到这样，真是不易得的事。现今有个最好的法子，就是我们第一师范办了一个夜学……”1942 年 3 月 16 日，毛泽东同志亲自审定中共中央宣传部为改造党报所发出的通知。该通知专门指出，“各地党报的文字，应力求通俗简洁，不仅使一般干部容易看懂，而且使稍有文化的群众也可以看。通俗简洁的标准，就是要使那些识字不多而稍有政治知识的人们听了别人读报后，也能够懂得其意思”。

习近平总书记高度重视弘扬优良文风。2004 年，时任浙江省委书记的习近平对浙江省委办公厅的工作人员说过：“我就进一步改进文风、提高文稿起草质量向大家提三点要求，归纳起来是六个字：求短、求实、求新。”2005 年 8 月，习近平在《浙江日报》发表《文风也能体现作风》，强调改进作风必须改进文风。习近平总书记多次引用郑板桥“删繁就简三秋树，领异标新二月花”的对联，提出写文章“能够三言两语说清楚的事绝不拖泥带水，能够用短小篇幅阐明的道理绝不绕弯子”。他还强调做到“五讲五不讲”：要讲符合实际的话不讲脱离实际的话，讲管用的话不讲虚话，讲有感而发的话不讲无病呻吟的话，讲反映自己判断的话不讲照本宣科的话，讲明白通俗的话不讲故作高深的话。

由此可见，改进文风改的不仅是“文”，更是背后的“风”。对党报编辑记者来说，改进文风最根本的是践行马克思主义新闻观到位、体现群众观到位、落实“四力”到位、掌握新闻传播规律到位。对党报来说，改进文风就是要通过提高编辑记者的“看家本领”，夯实党报“内容为王”的根基，让优良文风不仅塑造编辑记者的个人品牌，也打造党报的金字招牌。

文风之倡：多一些“短实新准活深”

提倡什么，反对什么，是改进文风的首要问题。党中央决定在南京出版《新华日报》时，周恩来同志亲笔题词：“在人民胜利后的南京出版《新华日报》，要永远做人民的朋友。”“永远做人民的朋友”，既是周总理当年对新华报人的嘱托，也是今天我们改进文风的立脚点和出发点。“永远做人民的朋友”，要求我们提倡短、实、新、准、活、深的文风，把转作风、改文风的要求植入编辑记者头脑，使之成为价值自觉、思想自觉、行动自觉。

在“短”的方面，就是要力求简短精练、直截了当，要言不烦、意尽言止，观点鲜明、重点突出。提倡“短”，也不是说长文章一概不好。文章长短要视具体情况而定，宜短则短，宜长则长。要坚持内容决定形式，有些非长不可、篇幅短说不明白的事情则可以长些。正如古人所说，野鸭子的腿虽然很短，给它接上一截它就要发愁；仙鹤的腿虽然很长，给它截去一段它就要悲伤。这个道理同样适用于写文章。当前有一个值得关注的现象——最近两届中国新闻奖共评出的43篇评论作品中，800字以内的文字评论作品有4篇，第32届中国新闻奖一等奖作品《决不允许“鸡脚杆子上刮油”》只有594字，第33届中国新闻奖二等奖作品《中国妇女报再评唐山打人：打人狂徒，触碰底线；依法严惩，以儆效尤》仅有238字。这说明，短文章也有影响力！最近几年，新华日报先后推出的“辛苏”“苏言”评论专栏，虽然篇幅只在千字以内，但言简义丰，切中肯綮，反响良好。

▲ 2018年1月2日起，《新华日报》头版开辟“苏言”专栏，文章微言大义、短小精悍，成为了解江苏政策走向的重要参考

在“实”的方面，就是要实事求是，有一说一、有二说二，是则是、非则非，不夸大成绩，不掩饰问题。对党报来说，最重要的就是遵循新闻规律，以平实的文风、朴实的语言呈现真正的新闻。新闻价值是新闻的核，是一篇新闻能否称之为新闻，是否值得报道以及做多大篇幅报道的衡量标准。现在，我们有的报道枯燥无味、面目可憎，原因就在于报道的是没有价值的新闻，就在于报道新闻的时候，用的是领导大小、利益多少、个人好恶等标准，而不是新闻价值标准。改进文风，让报道有更多“干货”，更加耐读，就要用好新闻价值这把尺子，挖掘真正的新闻。近年来，新华日报改进文风的一个重要方面，就是大力倡导记者要多写消息。善于写消息，是记者的基本功。年轻记者不大善于发现消息，不大愿意写消息，不大会写消息。其实，写消息是有规律的，过去都讲“倒金字塔”结构，就是把最重要的信息放在最前面，因为过去的消息都是通过电报来传送的，时间很紧急，当然是拣重要的、紧急的、精彩的先发。现在，信息传送的方式变了，但消息必须含有信息量、标题必须精彩靓丽等基本的原则没有变。

在“新”的方面，就是力求新鲜新颖、富有新意新知，掌握新趋势、新动向、新理念，不能老生常谈。在新媒体时代，新闻传播出现几个新的特点：一是传播者和受众的地位发生变化，过去传播者因为掌握了信息和渠道，在传播链条中占据着绝对主动的地位，但在新媒体环境下，受众有了更多的主动权和选择权，传者和受者在传播链条中的地位发生根本性变化；二是传播呈现碎片化、可视化、互动化趋势，短视频成为很多年轻人接收信息的主要方式，碎片化阅读替代了传统的阅读方式，传播过程中传者与受者的互动更为便捷、密集、频繁；三是传播技术日新月异，传播载体更加多元，传统媒体受到巨大挑战。在这样的大背景下，主流媒体必须多说“有新意的话”。这里所说的“有新意的话”，既包括在探索规律、认识真理上有新发现的话，又包括把中央精神和上级要求与本地区、本部门、本单位的实际结合起来，在解决问题上有新理念、新思路、新举措的话；既包括角度新、材料新、语言表达新的话，又包括富有个性、特色鲜明、生动活泼的话。我们经常说出新出彩，真正出彩的，往往是因为出新、因为别致。只有创新做到位，才有可能出精品佳作。要走出传统工作模式“舒适圈”，把思路发散开来，要跳出经常走的路径，往习惯上以为的“不可能”的各个方向想一想、探一探、试一试，从寻常里找出不寻常。新华日报倡导“每逢重大报道必创新”。这个“创新”，就是要与过去不一样，不炒陈年旧饭，无论是内容、创意、角度、手段、呈现等等，都要不同于以往，给人以面目一新之感。特别是在策划上，做到努力求异，有独家意识，千方百计跟别人做得不一样，努力做出别人想不到、做不出、做不好的产品来。

在“准”的方面，就是材料真实、观点正确、表述精当，不仅要全面深入细致地了解实际情况，更要透过现象看本质，把握规律性东西。真实性、准确性是新闻的基本特性，也是编辑记者写作最基本的要求。记者必须深入现场，掌握第一手信息，确保材料精确。准确性要求新闻报道要注意细节，对采访中获得的事实材料，尤其是用于写作的素材，要仔细核实，不要放过任何一个细节和疑点，确保事实真实，把好新闻报道准确的初始关口。准确性还要求观点正确、表达准确。词不达意就无法正确地反映客观事物，用词不当也会以词害意，把新闻写得变了样。记者要以认真负责、严肃谨慎、一丝不苟的精神对待新闻写作，做到字斟句酌、精益求精。在撰写稿件时，尽量不用含混不清、模棱两可、伸缩性大等容易引起歧义的词语来描述具体事实，要秉持客观中立的立场，多用白描手法写景说事。

在“活”的方面，就是材料鲜活，话语生动，擅长写故事，善于以小见大。客观上，当前我们面临主流与非主流两个舆论场，存在官方与非官方两种话语体系。在当下的传播生态与传播语境中，主要存在着四种话语体系：政治话语、学术话语、大众话语、网络话语。新闻工作者必须重视打通四种话语，实现话语转型、话语融通，做到闪转腾挪、运用自如。懂得才能赢得，主流媒体要善于放低身段真诚对话，不能摆出高高在上的姿态，简单地批评批判，要多些“说话”少些说教、多些平等交流少些居高临下，多些真实体会少些不痛不痒，用受众听得懂的语言、肯接受的方式，进行共情对话、同频对话。在路上心中才会有时代，在基层心中才会有群众，在现场心中才会有感动。编辑记者要多出去调研，通过一些活泼案例让人耳目一新。群众是创造鲜活语言的大师。改文风就是要学习百姓语言，掌握群众的朴素话语，多写家常话、直白话、简短话，让老百姓爱听爱看。在呈现方式上，即便是重大主题报道，也要避免“大而全”“大而硬”，用“小而美”“小而巧”来对冲，以小切口挖掘大主题，从小视角释放大立意。比如 2023 年全国两会，习近平总书记现场说道：“像魏巧这样的同志到农村去，很好！”新华日报围绕总书记的这句话进行深入采访，并采取“通讯＋评论”组合呈现，以点带面、以小见大，用小感动牵动乡村振兴大情怀，以小切口折射农业农村现代化大目标，具有很好的感染力。

在“深”的方面，就是要具备问题意识，提升思想含量，做到研究深、思考深、见解深，不浮于表面。优秀的新闻作品无不靠思想高度取胜。只有养成勤于思考、善于思考的习惯，记者才能对所报道内容知其然更知其所以然，写出既深入浅出又蕴藏思想精华的好作品。党报新闻工作者只有时刻牢记“国之大者”，面对具体报道才能做到观察问题有高度、分析问题有深度、表述问题有力度。稿子为什么不“重”，就是没有从“国之大者”出发去考量。新华日报要求记者的眼光要着眼江苏 10.72 万平方公里的广袤大地，苦练在大局下思考和实践的能力，不断提高政治站位。如在组织“市委书记与总编辑面对面”采访时，提前让记者蹲点了解情况，有针对性地设置采访话题，彰显深度和思辨性，为区域高质量发展献上真计良策。新华日报近年来高度重视智库和内参建设，努力做党委政府的“眼睛”和“大脑”。比如，新华日报同省委研究室、省农业农村厅共同组织大型全媒体行动“乡村振兴·江苏百村调研”，用脚步丈量全省所有涉农县（市、区）的100个乡村，对话300位“新农人”、村干部、老居民，从专家、行业主管部门、记者等多重视角观察乡村变化，用理性之思与实践之问凝聚全社会共同关注“三农”的合力，为推进乡村振兴贡献媒体力量。探寻真相是记者的“最强大脑”。面对后真相时代的众声喧哗，媒体要以还原真相、去伪存真为己任，通过精准的议题设置和有力的舆论引导，纠偏“标题党”“键盘侠”，澄清谣言谬误，避免新闻反转。报社从事内参报道的记者，每年很多时间在基层明察暗访，掌握大量一手材料，坚持“不到现场不动笔、一字一个脚印”写内参，追求“零失误”。近年来，多篇内参被印发全省，吸收进省委、省政府工作报告和讲话，开辟了新闻宣传的“第二条战线”，延伸强化了内参预警和服务大局的功能。

文风之症：正视亟须解决的“五不”问题

改进文风，我们不仅要明确提倡什么，也要明确反对什么。不可否认，当前党报文风存在诸多不良现象，有人批评党报文风是“假、松、空、陈”，有人概括党报存在“常说的老话多、正确的废话多、漂亮的空话多、严谨的套话多、违心的假话多”等问题。我认为，当前党报文风存在以下五个方面的突出问题。

表达不够鲜活，政治话语文件语言过多。新闻叙事是党报的主要话语方式。作为“新闻纸”，报纸的力量在于用事实说话，最大特色在于用鲜活的新闻表达观点和立场，用精彩的故事传递思想与价值。现在，有的报道存在“懒汉思想”，没有进行必要的话语创新与转换，简单地将领导干部的讲话、有关部门的文件、专家学者的文章搬上版面，导致一些报道政治话语、文件话语和学术话语偏多，新闻话语、大众话语和百姓话语偏少。新闻化表达是报纸的生命，有的报纸恰恰在新闻性上不足，总结式的、概括性的、综合类的报道比较多，鲜活的、典型的、个案式的报道还不够，生动性、鲜活性、可读性不足。

话风不够平实，过分追求辞藻华丽和表面形式。现在，一些党报推出各类“万字雄文”，其中有的形式与内容俱佳，让人看了不觉其长，但也有的为长而长，看起来气势雄伟，实际上干货不多，有的甚至“面不够、水来凑”。有的文章片面追求形式华美，辞藻华丽而内容空洞，徒有其表。有的文章遣词造句过度雕琢，过于讲究对仗和排比。为了形式工整华丽，甚至不惜削足适履，限制了内容表达的空间。

时、度、效不够准，报道“调门”过高。中国文化讲究委婉含蓄，凡事讲究适时适度，留有余地。新闻报道亦是如此。话说得太满，“调门”拉得太高，容易适得其反。现在，有的报道时、度、效把握失准，在报道成就时动不动“厉害了，我的国”，在报道典型时习惯“高大全”，为此甚至不惜“适度虚构”，在报道经验时动辄赞赏有加。这种一味地唱赞歌、动辄激情澎湃的文风，片面有余而辩证理性不足，缺乏一分为二、客观理性的冷静分析。

个性化不够强，存在“千文一面”的同质化现象。百花齐放才能春色满园，多姿多彩才能有声有色。不同层次、行业、领域的党报，应该有自己的办报特色和文风特点，不能“千报一面”“千版一面”。现在，有的党报对火热的社会生活聚焦不足，对普通群众聚焦不足，对领导活动和会议报道的报道过多。尽管会议报道的篇幅有所压缩，但会议报道的数量并不少，会议报道满眼的结果，是各家报纸都“似曾相识”“彼此彼此”。有的党报分众化传播不够，对受众缺乏研究，不少报道缺乏自己的独特观点、独特角度、独特表达，同质化有余而特色化不足，影响了党报的面貌。

可读性不够足，理论宣传有时流于照本宣科。理论宣传只有贴近读者，贴近实际，才能提升吸引力。有的理论宣传文章缺乏主动精神和创新意识，千篇一律、照本宣科，用讲话诠释讲话，原地打转，缺乏拓展与深化。有的理论文章“半桶水晃荡”，既没有理论性，也没有通俗性，既无法和学术界进行必要的对话，也难以同群众进行有效的沟通。有的理论文章缺乏问题意识，同地方实际和工作实践结合不紧，回应不了百姓的关切，回答不了实际的问题。有的文章缺乏读者意识，脱离实际，自说自话，“谁写谁看”的现象比较突出。

从新华报业传媒集团的实际来看，文风总体是好的，但也存在一些问题。比如，“长假空”问题在一定程度上也存在。值班编辑就反映，现在有些通讯越写越长，动不动就三四千字，“长而实”还问题不大，关键是“长而空”，文字量很大但信息量很小，有的就是刻意注水，蓄意拉长，堆砌材料。“假”的问题，现在故意写假新闻的看不到了，但新闻报道中的“细节失真”“局部失真”等问题依然存在。有的记者没到现场，却凭自己的想象“还原”现场；有的记者为了让文章增色，不惜虚构一些“细节”“对话”，甚至有个别记者搞什么“虚拟化新闻写作”。

比如，新闻性的问题。过去读《新华日报》、看《扬子晚报》，里面有大量的各种各样的新闻，读起来趣味盎然，几个小时不舍得放下。现在，我们的报纸版面上刊发的也是“新闻”，但新闻性、趣味性、知识性、思想性、可读性都显不足。有的所谓的“大综述”完全是死材料的堆砌，没有思想和灵魂，也没有鲜活的细节和故事，让人看了以后完全品味不出“新闻”味道。

再如，个性化表达的问题。这几年通过大力倡导，新华报业传媒集团已经有了一批有自己独特文风的记者，这些记者写的稿子有着鲜明的个性特点，传播力、影响力都很好。但总的来看，还有不少报道缺乏独特性，官话套话空话太多，个性化、特色化不明显。有的报道在选题上缺乏创新，人家做什么选题，也跟着做什么选题，亦步亦趋。有的报道缺乏对火热的社会生活、经济发展前沿、普通群众生活的深刻观察，没有新的角度，也说不出新的观点，人云亦云，看上去“似曾相识”。有的报道盲目追求表达上的对仗工整、浮夸辞藻，车轱辘话来回说，为了所谓的“整齐”限制了内容表达。

又如，思想性的问题。思想和观点应该是报道的“筋骨”。有的报道思想贫瘠，缺少学习、思考和调研，从概念到概念，从材料到材料，缺乏对某个问题的深刻分析、对某项工作的深入研究，“肥肉”太多“瘦肉”太少；有的文章惯于讲众人皆知的大道理、写放之四海皆准的大路货，洋洋洒洒一大篇，缺乏个人的思考和见解，提供不了太多信息量；有的报道被所谓的网络热点牵着鼻子走，热衷于话题性新闻，由于离开实际分析、报道流于表象，无法透过现象看本质，无法彰显党报的思想性和权威性；有的文章或报道面面俱到，标题大而全，内容缺乏新意，如同摊煎饼，一圈一圈往外摊，越摊越大，从头到尾看不出作者提出的问题和观点，看不到作者究竟想要解决一个什么问题，究竟要表达什么，等等。

文风之治：改进党报文风的发力方向

改文风不是“一阵风”，而是一项长期艰巨的任务，需要持之以恒，久久为功。事实证明，只有立足制度建设，营造良好生态，才能取得扎扎实实的成效。

不被流量崇拜裹挟，增强“内容为王”的定力。党报要充分理解融合发展大趋势下坚守“内容生产”的实质和意义，不转行、不转场，扩大精品内容供给。要坚持找准自身定位，明确自身的服务对象，突出特色和个性。要适应分众化对象化传播趋势，坚持“到什么山上唱什么歌”，针对不同的人群明确定位，根据服务对象的需求，说不同的话、写不同的文章，形成各具特色的报纸风格，避免定位不清、缺乏特色的同质化现象。要从报纸内容、语言、标题、篇幅到版面、栏目等方面进行精心设计，做到内容言之有物，语言鲜活生动，标题准确鲜明，篇幅简短精练，编排清新活泼，充分彰显党报特色与个性。

让记者回到“现场”，让基层找得到记者。不良文风产生的原因很多，编辑记者素养缺乏是其中之一。知识、经验不足，功力、能力达不到，对基层情况缺乏了解和理解，很难拿出“沾泥土、带露珠、冒热气”的作品。要坚持“三贴近”，深入“走转改”，引导编辑记者涵养深入基层的作风、注重调研的作风、善于思考的作风，以作风的转变促进文风的改变。要让记者回到“现场”，走得出、沉得下、融得了，让基层找得到记者，记者也能找得到基层，真正做到“脚下有泥，眼中有光”。改文风就要学习百姓语言，掌握群众的朴素话语，多写家常话、直白话、简短话，让老百姓爱听爱看。

健全激励机制，让“一棵树摇动另一棵树”。改进党报文风，机制是保障。要强化机制建设，深入研究产生不良文风的根本原因，在考核、评优、选拔、任用等方面健全优化激励措施，引导编辑记者扑下身子、沉下心去，把时间和精力用在深入调研思考上。要积极争取在机构、编制、财税政策等方面，加大对党报的资金和政策扶持力度，为党报消除后顾之忧，腾出更多时间精力抓内容生产、队伍建设和文风作风。要建立健全鼓励激励、容错纠错的体制机制，营造宽松宽容氛围，为担当者担当，替负责者负责，引导编辑记者敢于创新、勇于突破，推出更多内容实、文风好的作品，不断提升党报传播力、引导力、影响力、公信力。

强化外部监管，以压力促生“自驱力”。要坚持开门办报、全党办报、群众办报，在引导党员干部参与党报内容建设的同时，及时主动听取他们的意见建议。要通过设立读者热线、开展用户满意度调查、动态进行传播效果评估等办法，及时了解读者对党报文风的态度。新闻主管部门要加大对党报文风的跟踪、监测、检查，指导各级党报在文风建设上未雨绸缪、防微杜渐。要建立健全党报传播效果与扶持奖励政策挂钩的机制，把党报的内容建设、文风作风等作为评估办报质量的重要指标，进一步加大外部监管与督促检查力度，奖优罚劣，倒逼各级党报持续改进文风。

“让砍柴的人磨刀”，提升编辑记者素养。文风好坏，与编辑记者的能力、学养密切相关。首先，要注重学习马克思主义经典作品。阅读经典著作，本身就是增长知识、开阔眼界、增加思想深度和训练思维方式的过程。改进文风、写好文章，就要刻苦钻研马克思主义经典著作，深入学习习近平总书记系列重要讲话精神，深刻理解其中蕴含的精神实质和丰富内涵，不断提高自己的思想理论水平。其次，要善于从古典精华中汲取营养。中华文明上下五千年，留下了弥足珍贵的精神财富，也为新闻工作者提供了丰富的思想源泉。作为党的新闻宣传工作者，要多读古圣先贤的名篇佳作，以经典阅读提升新闻作品思想深度和历史厚度，有效增强文字的张力和文章的表现力。其三，要深入学习业务知识。新闻工作者既要精于采编业务、熟悉新闻传播规律，也要对报道领域有深厚积累、有深入研究。每一位新闻工作者都要在自己的报道领域深耕细作，不断加强专业学习，提升专业素养，真正有“几把刷子”，努力成为专家型编辑记者。对新闻工作者来说，既要做专家，也要做“杂家”，拓宽知识领域、完善知识结构，把报道做得更好。过去我们说编辑记者要有“十八般武艺”，现在看来不仅要武艺精，还要能细分“兵器”。比如同样写通讯，以前主要是写大综述、典型报道，而今天，还要会写故事性通讯、调查性报道，等等。

改进文风永远在路上。扛起主流媒体的责任担当，党报必须主动自觉改文风，有的放矢改文风，凝聚合力改文风，以文风之变，带动媒体理论当量、价值含量、资讯数量、传播流量和发展增量之变，让党报的金字招牌更加耀眼。

（2024 年 6 月 4 日）

一线感言

陈炳山，新华日报全媒体经济新闻部主任，高级记者。江苏省首届“四名人才”（名编辑）。作品三次获得中国新闻奖二等奖。

注重“说人话”

编辑稿件时，我经常会为稿件中一些表达要不要修改而纠结。比如，碰到下面这句：刚刚从菜场出来的王大妈告诉记者，最近牛肉便宜了，每500克只要30多元，我买了1 500克牛腱子肉。菜场里，买菜的和卖菜的，说到重量一般论“斤”，说到钱多用“块”。“每500克只要30多元”，老百姓一般不这么说。这个句子里的单位“克”和“元”的用法，应该是记者按照汉语书面表达的规范改过来的。改过之后，规范是规范了，可读起来有一种不真实感，当然也不是我们倡导的文风。

有人总结“10万+”稿件受欢迎的原因，认为离不开坚持“说人话”这个“法宝”。“说人话”成为“爆款”文章生产的一条重要经验，背后是不说“人话”的文风比较常见，从一个侧面反映有些媒体不说“人话”、有些记者不会说“人话”的现象。“说人话”这个梗的流行，折射出对明白晓畅、接地气的语言风格的喜爱，也表达了对厌恶的文风的调侃。

刚到报社工作时，作为一名以前没有学过新闻的“新兵”，我对新闻稿怎么写，文字怎么表达感到无从下手。当时的报社领导指点迷津，建议我到一线跟采访对象多聊聊，把他们有意思的话、鲜活的表达挑出来，可能切入点就有了，标题也有了，稿子也就出来了。多往一线跑，多跟采访对象深入交流，多用一线干部群众的话，道理朴实也很管用。

“说人话”要的不仅是鲜活接地气的文风，更是走基层的作风。“说人话”，外在的表现是“话”，但骨子里更应该关注的是人。我们写稿子的时候，笔下要有人，有鲜活生动的人、可亲可感的人；心里也要有人、有受众，明白我们的新闻产品为了什么人，琢磨怎么服务好我们要宣传的人。

当然，“说人话”必须讲导向、看效果。我们不能将“群众喜闻乐见”理解为一味迎合甚至讨好受众，不能把“说人话”解读为对群众语言不加辨别、照单全收。“说人话”应当更好地传播正能量、传递主流价值，这也是我们坚持转作风、改文风的不变初心。

“顶格以求”方能“顶天立地”

——从做新闻到写论文

最近，很多同事建议我跟大家分享一下关于新闻论文写作的心得。

我到报社以来，确实一直在论文写作方面有所坚持，无论在理论学习还是工作实践中，也都始终保持着对论文选题的敏感性。从 2016 年至今，已发表新闻论文数十篇。在最近连续六届中国新闻奖评选中，我的论文五次获奖，其中三次为一等奖。大家都知道，中国新闻奖的论文一等奖每年只评出两篇，因此，这个成绩可能在中国新闻奖的评奖历史上也是前所未有的。可以说，在新闻论文写作方面，我算是有一些心得体会吧。

今天，我就从四个方面跟大家交流一下。

以文促行——为何写论文

首先，我想从认识论和价值论的层面和大家讨论一下：我们为什么要写论文?

我平时了解到，不少新闻人对于写论文并不是很重视，认为我们新闻舆论工作的实践性很强，写论文不过是理论的编织和文字的雕琢，更像是一个“文字匠”的自我陶醉。但我个人的体会是，论文是一种非常独特而又重要的文体，写论文不仅仅是一个人理论素养和文字能力的体现，某种意义上，更是有没有问题意识和创新思维的体现。善于写论文的人，往往也是在工作中善于发现问题、勇于解决问题的“行动派”。正所谓“行之力则知愈进，知之深则行愈达”，理论层面的思考对我们的新闻实践工作有着很强的反哺作用。这主要体现在以下几个方面：

——从理解工作的角度来看，理论是“定盘星”。

党的新闻舆论工作是党的意识形态工作最前沿、最直接、最有影响力的阵地，必然要有强大的科学理论来支撑。党的十八大以来，习近平总书记对党的新闻舆论工作及新闻传播学科建设高度重视：2016 年，总书记在党的新闻舆论工作座谈会上提出，党的新闻舆论工作是党的一项重要工作，是治国理政、定国安邦的大事。他提出的“五个事关”，将党的新闻舆论工作的重要性提升到了前所未有的高度，对做好新时代新闻舆论工作具有重要指导作用。同年，习近平总书记在哲学社会科学工作座谈会上，将新闻学列入对哲学社会科学具有支撑性作用的 11 个学科之一。可以说，在当前复杂多元的舆论场上，如果缺乏对意识形态工作和理论动向的敏感性，就无法深刻领会党的新闻舆论工作的价值意义，就难以认清形势、把握大局，从而推动形成新时代主流舆论新格局。

在学习贯彻习近平新时代中国特色社会主义思想主题教育工作会议上，总书记强调：“要从新时代中国特色社会主义思想中汲取奋发进取的智慧和力量，熟练掌握其中蕴含的领导方法、思想方法、工作方法。”坚持以习近平新时代中国特色社会主义思想为统领，我们的新闻舆论工作就有了定盘星和主心骨。这些年来，我始终保持着很好的理论学习习惯，许多论文的灵感，也都来自对我们党一百多年来思想理论建设规律的深入思考和深刻把握，并自觉将其与我们的新闻舆论工作进行有机的结合。

2022 年我发表的论文《新闻舆论工作者要时刻心怀“国之大者”》，就是这方面的一个例证。在这篇论文中，我首次将习近平总书记关于党的领导干部要胸怀“国之大者”的重要论述和他对于党的新闻舆论工作的重要论断进行了有机结合，并基于当前主流媒体的转型发展问题，系统阐述了新闻舆论工作者也要心怀“国之大者”，强化政治意识，筑牢大局观念，坚持辩证思维，激励担当精神。这篇论文发表后，在《新闻战线》的微信公众号全年推送的文章中，阅读量名列前茅。学习强国、中国报业协会等平台都进行了转发。在第 33 届中国新闻奖中，此文也再次获得了新闻论文的一等奖。

——从提升工作的角度来看，理论是“进步梯”。

一个民族要想站在科学的最高峰，就一刻也不能没有理论思维。邹韬奋曾用一句“理论是实践的眼睛”，来形象地描述理论与实践的关系。我们学习写作论文，正是要不断磨砺把经验材料上升到理论高度的能力，不然理论就无以成为实践的“眼睛”。论文的写作过程，宛如搭建一个“梯子”，让我们可以“拾级而上”，攀升到一个更高的位置，获得更开阔的视野，对自己和别人的相关实践进行另一个视角的回望、比较与俯瞰，从而更清晰地看到自己的所在方位、发展空间和缺陷不足，在此基础上，为工作中遇到的普遍性问题提供解决思路和提升路径。

去年底，我们和南京大学共同举办了第八届新闻传播学 C 刊双年会，我在致辞中提出了“期刊也是一种媒介”的观点，引起大家热议。我们日常发表论文，其实就是借助期刊这样一个平台，向大家发出一份交流的邀请。期刊（尤其是 C 刊）发表的论文有很强的可见性，不仅可以为其他同人的工作提供参考，还可以帮我们吸引同道中人，推动更加深入的思考交流。2022 年我发在《传媒》杂志上的《以系统性思维主题化管理赋能媒体高质量发展》，全面总结了我们新华报业坚持每年确定一个发展主题、深耕关键领域、厚植核心理念的独特管理举措。这个管理方案我们一直延续到现在，如在去年“提质增效年”的基础上，今年我们又确定了“二次创业年”的发展主题。这些关键词已成为我们新华报业一个特色鲜明的亮点，不仅在我们集团内部近年来的发展中发挥了显著推动作用，也引起了当前许多主流媒体管理者的关注与共鸣。

论文发表后，不断有兄弟省份的媒体集团老总来向我们取经，学习借鉴我们的管理理念。

——从创新工作的角度来看，理论是“指南针”。

习近平总书记在党史学习教育动员大会上强调，我们党的历史，就是一部不断推进马克思主义中国化的历史，就是一部不断推进理论创新、进行理论创造的历史。新的时代呼唤新的理论。习近平新时代中国特色社会主义思想正是在新的历史条件下，为推进伟大事业、进行伟大斗争、建设伟大工程、实现伟大梦想而形成的党的科学理论创新，也是党的新闻舆论工作者的行动指南。当前，世界百年未有之大变局加速演进，中华民族伟大复兴进入关键时期，战略机遇和风险挑战并存，我们的宣传思想文化领域面临新形势新任务，必须在工作中实现对理论的创造性转化，才能有新气象新作为。

新年伊始，我在集团今年 1 月 3 日召开的青年员工座谈会上，和大家分享了自己的一个座右铭，就是“把工作当作学问做”。对我而言，无论是早年在大学里做辅导员、教书，还是后来在市级、省级机关工作，再到报社来做管理，我都始终鞭策自己把每一项工作当作学问来做，始终致力于将理论思维融入工作之中。因为任何实践上的创新都不是凭空而来的，而是一定要先在思维层面进行有意识地观照和反思，才能有针对性地落地和推进。2019 年是中国正式全功能接入国际互联网的 25 周年，虽然时间不长，但互联网已经深刻改变了传统的传播格局。新媒体技术的快速发展，使得很多传统行业、领域的边界都被打破乃至于被颠覆，媒体进一步泛化、受众进一步分化，舆论场上越来越呈现为“无界性”和“难控性”等特点。我在深入学习《习近平谈治国理政》系列著作时，注意到习近平总书记早在 2006 年主政浙江时，就曾对新闻舆论工作的边界问题进行过旗帜鲜明的论述。而他当年的思考后来经过不断丰富、发展，尤其是党的十八大以来，先后发表了对于党的新闻舆论工作的一系列重要讲话精神，最终形成蔚为大观的思想成果。

我由此追溯了总书记对于“边界”一词的最早阐释，而后结合新的历史语境和媒体融合实践，对新闻舆论工作的边界内涵进行一次更为科学、精准的厘辨与把握，最终写成《厘清边界内涵　构建凝聚共识的大舆论格局》一文并发在了《中国记者》上，对当前主流媒体如何突破传播边界、坚守价值边界进行了深入辨析。该文在当年一众选题高度雷同的论文中脱颖而出，获得了第 30 届中国新闻奖论文类一等奖。

别开新境——好论文的标准

历史学家陈寅恪说：“一时代之学术，必有其新材料与新问题。取用此材料，以研求问题，则为此时代学术之新潮流。”可以说，理论探索、论文撰写皆离不开“别开新境”这一核心要义。我们必须站在前人的肩膀上，看得更远、想得更深，才能为现有的知识库添砖加瓦。

——新观点：突破既有研究的“规”。

一篇好的理论文章，一定是在思想方面有所创新和突破的，能提出这个领域内其他研究者没有提过的观点。面对同样的经验现象，我们要力求打破常规，做出具有新意的解释。实现这种创新，需要大胆化用，甚至可以“跨界搭桥”，也就是将其他领域的某个重大主题或重要概念，创新性地运用到新闻工作或研究中，从而带来新的启发与思考。

在 2018 年刊发于《新闻战线》的《提升党报“首位度”构建融合传播新格局》一文中，我提到了“首位度”的概念。这本是一个用以形容市场竞争力的指标，现在多用来指“城市首位度”，用于衡量一个城市的区域主导性。我发现人们对于城市首位度的理解和要求，恰与当下对于党报的发展期待颇为相似：在当前复杂多元的传播格局中，党报集团要想更好地履行“举旗帜、聚民心、育新人、兴文化、展形象”的使命任务，党报就必须发挥好“主心骨”和“领头雁”的作用，着力提升党报在主流媒体中的“首位度”，重塑党报“首位品牌”，锻造报业“首位能级”。所以我首次将“首位度”概念引入到主流媒体的生产实践、品牌重塑中来，为研究新时代党的新闻舆论工作提供了一个全新的视角，可以说是具有理论创新性。这篇论文也由此获得了第29届中国新闻奖新闻论文类三等奖和2018年江苏省优秀新闻论文一等奖，被人民网等多个重要网络平台全文转载，得到新闻学界和业界的广泛关注和好评。

——新论据：填补既有研究的“缺”。

我不太喜欢循规蹈矩做一些程式化的研究，更不愿意进行短平快的自我重复。我的很多论文都力求实现“从0到1”的突破创新，做别人没有做过的事，填补“缺口”，或者至少也是把他人做得不充分的事做得更完善。我常常有这样的体会，就是同样一个话题，尽管已经有很多人关注和论及，但深入现象的基底，还是能发现很多值得研究的新材料、新论据。

就像近年来关于《新华日报》的报史研究，可以说已经渐成一门“显学”。在中国共产党成立100周年的重大历史时刻，随着中央要求全面总结党的百年奋斗重大成就和历史经验，深刻认识党的百年奋斗的初心使命，以史为鉴、开创未来，关于党报党刊的研究掀起了一轮新的高潮。有着红色基因的新华报人，自然也不能失语、缺席。但怎么实现报史研究的创新呢？这就需要对现有的材料进行再发掘。2023年的年头、年尾，我在《传媒观察》分别发表的两篇文章，可以说是填补报史研究空白的代表性作品。如《以报载道，见证马克思主义中国化第一次历史性飞跃》这篇文章，我系统梳理了《新华日报》全面见证毛泽东思想快速发展、走向成熟并成为中国共产党指导思想的重要历史进程，提出《新华日报》正是马克思主义中国化第一次历史性飞跃的忠实见证者和重要建构者的观点。这样的研究视角和认知高度，在《新华日报》报史研究领域是未曾有过的。2023年12月发表的《推进改革的舆论先导：

思想解放运动中党报的共识构建》一文，我又详细总结提炼了 1978 年至 1998 年三次主要思想解放运动中新华日报的新闻实践与经验启示，既第一时间呼应了习近平总书记在文化传承发展座谈会上关于"'第二个结合'是又一次思想大解放"的重要讲话精神，又首次打通了新华日报 85 年的发展脉络，以丰富的案例生动还原了改革开放初期的新华报人，和抗战时期、解放战争初期的新华报人一样勇立潮头发先声的一段光荣历史，有力证明了"新华精神"始终弦歌不辍、薪火相传。相比较而言，目前学界较多关注新华日报在国统区 9 年多的办报历史实践，并不了解新华日报在改革开放进程中尤其是历次思想解放运动中的"高光时刻"。因此，这项研究一出来，便立即有评论认为，该论文是对《新华日报》报史研究的一次选题开拓和文脉贯通，填补了重要空白。

——新方法：刷新既有研究的"旧"。

在学术研究领域，研究方法的选择至关重要。研究方法不仅决定了研究的质量和效率，还影响了成果的应用范围。同样的选题，使用不同的研究方法，写出的文章侧重点会截然不同。我发现，使用新的研究方法开展研究，也是对之前研究的一种"刷新"。因为新方法的背后，往往代表了当前研究领域的最新视角，也代表了一种不同的认识论，可以帮助我们发掘出很多不一样的内容。我这里简单分享一下我自己平时常用的几种研究的"新方法"，即融入式、原著式和跨界式研究。

融入式研究。这种研究方法是指研究者将自己切身融入到研究对象的社会文化环境中去，以内部视角来观察和体验。其实这就是文化人类学、考古学常说的"田野调查"法。这一方法强调对现象背景的深入了解和深刻洞察，使得研究结果更加贴近实际，更具有现实意义。我 2021 年发表在《新闻战线》上的《交互式传播语境下的重大主题报道创新》，就是融入式研究的例证。这篇文章是我作为媒体管理者、实践者对 2021 年全国两会期间新华报业全媒体实践的观察与思考。我发现，互联网时代，新闻生产不再是线性的，社会各方面的参与度越来越高，彼此之间的关联度也越来越强，所以我认为要使重大主题宣传更加有声有色、入耳入心，主流媒体需从以往的“垂直互动”跨越到“纵深联动”，着力提升传播的“交互感”。比如说，在主流媒体坚持正面报道为主的传统中，传递正能量的“暖新闻”报道一直是实践的一部分。但“暖新闻”被提炼为具有显示度的专有名词，进一步强化引导媒体的实践，则是近些年颇受关注的现象。今年 1 月，我也和新华日报记者王晓映合作，在《新闻战线》发表了《暖新闻传播：应然、实然与使然》一文，详细阐述了新时代“暖新闻”的意义、概念、边界、手段，充分回应在新时代如何有效拓展暖新闻传播的广阔天地、汇聚起全社会向上向善的正能量的议题。我在文中提到，广大新闻工作者“到火热的现实生活中去”，“采制了大量沾泥土、带露珠的鲜活新闻”，并提出暖新闻实践正是适应当下传播生态的“言说之船”“传播之舟”“表情之体”。事实上，“暖新闻”也成为了我们报社今年的工作重点，新华日报和交汇点平台特别推出了“点・亮”栏目，还有我们扬子晚报的“紫牛头条”推出了一系列打动人心的正能量新闻，我相当于给大家先厘清了一个基本的主旨。这种“局内人”独有的、基于具体鲜活实践的研究视角，也使得论文更有深度和说服力。

原著式研究。这种研究方法侧重于对权威文件、经典文献的深度解析。一方面是阅读政策文件原文，这些权威资料对于有心人来说，堪称一座取之不尽、用之不竭的选题富矿。我的很多文章都会结合重要文件或讲话精神，再与我们党的新闻舆论工作及时对接，提炼出一个标识性概念，如新闻边界、媒体显政、国之大者、党报首位度、融合辩证法、新闻话语共同体等，这样既能确保研究的政治站位和独特视角，又对概念的原有内涵予以进一步拓展和丰富。另一方面是深入学习马克思主义经典作家的原著。习近平总书记强调，我们要“把读马克思主义经典、悟马克思主义原理当作一种生活习惯、当作一种精神追求”。如今，很多高校的马克思主义学院都在倡导“读经典、读原著”，新闻传播学界的一级教授陈力丹老师也在我们《传媒观察》主持了一个专栏叫“马新观经典著作深化研究”，每篇论文都在力倡精研经典原著文本。事实证明，简单引用他人对马克思主义经典理论的解读，是很容易出问题的。他们在近期的一篇研究中就曾列举了一个很典型的案例：恩格斯有一段关于党的出版物要做什么的论述，据知网统计，其在过去 40 年里先后被引证 132 次，但仅有 1 篇论文是对恩格斯原话的准确引证，差错率之高，令人震惊。因此，只有深入挖掘原著文本中的历史语境和深层含义，才能更准确地揭示出“马理论”的本质特征和内在联系。大家看我近年来新闻论文的参考文献，也都能发现我越来越重视对于经典著作的引用，而非仅仅观照别人的现有研究成果。而在此过程中，我也更加深刻地体会到了马克思、恩格斯等马克思主义经典作家丰富、博大的思想内涵，阅读、研究的过程真可谓甘之如饴。

跨界式研究。这种研究方法打破传统学科的界限，将不同学科的理论、方法和视角结合起来，进行跨学科的交流和合作。平时，我的阅读和写作兴趣比较广泛，涉及马克思主义哲学、新闻传播学、政治学、社会学等多个社科领域，我在论文写作中所使用的视角，很多也都来自其他学科的理论资源。这些思想成果不仅发表在新闻传播类的期刊，很多也发表于《求是》《红旗文稿》《人民日报》和《光明日报》的理论版、《群众》《理论导报》，以及《江海学刊》《苏州大学学报》《南京社会科学》等学刊学报上。所以我非常鼓励大家走出自己的舒适区，培养跨学科的思维，不断拓宽视野、能力，提升选题的理论深度和学术价值。

学以致用——好论文的内核

在中国现代学术的起源时期，严复就曾指出：“学主知，术主行。”梁启超也曾界定：“学者术之体，术者学之用。”由此可见，在中国的文化传统里，“学”“术”二字的意涵既相辅相成又各有侧重：“学”指的是蕴于事物之中的规律，“术”指的是运用规律解决实际问题的方法。

新闻传播学是一个实践性很强的学科，所以我也更加注重强调“学以致用”。在我看来，我们业界同志写论文，不仅要在思想层面做到上述“三新”，更要在行动层面做到以下“三实”：

——源于实践，成为“真博士”“真专家”。

尽管这些年我们强调新闻工作者的理论素养，“部校共建”计划已实施10年有余，其间也为新闻业界培养了一批高素质理论人才，但总的来说，新闻工作者的定位还是实践者，我们倡导提高编辑记者的理论素养，最终并不是为了在书斋里搞纯理论研究。我们最有意义也最具优势的，还是立足于工作中普遍存在且对实践有推动作用的议题来进行思考。我一直认为，新闻工作者写论文一定要建立在“多写好稿、多编好稿、做出成绩”的基础上，在论文中真正融入自己对做好新闻的个性思考，在充分挖掘创新性经验的基础上，提炼出更具普遍性、规律性和启发性的理路与进路。在报业集团工作的这段时间里，我的体会是：我们新闻工作者进行理论思考、撰写理论文章是具有独特优势的。因为我们拥有丰富、独特的实践经验，由此形成的论文也必然能够和实践形成深刻有益的互动。这就像习近平总书记所说的：“科研工作者要把论文写在大地上，把实践中形成的真知变成论文，当党和人民需要的真博士、真专家。”

当前新闻业界、学界都在研究如何推动具有中国特色、中国风格、中国气派的新闻传播学自主知识体系建设，这就要求我们回归到自己的问题现场，基于本土实践、创新知识体系。而我早在2016年就于《红旗文稿》上发表了《让理论与舆论同向发力同频共振》一文，鲜明提出了要以高度的政治自觉，把理论和舆论两种力量统筹起来的观点。2019年，中央大力推进媒体融合向纵深发展，新闻传播学界对这一话题关注颇多，但回答好这一时代命题，更需要新闻实践者的首创精神。基于上述思考，我相继完成了《坚定不移推动媒体融合向纵深发展》《全面把握媒体融合发展的辩证法》《全媒体语境下的媒体融合发展研究》等一系列思考，深入探讨实现媒体深度融合的核心要素、发展态势以及挑战对策，既彰显战略目标，又体现战术举措。在新闻一线这些年的工作，一方面印证了我之前对于理论和舆论关系的思考，也使我愈发真切意识到，只有结合了当下实践的理论思考才更经得起历史检验，也才更具有学术生命力。总的来说，“源于实践，高于实践”，应当是每一篇优秀的新闻论文在本体论层面的理论追求。

——发挥实效，推动“真调研”“真解决”。

马克思曾说：“哲学家们只是用不同的方式解释世界，而问题在于改变世界。”我始终认为，一篇真正有价值的论文应该是能够推动解决一些问题的。我的新闻论文，虽然站位都比较高，概念的理论性比较突出，但是相关论述仍是围绕集团事业发展或是媒体职责使命展开，绝不是“苦思冥想”“空中楼阁”式的学院派写作。论文主题大多针对如何建设好新型主流媒体，观点也多是从鲜活实践中总结提炼而成，相关举措则时刻立足于如何进一步将媒体融合、跨界发展推向纵深。论文中的诸多表达，可以说都是我在实践中长时间观察、思索、琢磨得来的。

2023 年 3 月 19 日，中共中央办公厅印发了《关于在全党大兴调查研究的工作方案》。习近平总书记深刻指出，“调查研究是谋事之基、成事之道”，多次强调“要在全党大兴调查研究之风”，“以深化调查研究推动解决发展难题”。2023 年 6 月，我和新华日报记者林培合作的论文《“在路上心里才有时代”——全媒体时代调查研究如何解决“隔了一层”问题》，既是我们对习近平总书记重要讲话精神的及时呼应，同时也是基于我们一直以来的忧虑和思考，即全媒体时代一些媒体调查研究的传统开始褪色、力道开始下降，存在浅尝辄止、空疏肤浅等“网络病”……，这种新闻采制方法，无疑与基层和群众隔了“一层”，有逐渐脱离群众的危险，所以有必要抓住全党大兴调查研究之风这样一个重要的时间节点，“向调研不力的顽疾开刀”。我们在文章中不但梳理了新华日报优良的调查研究传统，还从核心、重点、关键这几个层面呼吁记者回归调研现场、走进群众，反映呼声、破解难题，增进感情、取信于民，在实践中不断提高舆论引导水平和媒体公信力。论文要想发挥实效，除了善于发掘“人人笔下无”的选题价值，更要勇于面对一些“人人眼中有”的真问题，敢于触碰的同时，还要能够提出解决问题的有益思路。某种意义上说，抓真问题就是啃“硬骨头”，通过“解剖一个问题”来推动“解决一类问题”。我的论文之所以能够连续获得中国新闻奖，既有某些偶然性，但更多的还是把握住了某种规律性。我想，这个规律性应该就是始终围绕真问题、开展真调研、推动真解决。

——联系实际，保持“在场感”“时代感”。

习近平总书记指出：“当代中国正经历着我国历史上最为广泛而深刻的社会变革，也正在进行着人类历史上最为宏大而独特的实践创新。这种前无古人的伟大实践，必将给理论创造、学术繁荣提供强大动力和广阔空间。”党的新闻舆论工作本身具有强烈的实践性和时代性，新闻论文也不能脱离这种“在场感”和“时代感”。实践引领时代进步和社会发展的方向，尤其是在当前百年未有之大变局下，国际国内舆论场千变万化、纷繁复杂，不围绕当前的实际问题和实践需求展开论述，“论”就会失去根基，“文”也会行之不远。

2020年，习近平总书记提出要做好宣传教育和舆论引导工作，“强化显政”，让群众更多知道党和政府正在做什么、还要做什么，树立全社会战胜疫情的决心。这是他第一次在公开场合提到“显政”概念，我在深入学习习近平总书记这次在中央政治局常委会会议研究应对新冠疫情工作时的重要讲话精神时，立即联想到我们主流媒体与生俱来的职责使命正是“显政”。所以我很快结合疫情期间党的新闻舆论工作的相关实践和思考，发表了《“强化显政”的理论意蕴与实践路径》。这篇论文深入研讨了在当时日益严峻复杂的舆论格局中，主流媒体如何强化显政功能，扩大主流价值影响力版图，让党的声音传得更开、更广、更深入。这个论文议题，也正是我们党的新闻舆论工作者必须回答的时代命题。

博观约取——如何写好论文

即便经常发表论文，我仍然认为论文写作是一项“有门槛”的工作，对于写作者的思想深度、逻辑思维和文字能力的要求都是比较高的，高质量完成每一篇论文也都要花费大量的心血。我认为，写好一篇论文，研究者至少需要具备专业学习、广泛涉猎、回应关切等几个方面的能力。

——“深”：专业学习的能力。

复旦大学新闻学院的童兵老师曾经总结，习近平总书记关于新闻舆论的重要论述的“精髓”主要体现在三个方面：一是对马克思主义新闻观重要概念、标志性学术话语的解说；二是对传统的、历史的马克思主义新闻观的创新和发展；三是对一些国外的、历史的、传统的马克思主义新闻观概念、学理和方针的认知、理解、表述的中国化，即运用中国特色新闻学术话语加以“改译”或“新说”。可以说，话语是理论的“皮肤”，进行专业话语的表达是写好论文的先决条件，这背后要求作者有深刻的专业认知。同时，在论文写作时，我们最理想的境界还需有能力进行专业话语创新，以进一步推进学科的自主知识体系建构。

我的《构建话语共同体　提升舆论引导力》一文，就是一次对专业话语提炼和概念创新拓展的尝试。2013 年 3 月，习近平总书记深刻把握时代潮流大势，在出访俄罗斯之时首次提出“人类命运共同体”的重要理念。我到了报业集团之后，就联想到我们主流媒体要讲述好故事、传播好声音，其宗旨目标也正是为了构建话语共同体，促进共融、共鸣。于是，我就从“人类命运共同体”倡议延伸出了“新闻话语共同体”这个概念，并于2017年将自己的研究成果发在了《新闻战线》上。文中，我对“新闻话语共同体”进行了概念内涵上的界定，将其定义为“各类媒体在新闻信息传播及其言语表达中形成互为补充、相得益彰、和谐共振的整体”，并提出推动媒体融合发展正是为了使主流媒体具有强大传播力、引导力、影响力、公信力，形成网上网下同心圆。文章最终以其概念创新和专业表达获得第28届中国新闻奖论文一等奖。

——“博”：广泛涉猎的能力。

论文写作是一个系统化的思维过程，它要求我们“一专多能”，也就是不仅仅要对某一专业领域有深刻的理解，也要能够将不同领域的知识融会贯通。因为任何一个学科都不是孤立存在的，尤其是人文社科的各学科之间存在着广泛的联系。无论是新闻历史、科学还是哲学，我们都要了解一二，形成自己的见解。这样我们的世界观就会非常开阔，能够从不同的文化和时代角度审视问题，从而使得论文的内容更加丰富和立体。

我在进行新闻论文写作的时候，经常提醒自己要跳出新闻行业，站在国家发展、政治传播、社会治理等更大的视野范围内审视现象，打开思路。如果只是就新闻谈新闻、就传媒谈传媒，很容易导致“自说自话”，也容易受到话题重复率高等方面的局限。2020年，我在《新闻与写作》上发表的一篇名为《主流媒体参与国家治理现代化：定位与进路》的文章，详细探讨了主流媒体如何参与国家治理现代化。推进国家治理体系和治理能力现代化是一项重大的历史任务，主流媒体只是这一进程中的一类行动主体。所以谈这个话题，要有一种“博观约取”的意识，要把媒体的使命与新时代的治国理政理念、经济社会发展勾连起来。我在文章中特意强调主流媒体要处理好与“外”的关系，也就是要将自身变革置于国家治理现代化这个规模宏大、意义深远的外部框架，才能“不畏浮云遮望眼”，体现出更大的视野格局。

——“热”：回应关切的能力。

热点话题往往代表了社会大众的关注焦点，也反映了具有时代特质的新发展趋势。对于学者而言，紧扣时代脉搏，关注并回应这些热点问题，可以使得研究工作更具现实意义和应用价值。我们已经进入了一个深度媒介化社会，包括自媒体博主等在内的很多社会公众也都有提升自身媒介素养的诉求，这就给论文的“破圈”传播带来了前所未有的契机。事实证明，好的理论文章不只在业界和学界产生影响，也可以延伸到社会层面，形成更加广泛的共鸣。《传媒观察》编辑部曾经做过一项统计，发现他们在学习强国、中国江苏网和交汇点等几个新媒体平台推送的期刊学术论文中，综合阅读量达到10万+的，一共有10篇，其中就有我个人的3篇。从我的体会来看，写论文要有热点回应意识，回应时代关切议题，才能“破圈”，引发更多共鸣。

比如，在数字化和网络化的时代背景下，新型主流媒体集团的转型发展势在必行。尽管每个媒体机构有自己的基础情况，但价值观的确立可以帮助媒体集团在内容生产上形成独特的风格和立场，从而吸引特定的受众群体。同时，如果论文选题能敏锐捕捉到社会文化流变、能和大家形成共振、带来启发，就更易于引发关注和讨论。2020年，《传媒》杂志曾经对我做过一个专访，我在其中重点谈了推动新华报业建设成为新型主流媒体集团过程中的价值观问题。这篇专访后来发在了当年《传媒》的第16期。我认为，在回答价值论这样较为宏观的问题时，所谓理念的“燃值”、观念的“出圈”，其实都源自能否在业界同行这样一个“话语共同体”里以个性思考和创新实践引发思考和共鸣。那次访谈中我提到了平时在集团内部发言时常用的一些鲜活表达，比如“传承新华红基因，弘扬新华拼精神”，“只有干出来的精彩，没有等出来的美丽”，“美好愿景是等不来的，是真刀真枪干出来的”，“要让想干事、能干事、干成事的人有舞台”等等，这不仅是集团内部员工所熟悉的，也已经为更多的业界同行所借鉴。我提到的员工管理的理念和提高员工福利待遇等方面的话题，也都容易引起大家的关注和热议。无论是学术交流还是业务探讨，热点回应意识都是不可或缺的。只有这样，我们的研究和探索才能既服务于当下，又着眼未来，实现真正的思想价值和社会影响。

从“眼低手低”到“眼高手高”

王国维在《人间词话》中曾提出，古今之成大事业、大学问者，必经过三种之境界：“昨夜西风凋碧树，独上高楼，望尽天涯路。”此第一境也。“衣带渐宽终不悔，为伊消得人憔悴。”此第二境也。“众里寻他千百度，蓦然回首，那人却在，灯火阑珊处。”此第三境也。

一晃眼，我在学术和理论的园地里耕耘了几十年，如今回首，确实是深切经历了这三种境界的淬炼过程。对于如何以我手写我心，即抵达所谓心慕手追的境界，对于理论之“眼”和实践之“手”的相互关系，都有了更深更真的个人体会。概而言之，只有在一遍又一遍地理性审视中对自己的思想认知“顶格以求”，才能让论文成果真正“顶天立地”。

今天是一次关于论文写作的分享和交流。最后，我想用大家都很熟悉但还需要深入践行的一句话来与大家共勉：“这是一个需要理论而且一定能够产生理论的时代，这是一个需要思想而且一定能够产生思想的时代。”面对这个伟大的时代，优秀的新闻人一方面要用自己的笔记录时代，一方面也要感悟真理力量，传递新思想的逻辑力量、真理力量和实践力量，为人们带来登高望远、拨云见日的心智启迪和前行希望。

（2024 年 6 月 18 日）

一线感言

颜云霞，新华日报社《传媒观察》编辑部主编助理，主任记者。江苏省新闻出版优青。新闻作品《警惕“精致的形式主义”》获第 31 届中国新闻奖文字评论类一等奖。

如果你要写论文，就不能只写论文

每到评职称的时节，常有同事问我，怎样才能写好论文？似乎这是件可以速成的事情，听两句良言，得几个妙计，就可以下笔如有神。其背后藏着一个认识误区：写论文不过是一种文字游戏。

曾经很长一段时间，我也抱有这种想法，对写论文兴致寥寥。而随着工作经验的积累，尤其是经过多岗位历练，我发现写论文更像是“思维体操”，其价值和意义远超文字本身，套用一句歌词的说法，“如果你要写论文，就不能只写论文”。

写论文的过程，是对自己工作的一次审视。未经审视的工作日常，常常会陷入惯性的泥潭，难免裹足不前、落于人后。此前，在新华日报全媒体评论理论部工作四五年后，我一度感觉到，自己突然不知道如何写评论。从思考问题的路径到文字表达的技巧，似乎一直在重复过去，进入了写作的瓶颈。为改变这一状况，我开始阅读大量关于新闻评论的书籍与论文，同时养成了随时记录感悟、及时进行总结的习惯。通过阅读和反思，我对新闻评论这一文体有了更深的领悟，形成了自己写作的两个核心理念，即放飞评论的想象力与重塑评论的边界，并先后写成论文发表。放飞评论的想象力，就是不设限，多一些思维漫游，少一些写作套路；重塑评论的边界，就是有所坚持，恪守评论的公共性、思想性、逻辑性。写作理念明晰后，遇到陌生的选题不怵，遇到常规的选题不怠，遇到艰涩的选题不馁，我的文字自信渐渐地回归。

调入《传媒观察》工作后，与论文打交道成为工作的全部，我愈发认为“如果你要写论文，就不能只写论文”。要用心去感受写作过程的每一个瞬间，写你理论学习时生发的心得与体悟，写你新闻实践里感受的迷茫与困惑，写你调查研究中萌生的联想与创意。写前人未曾阐述的观点，写他人未曾引用的素材，将求新之志嵌入字里行间。发现问题的“锐”，论述视角的“异”，解决路径的“实”，胜过理论术语的万般堆砌，胜过锦绣文字的呕心雕琢。

如果你要写论文，就不能只写论文。写眼中星辰大海，写胸中丘壑万千，写心中繁花似锦，写一个自我解剖、自我重构的自己。

后记

POSTSCRIPT

逐篇校毕这本二十多万字的书稿，我感到自己好像完成了一场远足，一场以“新闻”为名的探索之旅。

八年前的金秋时节，我从省级机关调任新华日报总编辑。对我来说，“新闻”这两个字既熟悉又陌生。因为从学生时代起，我就在校园媒体兼职，组织和采写过许多新闻报道。参加工作后，不管是在高校任职还是调到宣传部门，协调和服务媒体都是我的一项工作内容。“新闻”于我，似乎已相当熟稔，没有多少未知和新奇。

进入媒体才发现，我所面对的“新闻”其实是一座极为繁富、神圣的殿堂，需要学习的东西很多。比如，策划会怎么开，版面语言如何用，“四季歌”怎样出新，传统媒体与新兴媒体如何相得益彰，等等。所以我在跟报社各部门主任座谈的时候开门见山：“要当好一个报人，首先要当好一个学生，要像饥饿的人扑在面包上一样，如饥似渴地学习，转换自己的角色。”一席话，是自勉也是共勉。担任总编辑、社长以来，一次次主持策划，一次次带队采访，一次次值班看版，一次次评选好稿，一次次推进融合……让我对“新闻”的认识渐趋深入、系统，对“新闻人”的理解也增加了“局内人”的必要视角。

新闻人是永远的奔跑者。近年来，媒介生态和舆论格局发生巨大变化，新事物、新挑战、新困惑层出不穷。何以应对？唯有学习。为此，我在集团内部大力推动业务学习和练兵，倡导大家在奔跑中思考、在应变中提高。利用多种场合和时机，我还带头讲习新闻。收入本书的 20

篇讲稿，选题都来自我跟一线记者、编辑的座谈和交流，都是大家不时遇到也常感困惑的共性话题。为了讲好这些题目，我拿出当年在高校备课的劲头，往往提前两三个月就开始酝酿、准备；为了能讲到“点子”上，我还问道于专家、问策于同行、问计于同事，力求让每次讲座“为时而著，为事而作”，对大家转变新闻观念、提升业务水平有所助益。当然，上述想法有没有做到，尚祈读者明鉴。

这本小册子是集体智慧的结晶。这些年，无论是外出考察学习还是接待各地同行来访，众多媒体前辈、同人都给了我宝贵的指导，让我受益匪浅，在此深表谢意。我也要感谢新华报业的各位同事，正因为一路同行，才有了本书中的众多思想火花和实践案例。我还要感谢人民教育出版社的领导和编辑，正因为他们的热情鼓励、悉心筹划和专业编校，本书才得以逐步成型并如期与读者见面。希望本书出版后能为学界、业界以及管理部门提供一些实践素材和思考线索，也期待得到各位方家和师友的批评指正。

每一次抵达都是新的开始。新闻学是一门实践性很强的学问，探求新闻之“道”与研习新闻之“术”必须紧密结合，不可偏废其一。“仰之弥高，钻之弥坚。”我愿和大家一起在新闻的路上探索不止、力行不辍，努力取得更多新的收获。

双传学

2024 年 11 月